En Corée

Angus Hamilton

Félix Juven, Paris, 1904

© 2024, Angus Hamilton (domaine public)
Édition : BoD • Books on Demand GmbH, In de
Tarpen 42, 22848 Norderstedt (Allemagne)
Impression : Libri Plureos GmbH, Friedensallee
273, 22763 Hamburg (Allemagne)
ISBN : 978-2-3225-3737-2
Dépôt légal : Août 2024

Introduction

CHAPITRE PREMIER

Autour de la côte. — Manque de connaissances topographiques. — Flore des îles. — Voyageurs oubliés. — Superstitions et croyances. — Croquis d'histoire

CHAPITRE II

Particularités naturelles. — Direction du progrès. — Signes de réforme et de prospérité. — Chemulpo. — Population. — Colonie. — Commerce

CHAPITRE III

Vers la capitale. — Une cité de paix. — Résultats de l'influence étrangère. — Au commencement. — Éducation. — Boutiques. — Costume. — Origines. — Postes et télégraphes. — Mesures de propreté

CHAPITRE IV

Le cœur de la capitale. — Intérieur du ménage. — Esclavage des femmes. — Niveau de la moralité. — Une répétition en toilette

CHAPITRE V

La Cour de Corée. — L'Empereur et son chancelier. — L'Impératrice et les factions du palais

CHAPITRE VI

Le passage du cortège de l'Empereur. — Une pompe impériale

CHAPITRE VII

Portrait de M. McLeavy Brown. — La question des douanes. — L'emprunt proposé

CHAPITRE VIII

L'action étrangère en Corée. — Trésor à sec. — Impôts. — Budget. — Dépréciation monétaire. — La Dai Ichi-Ginko. — Fonctionnaires malhonnêtes

CHAPITRE IX

Éducation. — Arts d'agrément. — Code pénal. — Mariage et divorce. — Les droits des concubines. — Situation des enfants. — Gouvernement

CHAPITRE X

Cultivateurs. — Fermes et animaux de ferme. — Travaux domestiques. — Produits. — Qualité et nature des produits alimentaires

CHAPITRE XI

Le Japon en Corée. — Souvenirs historiques. — Le vieux Fusan. — Intérêts politiques et économiques. — Abus de supériorité

CHAPITRE XII

Intérêts anglais, américains, japonais, français, allemands et belges. — Chemins de fer fictifs et mines. — Contrefaçons importées

CHAPITRE XIII

Les ports à traité : Won-san, Fusan, Mok-po. — Nature des exportations et des importations. — Industries locales

CHAPITRE XIV

Les ports à traité (*suite*) : Wi-ju. — Syon-chyon-po. — Chin-am-po. — Pyong-yang. — Kun-san. — Syong-chin

CHAPITRE XV

Les intérêts russes. — Russie et Japon. — Ma-san-po. — Ching-kai-wan. — Yon-an-po

CHAPITRE XVI

Au bord de la route. — Un voyage dans les terres à Tong-ko-kai. — Beautés de l'intérieur

CHAPITRE XVII

Les mines allemandes. — Minéralogie et méthodes d'exploitation minière. — Une chasse à l'ours. — Chasseurs coréens

CHAPITRE XVIII

Les moines et les monastères des Montagnes de Diamant. — Le temple de l'Éternel Repos. — Le temple de l'Arbre de Bouddha. — Le bouddhisme

CHAPITRE XIX

L'abomination de la désolation. — À travers la Corée. — La côte orientale. — Pêche et saleté

CHAPITRE XX

Sécheresse. — Famine. — Désordres de l'intérieur. — Pluie et maladies

CHAPITRE XXI

La question des missionnaires. — Morale du christianisme. — Tartufferie et commerce. — Prohibitions nécessaires

CHAPITRE XXII

Voyages dans l'intérieur. — Poneys, domestiques, interprètes, nourriture et logement. — Ce qu'il faut prendre et comment se le procurer. — Sur la rivière Han : Distractions et loisirs

CHAPITRE XXIII

Kang-wha : Histoire abrégée de l'île. — Une retraite monacale : Le repos idéal. — Visiteurs nocturnes. — Messes de minuit. — Retour à la capitale. — Les préparatifs d'un grand voyage. — Une scène de désordre

INTRODUCTION

Rien ne serait plus naturel que la guerre fût le résultat de la crise présente ; pourtant on peut dire également que rien n'est moins certain. Si le terrain des hostilités n'était pas limité à l'Extrême-Orient, et si la puissance qui se trouve en face du Japon était une autre que la Russie, on pourrait prédire positivement que la guerre éclatera. Mais avec la Russie, la considération de la valeur stratégique de sa position en Mandchourie doit exercer une influence prédominante sur ses résolutions. Pour ceux qui n'ont pas étudié de près l'histoire militaire, aussi bien que pour ceux qui n'ont pas une connaissance étendue de la situation, la position dans laquelle la Russie se trouve placée offre le plus grand intérêt. Il n'existe certainement, en dehors de la marche de Napoléon sur Moscou, aucune guerre, dans les annales de l'histoire militaire, qui puisse se comparer aux difficultés qui assiègent la Russie en Mandchourie et en Corée. De plus, sa position navale n'est pas meilleure que sa position sur terre. Sur terre, un chemin de fer à voie unique, traversant le cœur d'un pays ennemi, se termine à Port-Arthur. Sur mer, Vladivostok est sacrifié, par suite de sa situation, tandis qu'il est inaccessible en raison de son climat. Ces deux points, Port-Arthur et Vladivostok, marquent les extrémités de la position stratégique qu'occupe la Russie en Mandchourie. En écartant pour le moment Vladivostok de toute considération spéciale, il reste Port-Arthur pour les premières opérations de la campagne. Port-Arthur, par conséquent, relié à l'arrière par une voie unique de communication, devient le pivot des opérations.

L'aspect de Port-Arthur, vu de la mer, est peu attirant. D'âpres collines, se rattachant à la chaîne de montagnes qui divise la péninsule de Liao-tung, se groupent autour de la baie, empiétant sur le rivage ; dépourvues d'arbres et de végétation elles communiquent aux environs un aspect désolé et même sauvage. Entre les pointes extrêmes du port, qui se conforme aux dentelures de la côte, il y a plusieurs baies que leur manque d'eau rend inutilisables, mais qui, avec le temps, pourront former une addition importante à la faible étendue d'eau profonde que le port possède actuellement. On a entrepris des travaux de dragage, mais il y a tant à faire que de nombreuses années s'écouleront avant que Port-Arthur puisse étendre l'espace très restreint dont il dispose. La vase, amenée par les courants qui se déversent dans le port, a déjà atteint l'étendue d'eau profonde, et depuis que le port a été construit, ces dépôts ont très considérablement modifié la profondeur au large. À mer basse, les navires qui sont mouillés à moins d'une vingtaine de mètres du quai, reposent sur la boue avec un peu plus d'une brasse d'eau et, d'autre part, l'espace est si petit qu'il est impossible à une douzaine de vaisseaux de tenir à l'aise dans ce port. Les vapeurs de plus grande dimension que les petits bateaux de cabotage qui s'arrêtent à Port-Arthur, venant de Chine ou du Japon, doivent mouiller devant le port et opérer le déchargement et le rechargement au moyen de jonques ou d'allèges. Par rapport aux besoins de l'escadre, Port-Arthur est loin d'être assez vaste. Pendant que les croiseurs sont en train d'embarquer les approvisionnements, les cuirassés d'escadre doivent rester en dehors, disposition qui est évidemment incommode dans les circonstances critiques. C'est pour cette raison que les autorités firent construire à Dalny — à quelques kilomètres de la forteresse et à l'intérieur de la baie de Pa-tien-wan — une ville nouvelle, en même temps que des docks de commerce et des quais, afin que Port-Arthur pût être réservé plus spécialement aux besoins de la marine de guerre.

VUE GÉNÉRALE DE PORT-ARTHUR.

Port-Arthur a la chance de posséder toutes les choses qui font, pour une base navale, partie intégrante du succès. Le bassin à sec, plutôt insuffisant et peu solide, a 116 mètres de long, 10 mètres de profondeur, et 24 mètres de largeur, tandis que le bassin maritime est égal en surface à tout le mouillage disponible pour les navires dans le port proprement dit. Quand les travaux de dragage dans les baies du port seront achevés, on espère obtenir une mince profondeur de quatre brasses. L'approfondissement systématique du port offrira à la flotte une surface de mouillage dépassant considérablement un mille carré, mais tant que le travail n'est pas exécuté, la valeur de Port-Arthur en tant que base navale satisfaisante est infiniment moindre que le prestige dont il jouit comme position imprenable,

Port-Arthur possède une petite place d'armes, un champ de tir, un champ de manœuvres pour l'artillerie, une station de torpilleurs et une réserve pour les exercices qui sera agrandie quand les baies seront ouvertes. Il y a un poste de projecteurs électriques, et diverses écoles d'instruction — torpilles, artillerie, télégraphie — tandis que les arsenaux et les ateliers qui s'étendent autour du bassin maritime et à l'intérieur des chantiers de la flotte sont très abondamment pourvus. Ces mesures néanmoins furent surtout prises par la Russie, quand elle s'empara de Port-Arthur ; leur existence à l'heure présente prouve combien il est impossible de faire peu de cas des avantages qui dérivent, pour la Russie, de la possession de ce port, et de quelle étendue sont les conséquences de la monstrueuse bévue commise par lord Salisbury, en consentant à son usurpation.

En dehors des moyens de défense, la Russie n'a pas jusqu'ici ajouté beaucoup à Port-Arthur ; les troupes sont pour la plupart cantonnées dans les vieilles maisons chinoises, les choses ayant été quelque peu négligées en faveur de l'organisation des moyens de défense qui importaient avant tout. Toutefois de belles casernes sont aujourd'hui en construction, et, s'il n'y a pas de guerre, on prévoit que de larges installations seront bientôt prêtes au bord des baies et sur les collines. Les fortifications sont vraiment splendides. Des forts qui existaient au temps des Chinois, très peu sont conservés. Depuis l'entrée en possession du gouvernement russe, on a travaillé d'une façon continue à étendre le périmètre des fortifications, aussi bien qu'à les consolider. Il est d'une absolue évidence que les autorités sont résolues à ne pas procéder par demi-mesures. Les Russes ont obtenu Port-Arthur, et ils ont l'intention de le garder. Il y a sur les falaises, s'élevant immédiatement à la droite de l'entrée du port, une position extrêmement forte, formée, je crois, d'une batterie de six canons Krupp de 52 centimètres, qui est de plus soutenue par un fort placé à quelques mètres au-dessus du port, et en commandant tout le front, avec huit Krupp de 25 centimètres. À des hauteurs correspondantes, il y a sur la pointe opposée, deux forts semblables avec des batteries pareilles, tandis que les mines dans le port sont contrôlées de ces deux positions. En suivant les collines vers le sud et le nord, on trouve d'autres forts ; l'un, entre autres, de grande dimension, est situé sur l'extrême crête de la chaîne et, dominant tout le reste, commande la mer et les approches du port à une grande distance. Il est impossible de découvrir de quel genre sont ces canons, mais d'après leur position, l'étendue du fort et le rôle qu'ils sont destinés à jouer, il n'est pas probable qu'ils soient inférieurs à 27.000 kilogrammes, lançant des obus d'environ 500 livres. La ligne intérieure des forts n'est pas moins formidable, et il semble bien que Port-Arthur ne pourra jamais être réduit par un bombardement seul, tandis que toute attaque se produisant par terre serait cruellement reçue, grâce aux positions d'où les Russes défendraient leurs flancs et le col. Pour l'instant toutefois, l'artillerie de campagne fait défaut parmi les troupes de la garnison, de même que beaucoup des forts récemment construits manquent de canons. On peut aussi hasarder l'opinion que l'ensemble de la position a été fortifié avec un tel excès qu'elle peut devenir éventuellement une source de faiblesse dans la disposition finale des forces russes.

Un combat pour se rendre maître de la mer devrait nécessairement précéder toute opération sur terre. Le Japon est à 15 heures de Fusan, ville possédant déjà une garnison japonaise, et de Ma-san-po, le port sur lequel la Russie et le Japon ont des prétentions égales. Le détroit qui sépare le Japon de la Corée a 320 kilomètres de largeur, tandis que la base la plus rapprochée de la Russie, Port-Arthur, est à une distance de 1.500 kilomètres d'une part, et que Vladivostok, d'autre part, est éloigné de 1.900 kilomètres. Il s'ensuit donc que c'est en Corée, et non en Mandchourie, que seraient débarquées les troupes japonaises. Une fois établi en Corée, le Japon pourrait disputer la suprématie sur mer à conditions égales. À cet égard, les nombreux bâtiments lance-torpilles que possèdent les Japonais leur assurent un sérieux avantage puisqu'il sera en leur pouvoir d'y avoir recours si la flotte russe essaie d'arrêter leur mouvement. L'absence de toutes facilités pour réparer les avaries rend le fait certain que la flotte russe évitera autant que possible tout engagement sérieux. Il serait difficile de rendre meilleure la situation du Japon à cet égard. À Yokosuka, d'où un grand nombre de croiseurs ont été lancés, il existe un très grand chantier de constructions, et le Japon possède également des docks convenant aux grands navires à Kure et à Nagasaki. Il a en tout à sa disposition immédiate, une demi-douzaine de docks de 120 mètres ou plus de longueur et une très habile année d'ouvriers. Port-Arthur doit être regardé pour des fins pratiques comme la base navale de la Russie en Extrême-Orient dans le cas d'une campagne entreprise à la saison froide.

Vladivostok est trop éloigné pour qu'on puisse s'attendre à ce qu'il soit utilisé. La Russie a néanmoins construit dans ce port un grand bassin à sec, un bassin à flot de 91 mètres de longueur, et le plan d'un second bassin à sec a été tracé. En face de ces deux centres solitaires et isolés, le Japon possède des bases navales, des arsenaux et des docks sur les points suivants de ses côtes :

Yokosuka	Arsenal, cale, de construction et bassin à sec.
Kure	Arsenal, cale de construction, bassin à sec, ateliers pour plaques de cuirasse.

Sassebo	Arsenal.
Maitsura	Chantier neuf.
Nagasaki	Trois docks.
Takeshiki	Station de charbon, base navale.
Ominato	Base pour les petits bâtiments.
Kobe	Chantier pour la réparation des torpilleurs.
Matsmai	Station de radoub.

Les escadres que le Japon et la Russie peuvent mettre en ligne dans cette guerre sont très redoutables et pendant les derniers mois chacune des deux puissances a fait des efforts énergiques pour augmenter la force de sa flotte.

En janvier 1903, le tonnage général de l'escadre russe du Pacifique s'élevait à 87.000 tonnes, la flotte comprenant les cuirassés d'escadre *Peresviet*, *Petropavlovsk*n *Poltava*, *Sevastopol* et les croiseurs *Rossia*, *Gromoboi*, et *Rurik*, et autres navires plus petits.

En mars, le tonnage est monté à 93.000 tonnes, grâce à l'arrivée du croiseur *Askold* de la Baltique.

En mai, les croiseurs *Diana*, *Pallada*, *Novik* et le cuirassé d'escadre *Retvizan* vinrent rejoindre la flotte.

En juin, les croiseurs *Bogatyr* et *Boyarin* entrèrent en scène.

En juillet, le cuirassé d'escadre *Probleda* arriva.

En novembre, le cuirassé d'escadre *Tzarevitch* et le croiseur *Bayan* vinrent augmenter la force de la Russie.

En décembre, le cuirassé d'escadre *Oslyabya*, le croiseur cuirassé *Dimitri-Donskoi*, les croiseurs protégés *Aurora* et *Almaz* et onze destroyers torpilleurs. En janvier 1904, le cuirassé d'escadre *Imperator-Alexander III* quitte la Baltique pour l'Extrême-Orient.

La Russie a eu à lutter contre de grands obstacles pour assurer sa position dans cette région. Par suite de ressources restreintes pour faire construire des navires et eu égard à sa désavantageuse position géographique, la Russie n'a pas eu les mêmes occasions d'augmenter sa flotte du Pacifique, qui se sont présentées pour le Japon. Effectivement, sinon en fait, la Russie est forcée d'entretenir quatre flottes. Malheureusement chacune est isolée des autres, des milliers de milles les séparant entre elles. Des escadres sont concentrées dans la Baltique, dans la mer Noire, dans la mer Caspienne et dans le Pacifique. L'escadre du Pacifique est d'établissement récent et de la construction la plus moderne. Elle remonte à 1898, époque où la Russie a inauguré sa politique d'expansion navale. Des commandes furent faites en France, en Allemagne et en Amérique, du charbon fut acheté à Cardiff, et en peu de temps le noyau d'une flotte puissante a été formé. Pour le moment, ces navires neufs sont défectueux sous divers rapports et des centaines d'ouvriers, de canonniers, d'ingénieurs ont été retirés de l'escadre de la mer Noire pour faire du service sur la flotte du Pacifique, accomplissant leur voyage par le chemin de fer transsibérien. À l'heure actuelle, et jusqu'à ce que la phase aiguë de la crise soit passée ou que la guerre ait été déclarée, la disposition de l'escadre russe du Pacifique est la suivante :

À Port-Arthur, les cuirassés d'escadre *Petropavlovsk, Poltava, Sevastopol, Peresviet, Retvizan, Probleda* et *Tzarevitch* ; les croiseurs de première classe *Bayan, Askold, Pallada, Diana* et *Varyag* ; les canonnières *Bobr, Gremyashtchi* et *Koreetz* ; les transports *Amur, Yenissei* et *Angara* ; les croiseurs-torpilleurs *Vsadnik* et *Gadiamak*, et les destroyers *Bezshumni, Bezposhadni, Bditelni, Bezstrashni, Boevoi, Vnimatelni, Vnushitelni, Viposlivi, Vlastni, Burni* et *Boiki*.

À Vladivostok, les croiseurs de première classe *Rossia, Gromoboi, Rurik* et *Bogatyr*, la canonnière *Mandchur* et le transport *Lena*.

À Chemulpo, le croiseur de deuxième classe *Boyarin* et le destroyer *Grossovoi*.

À Ma-san-po, le croiseur de deuxième classe *Rasboinik*.

Dans la baie de Nimrod, le croiseur de deuxième classe *Djijdjit*.

À Newchwang, les canonnières *Otvazhni* et *Sivutch*.

À Nagasaki, la canonnière *Gilvak*.

On peut voir d'après cette liste que la Russie a presque toute son escadre pacifique dans la mer Jaune ou aux environs. Il faut ajouter à cette force l'escadre en route pour l'Extrême-Orient, qui est passée dernièrement à Bizerte.

Celle-ci comprend le cuirassé d'escadre *Oslyabya*, deux croiseurs de deuxième classe, *Aurora* et *Dimitri-Donskoi* et onze destroyers torpilleurs. Quand ces renforts, qui sont sous le commandement de l'amiral Virenius, seront arrivés, cela donnera à la Russie une supériorité numérique sur le Japon. Des capacités supérieures, et ce haut degré d'habileté, qui est si remarquable dans la flotte japonaise, réduisent cette supériorité à un bas niveau. La Russie pourtant ne sera nullement prise à l'improviste, comme le prouve la formation à Port-Arthur d'une brigade navale de réserve. La liste détaillée qui suit comprend les principaux navires de l'escadre russe du Pacifique. Les officiers qui la commandent sont :

Le vice-amiral Stark ;

Le contre-amiral prince Ukhtomski ;

Le contre-amiral baron Shtakelberg ;

L'amiral Virenius (qui doit rejoindre).

CUIRASSÉS D'ESCADRE

NOM	CONSTRUIT EN	TONNAGE	VITESSE EN NŒUDS	PRINCIPAL ARMEMENT			
Tzarevitch (vaisseau-amiral)	1901	13.000	18	4 canons de	30	centim.	
				12	—	15	—
Probleda	1900	12.000	19	4	—	25	—
				11	—	15	—

Poltava	1894	11.000	17	4	—	30	—
				12	—	15	—
Sevastopol	1895	11.000	17	4	—	30	—
				12	—	15	—
Petropavlovsk	1894	11.000	17	4	—	30	—
				12	—	15	—
Peresviet	1898	12.000	19	4	—	25	—
				10	—	15	—
Retvizan	1900	12.700	18	4	—	30	—
				12	—	15	—

Renforts qui doivent rejoindre : *Oslyabya*, 12.000 tonnes, 4 canons de 25 cent., 10 canons de 15 cent. ; *Navarin*, 9.000 tonnes, 4 canons de 30 cent., 8 canons de 15 cent. ; *Imperator-Alexander III*.

CROISEURS

NOM	CONSTRUIT EN	TONNAGE	VITESSE EN NŒUDS	PRINCIPAL ARMEMENT			
Askold	1900	7.000	23	12 canons de		15 centim.	
Bayan	1900	8.000	21	2	—	20	—
				8	—	15	—
Gromoboi	1899	12.000	20	4	—	20	—
				16	—	15	—
Rossia	1896	12.000	20	4	—	20	—
				16	—	15	—

Nom	Année	Tonnage	Vitesse					
Rurik	1892	11.000	18	4	—	20	—	
				16	—	15	—	
Bogatyr	1901	6.000	23	12	—	15	—	
Varyag	1899	6.000	23	12	—	15	—	
Diana	1899	7.000	20	8	—	15	—	
Pallada	1899	7.000	20	8	—	15	—	
Boyarin	1900	3.000	22	6	—	12	—	
Novik	1900	3.000	25	6	—	12	—	
Zabiuca	1878	1.300	14	Pièces de campagne.				
Djijdjit	1878	1.300	13	3 canons de 15 centim.				
Rosboinik	1879	1.300	13	3	—	15	—	

Renforts qui doivent rejoindre : *Gremyashtchi, Amiral-Nakhimoff ; Aurora, Amiral-Korniloff ; Otrajny, Dmitri-Donskoi ; Almaz.*

Les canonnières à cette station sont au nombre de neuf, les destroyers dix-huit, et les transports six. Treize destroyers doivent rejoindre.

Voici la comparaison de cette flotte, y compris les renforts, avec la force éventuelle du Japon :

	Cuirassés d'escadre.	Croiseurs.
Russie	10	21
Japon	7	26

Le Japon ayant besoin d'une partie de ses croiseurs pour protéger ses côtes, la Russie devient numériquement supérieure sur mer. En plus, la Russie a une puissante flotte auxiliaire, consistant en dix vapeurs de la Compagnie de Navigation de la mer Noire, dont la plupart ont été construits sur les chantiers de la Tyne et font en moyenne quatorze nœuds. L'Association russe de la Flotte Volontaire comprend douze navires construits sur les chantiers de la Tyne et de la Clyde. Ils sont également à la disposition des autorités.

Contre cet ordre de bataille, les Japonais peuvent mettre en ligne des navires de dimension et de déplacement égaux ; pour ce qui est du poids réel du métal, le désavantage est du côté des Japonais, mais pour l'épaisseur de la cuirasse, il y a peu de différence. À côté de cette égalité comparative des deux flottes ennemies, il ne faut pas oublier le grand avantage qui dérive pour le Japon de la facilité qu'il a de se servir de ses ports fortifiés comme bases navales. Ceci est vraiment d'une telle importance que la connaissance de ce fait pourrait l'amener à risquer toutes ses forces dans un seul engagement. En outre, le Japon trouvera dans la marine marchande, qui s'est énormément accrue ces dernières années, tout ce dont il peut avoir besoin en fait de transports et d'auxiliaires de la flotte de guerre.

Voici l'indication des principaux navires de la flotte japonaise :

CUIRASSÉS D'ESCADRE

NOM	DÉPLACEMENT	FORCE EN CHEVAUX	VITESSE NOMINALE	CANONS	POIDS des projectiles d'un côté
	Tonnes		Nœuds	Centim.	Livres
Hatsuse	15.000	15.000	18.0	38	4.240
Asahi					

Shikischima }					
Mikasa	15.200	16.000	18.0	38	4.225
Yashima } Fuji	12.300	13.000	18.0	38	4.000

CROISEURS CUIRASSÉS

NOM	DÉPLACE-MENT	FORCE EN CHEVAUX	VITESSE NOMINALE	CANONS	POIDS des projectiles d'un côté
	Tonnes		Nœuds	Centim.	Livres
Tokiwa } Asama	9.750	18.000	21.5	16	3.568
Yaqumo	9.850	16.000	20.0	16	3.368
Azuma	9.436	17.000	21.0	16	3.368
Idzuma } Iwate	9.800	15.000	24.7	16	3.568

Il faut ajouter les deux croiseurs de la République Argentine achetés en Italie et qui étaient prêts à prendre la mer au commencement de janvier 1904.

CROISEURS PROTÉGÉS

NOM	DÉPLACE-MENT	FORCE EN CHEVAUX	VITESSE NOMINALE	CANONS	POIDS des projectiles d'un côté
	Tonnes		Nœuds	Centim.	Livres
Takasago	4.300	15.500	24.0	12	800
Kasagi } Chitose	4.784	15.500	22.5	12	800
Itsukushima } Hashidate } Mathsushima	4.277	5.400	16.7	28	1.260
Yoshino	4.180	15.750	23.0	—	780
Naniwa } Takachiho	3.727	7.120	17.8	—	1.196
Akitsushima	3.150	8.400	19.0	—	780
Nitaka } Tsushima	3.420	9.500	20.0	—	920
Suma } Akashi	2.700	8.500	20.0	—	335

En rapport avec la première division de la flotte japonaise, un fait intéressant a été découvert, qui, touchant notre pays, présente un intérêt plus qu'ordinaire. En cas de guerre, on sait qu'à une seule exception près, les navires qui forment cette division sont tous de construction anglaise. Les plans, la cuirasse et l'armement reproduisent le type de notre marine de guerre, et il est en conséquence évident que nous ne pouvons manquer d'être profondément intéressés par le résultat de toute rencontre qui pourrait survenir. Chaque nation possède dans les eaux d'Extrême-Orient des navires pourvus des derniers perfectionnements que la science et l'esprit d'invention ont apportés. C'est pour le peuple de l'empire anglais, dont la sécurité repose fondamentalement sur la flotte, que les engagements présenteront le plus haut intérêt, par la similitude entre les navires qui seront engagés d'un côté et ceux de notre marine. Ces navires qui ont tous reçu leur peinture de guerre et dont le point de concentration est Nagasaki, à 585 milles marins de Port-Arthur, sont les suivants :

NOM	CONSTRUIT À	TONNAGE	PRINCIPAL ARMEMENT
Hatsuse (CE)	Elswick	15.000	4 canons de 30 centim. / 14 — 15 —
Shikishima (CE)	Tamise	15.000	4 — 30 — / 14 — 15 —
Asahi (CE)	Clyde	15.000	4 — 30 — / 14 — 15 —
Fuji (CE)	Blackwall	12.500	4 — 30 — / 10 — 15 —
Yashima (CE)	Elswick	12.500	4 — 30 — / 10 — 15 —
Iwate (C)	Elswick	10.000	4 — 20 — / 10 — 15 —
Asama (C)	Elswick	10.000	4 — 20 — / 10 — 15 —
Idzuma (C)	Elswick	10.000	4 — 20 —

				14	—	15 —
Tokiwa (C)	Elswick	10.000	{	4	—	20 —
				10	—	15 —
Takasago (C)	Elswick	4.300	{	2	—	20 —
				10	—	12 —
Kasagi (C)	Cramp	5.000		2	—	20 —
	(Philadelphie)		{	10	—	12 —
(CE) Cuirassés d'escadre. — (C) Croiseurs.						

Une flottille de torpilleurs, comprenant trente-cinq unités fait partie de cette division. Les autres divisions de la flotte de guerre comprennent les navires suivants :

	Deuxième division.	Troisième division (celle de la métropole).
Cuirassés d'escadre	2	
Croiseurs	10	8
Petits bâtiments	30	80

En plus, la flotte auxiliaire comprend quarante vapeurs, appartenant pour la plupart à la Nippon Yusen Kaisha.

La constitution actuelle de l'armée japonaise date de 1873, et les forces militaires se composent : 1° de l'armée régulière ou permanente, avec sa réserve et la réserve du recrutement ; 2° de l'armée territoriale ; 3° de la milice nationale, et 4° de la milice des diverses îles en dehors de la côte, etc. Le service militaire est obligatoire pour tout homme valide, de dix-sept à quarante ans. Sur cette période, trois ans se passent dans l'armée régulière ou permanente, quatre ans et quatre mois dans la réserve régulière, cinq ans dans l'armée territoriale, et le reste dans la milice nationale. L'armée permanente et sa réserve effectuent les opérations à l'extérieur, l'armée territoriale et la milice sont affectés à la défense du pays. Ces dernières sont armées de fusils à un coup Peabody et Remington. La force actuelle de l'armée permanente, sur le pied de guerre, sans comprendre la réserve, est la suivante :

	OFFICIERS	HOMMES	CHEVAUX
Infanterie : 52 régiments à 3 bataillons, 156 bataillons	4.160	143.000	52
Cavalerie : 17 régiments à 3 escadrons, 51 escadrons	400	9.300	9.000
Artillerie de campagne et de montagne : 19 régiments à 6 batteries, total 114 batteries de 6 canons, 684 canons	800	12.500	8.800
Artillerie de forteresse : 20 bataillons	530	10.300	70
Génie { 13 bataillons de sapeurs	270	7.000	215
Génie { 1 bataillon de chemins de fer	20	500	15
Train des équipages : 13 bataillons	220	7.740	40.000

Total : 684 canons, 6.400 officiers, 190.390 hommes, 58.152 chevaux.

La réserve comprend 52 bataillons d'infanterie, 17 escadrons, 26 compagnies du génie et du train et 19 batteries avec 114 canons, composant un total de 1.000 officiers, 34.600 hommes et 9.000 chevaux. Par conséquent, en cas de mobilisation, la force totale de l'armée désignée pour le service au delà des mers s'élèverait à 7.400 officiers, 224.990 hommes, 798 canons et 67.152 chevaux. Derrière cela, il y a l'armée territoriale, qui comprend 386 bataillons d'infanterie, 99 escadrons, 26 compagnies du génie et du train et environ 70 batteries, ou 11.735 officiers, 348.100 hommes, 1.116 canons et 86.460 chevaux.

L'infanterie et le génie de l'armée régulière ont été récemment pourvus du fusil à magasin Meidji. Les détails suivants montrent que la petite arme japonaise est supérieure à l'arme russe, qui date de 1891 :

Le « Meidji » japonais, modèle 1897.

Calibre.	Mètre à la seconde.	Hausse jusqu'à	Poids avec la baïonnette.	Nombre de cartouches en magasin.
6 millim. ½	700	2.700	9 liv. 60 gr.	5

Le « Trois-lignes » russe, modèle 1891.

| 7 millim. ¼ | 580 | 2.500 | 9 liv. 375 gr. | 5 |

La cavalerie régulière a la carabine Meidji. La réserve est armée du fusil à magasin Murata, modèle 1894, calibre de 8 millim., 610 mètres à la seconde, hausse jusqu'à 2.150 mètres, poids avec la baïonnette 9 livres 30 grammes. L'équipement porté par le soldat d'infanterie en campagne pèse 43 livres ½.

L'artillerie régulière de campagne et de montagne est armée de pièces à tir rapide de 75 millimètres, à compresseur hydraulique, lançant des projectiles de 10 livres. On les appelle les pièces Arisaka. L'artillerie de forteresse et de siège possède les derniers modèles de Krupp et Schneider-Canet comme pièces de siège, pièces de forteresse et mortiers. L'artillerie de campagne de réserve est armée du canon de bronze rayé de 75 millimètres, du vieux modèle italien. Les Japonais ne possèdent pas d'artillerie à cheval, et la seule différence entre les pièces de campagne et les pièces de montagne, c'est que ces dernières sont plus petites et plus légères, et n'ont pas une hausse aussi grande. La cavalerie est l'arme la plus faible. Elle porte le sabre et la carabine, mais pas la lance. Les chevaux sont mal dressés ; les hommes sont de très médiocres cavaliers.

Les forces russes en Mandchourie comprennent 88 bataillons, 60 escadrons et 50 batteries, qui, jointes aux troupes des garnisons et aux armements des forteresses, atteignent 200.000 hommes et 300 canons. Ces troupes en Mandchourie sont formées en deux corps d'armée de première ligne et deux de seconde ligne. Deux nouvelles brigades de chasseurs à pied viennent de s'ajouter à ces forces. Elles sont ainsi composées :

7e Brigade. — Port-Arthur.	8e Brigade. — Vladivostok.
Général KONDRATENKO.	Général ARTAMANOFF.
25e régiment.	29e régiment.
26e —	30e —

27ᵉ	—	nouveau.	31ᵉ	—	nouveau.
28ᵉ	—	—	32ᵉ	—	—

Le Russe est un marcheur extraordinaire ; le poids réel de son équipement est de 58 livres. Une tente par section est portée par six hommes. Chaque soldat porte dans son sac du biscuit pour deux jours et demi. La ration quotidienne en temps de guerre se compose de :

Biscuit.	1 liv. 380 gr.	Thé.	7 gr.
Viande.	230 gr.	Sucre.	12 gr.
Gruau d'avoine.	130 gr.	Eau-de-vie.	4 centilitres.
Sel.	24 gr.		

Dans les exigences du service actif, il arrive que le soldat russe doit prélever sa nourriture lui-même. Dans n'importe quels cas, toutefois, il se soutient avec très peu de nourriture, et compte dans une large mesure sur ce qu'il pourra trouver. La cavalerie russe est armée du sabre, du fusil et de la baïonnette. Celle-ci est continuellement au canon, même quand l'arme reste suspendue. Quelques régiments seulement portent la lance. Les canons de campagne sont en acier et se chargent par la culasse ; ils proviennent des ateliers de Obukhov. Ils se rapprochent du modèle Krupp ; beaucoup toutefois ont la pièce de culasse à vis interrompue et la fermeture de Bange. À présent il y a une variété de modèles dans l'artillerie russe, particulièrement dans les positions fortifiées, où les Russes ont transporté les pièces qu'ils ont prises aux Chinois pendant l'insurrection des Boxers. Ces pièces étaient de modèles français, allemand et anglais.

Sur terre, l'immense supériorité des forces de réserve de la Russie réduit les avantages qui résulteraient pour les Japonais d'une lutte sur mer. Il faut se rappeler cependant que les troupes russes se meuvent lentement, et quoiqu'elles puissent montrer une merveilleuse endurance et qu'on puisse compter qu'elles se battront bien, le manque d'initiative individuelle de la part des officiers russes les prive de cet élan et de cette adresse qui caractérisent l'esprit de l'armée japonaise. Il est assez curieux que des deux côtés on suive la tactique usitée en Europe pour l'infanterie et la cavalerie, les principes qui dominent l'instruction des Japonais montrant qu'ils suivent de près les méthodes allemandes. Ni l'un ni l'autre ne profiteront donc du degré de supériorité auquel ils ont pu atteindre. Le manteau d'hiver de l'une et de l'autre armée est presque semblable, et pour la chaleur, les Japonais et les Russes se servent également d'une blouse blanche. On a parlé de l'adoption par les Japonais de la couleur khaki ; d'autre part, la tunique du soldat russe est également blanche ou khaki. Dans la question plus importante du transport par voie de terre il pourrait sembler que le chemin de fer mandchourien fût un triomphe assuré pour les autorités russes. Malheureusement cette immense voie ferrée, mal posée et médiocrement pourvue, imposera un effort perpétuel aux troupes russes. Si on pouvait compter sur la population du pays pour garder une bienveillante neutralité vis-à-vis des lignes télégraphiques, des traverses de la voie et des rails, des piliers et des poutres de ponts, cela diminuerait la possibilité de toute interruption sérieuse du trafic. Malheureusement pour les Russes, l'attitude et les actes des habitants du pays qui, d'une façon générale, ne perdront aucune occasion de harceler leur ennemi, empêcheront certainement la coopération efficace des forces russes.

À ce sentiment instinctif d'animosité, il faut opposer la sympathie de race qu'éprouve tout Chinois envers les Japonais. En Mandchourie particulièrement, les Japonais jouissent, dans l'esprit de la populace, d'une haute réputation, et il faut se remémorer, par-dessus tout, cette prompte remise de toutes les obligations, durant la guerre sino-japonaise, qui distingua la politique des envahisseurs vis-à-vis des intérêts locaux. Cette bienveillance se manifesta pour la seconde fois pendant l'insurrection des Boxers, et naturellement le frappant exemple offert par les Japonais, comparé à celui des Russes, n'a pas été perdu pour les Chinois. On se souvient aujourd'hui de ces choses en Mandchourie, et on peut compter qu'elles compenseront les sentiments réactionnaires qui peuvent se manifester en Corée. Pour ce qui est du service de santé des deux belligérants, il est à peu près équivalent. Le meilleur système des Japonais est compensé par les plus grandes facilités qu'apporte aux Russes la possession du chemin de fer pour le transport des blessés. Il faut toutefois remarquer que le principal service médical — la Société russe de la Croix-Rouge — est uniquement patriotique, et qu'il n'est en rien une organisation militaire. Elle peut être retirée du théâtre de la guerre à n'importe quel moment après la conclusion des principales opérations.

Il est difficile — sinon impossible — de s'avancer au delà de ces quelques observations avec quelque certitude, quoiqu'on puisse ajouter, comme remarque finale, que si le blocus de Port-Arthur par mer était réalisé d'une manière satisfaisante, et si Vladivostok était fermé par les glaces, l'estuaire des rivières Yalu et Lico permet de s'emparer d'une admirable position, d'où la situation des Russes dans la Mandchourie tout entière peut être très rapidement menacée. Les hypothèses, quant à la manière dont se déroulera la campagne sur terre, sont néanmoins absurdes, jusqu'à ce qu'on sache quelque chose du résultat des engagements sur mer par lesquels la guerre doit s'ouvrir. En attendant, — le contribuable anglais ayant une connaissance douloureuse des frais qu'entraîne une guerre, — on s'est beaucoup occupé de la situation financière des deux pays. Un grand financier allemand, intéressé dans la dette publique de la Russie, m'expliquait dernièrement qu'une très large part des sommes prélevées pour la construction des chemins de fer russes reliés au Transsibérien et à la ligne de Mandchourie, a été, de temps à autre, mise de côté pour augmenter le trésor de guerre. Ces sommes, jointes à celles recueillies par le comte Mouravieff avec l'assentiment de M. de Witte, et comprenant les fortes différences qui ont fait retour à l'État, par suite des économies réalisées dans les divers départements l'année dernière, représentent un capital approximatif de cent millions dé livres sterling. En face de cette accumulation de capitaux, on dit que la position du

Japon est extrêmement favorable. Il y a, je crois, à la Banque Centrale, une réserve en numéraire qui s'élève à 113.000.000 de yens, plus 40.000.000 de yens à Londres. Néanmoins, la marge de la banque pour l'émission des billets est de 35.000.000 de yens, somme qui sera dépassée après le nouvel an. Le Trésor a trois fonds capitaux s'élevant ensemble à 50.000.000 de yens, sans compter quelques millions à Londres qui restent de la vente d'obligations de 1902.

Enfin, il y a de grandes sommes qui dorment dans toutes les banques du pays, et on a rendu une ordonnance qui donne un crédit illimité au gouvernement.

Les agissements récents des Russes en Mandchourie tendent naturellement à confirmer l'opinion que la guerre est peut-être imminente. Néanmoins le *bluff* fait partie intégrante de la diplomatie russe, et il y a des raisons de croire que les intentions de la Russie en Extrême-Orient ne sont aucunement aussi guerrières que les préparatifs auxquels elle se livre, et les actes des fonctionnaires russes en Mandchourie pourraient le faire supposer. La diplomatie russe dissimule toujours l'exécution de ses plans en faisant des préparatifs dans une direction contraire ; et pour le moment, son occupation du territoire coréen n'est guère autre chose qu'un écran, derrière lequel elle se propose de consolider sa mainmise sur la Mandchourie. Une guerre seule la forcera d'abandonner sa position en Mandchourie ; mais si un protectorat sur le territoire coréen est de peu de valeur pour la Russie, quel que soit le compromis qui sera fixé entre elle et le Japon, il faut s'attendre à ce qu'elle fasse un effort résolu pour imposer sa domination sur la partie basse de la rivière Yalu. En réalité, et cela est curieux, l'estuaire de la rivière Yalu est le véritable centre de la querelle entre les deux puissances, puisque, si la Russie parvenait jamais à dominer la rivière Yalu, elle gagnerait aussitôt cette position spéciale sur les frontières de la Corée, dont le Japon a le désir de s'emparer. En cela, le Japon ne peut compter que sur les ressources et les expédients de la diplomatie ; et quoique l'occupation par les Russes de Yong-an-po puisse être entravée, le développement d'An-tung sur l'autre côté de la rivière ne peut être empêché. Il paraît donc inévitable qu'une position dominant la rivière Yalu doit finalement lui échoir. An-tung est situé en territoire mandchourien ; la rivière Yalu forme la frontière entre la Mandchourie et la Corée, et à Yong-an-po s'est formé le noyau d'une importante colonie russe. L'avenir ne contient aucune promesse d'un arrangement immédiat de la difficulté actuelle. La situation est pour le moins embrouillée ; et en même temps le fait apparaît d'une façon particulièrement claire et intelligible, que ni la Russie n'évacuera New-Chang, ni qu'elle ne sera chassée de la Mandchourie, ni qu'elle abandonnera sa position sur la rivière Yalu. La position de la Russie à New-Chang a été indiquée par des événements passés, son occupation de la Mandchourie est une vieille histoire, et elle est pour l'instant occupée à développer rapidement ses intérêts à An-tung. La position de ce port lui donne des avantages tout à fait spéciaux, et l'avenir commercial de l'endroit peut être très grand. Il est situé à environ vingt-quatre kilomètres au-dessus de Yong-an-po, sur l'autre rive. Pour l'instant le commerce d'exportation se borne au millet et aux cocons de vers à soie, la surproduction de ce dernier article exigeant une attentive surveillance technique. Douze kilomètres au-dessous de An-tung, situé sur la rive droite du fleuve, est la station de San-tao-lan-tao, où les jonques et les radeaux doivent s'arrêter et payer les droits de régie avant d'aller plus loin. La rivière ensuite s'incline, vers le nord-est, et après douze autres kilomètres de cours vient An-tung, sur la même rive, à un point où le cours d'eau se divise, la branche orientale étant la rivière Yalu. An-tung est de construction tout à fait récente, et des champs de millet s'étendaient il y a peu d'années à l'endroit qu'il occupe. Sous la direction des marchands du pays, de grandes maisons d'aspect solide furent construites, on a percé de larges rues, et la ville est remarquable par son air de prospérité peu commune. Le mouillage est peuplé de jonques, et le bois de construction est entassé en vastes quantités au delà des limites de la ville. Les vapeurs du type caboteur peuvent ici opérer leur déchargement et leur chargement, évitant ainsi le transbordement à Ta-kung-kao.

Le commerce entre Ta-tung-kao, qui est situé à l'embouchure du Yalu, et Chi-fu, est maintenant entrepris par de petits vapeurs de la flottille *Mosquito* et un navire anglais, le *Hwang-Ho*, de la Compagnie de Navigation de la Chine (MM. Butterfield et Swire), tandis que la vaste quantité d'exportations et d'importations circule çà et là dans les jonques chinoises. La distance à partir de Chi-fu est de trois cents kilomètres et le temps passé pour le voyage vers le nord-est est vingt-deux heures, les vapeurs mouillant au milieu du canal à une distance de six kilomètres et demi de Ta-tung-kao. Ta-tung-kao est une ville affairée, d'autant plus que c'est l'endroit de transbordement pour les importations et les exportations, dont la plupart vont vers An-tung ou en viennent. La circonstance que les vapeurs ne peuvent approcher de Ta-kung-kao, fait de An-tung le véritable centre d'affaires de la rivière Yalu. Pour ce qui est d'An-tung, deux cents hommes de cavalerie russe y stationnent depuis plus de deux ans et demi. Le cantonnement est situé sur une petite éminence, marquant au nord la limite de la ville qui n'a pas de murailles. Comme d'ordinaire, le long de la vallée du Yalu, ces soldats jouissent d'une mauvaise réputation parmi les habitants. En s'éloignant de An-tung est la « Grand'route » de Pékin qui se dirige vers Liao-yang. Au-dessus de An-tung la Rivière se divise et les hauts-fonds apparaissent, l'eau étant si basse que seules les embarcations du pays peuvent faire le trajet. Wi-ju est situé à environ seize kilomètres vers l'est, et à un point à l'ouest de Mao-kewi-shan, à six kilomètres au-dessous de An-tung, il y a le terminus de la branche du chemin de fer mandchourien, qui doit traverser la rivière. La construction de cet ouvrage commencera an printemps de l'année 1904. Les premiers cent trente kilomètres offrent peu d'obstacles, et on a l'intention de pousser l'ouvrage jusqu'à ce que sa jonction avec la grande ligne soit opérée. La Russie ne peut donc ignorer les conséquences de sa politique en Extrême-Orient et en même temps on ne peut s'attendre à ce qu'elle sacrifie, à la demande du Japon, ces grands intérêts qu'elle a eu tant de mal à promouvoir. Sa position est vraiment un exemple frappant de la manière dont une politique impérieuse donne le goût, quand elle n'en crée pas la nécessité, de l'impérialisme.

La position de la Corée vis-à-vis des questions en litige est désespérée. Malheureusement le gouvernement de la Corée est impuissant à empêcher le progrès de la Russie aussi bien que l'expansion continue de l'influence japonaise. Elle ne possède ni armée ni marine qui puisse lui être de quelque utilité, et elle se trouve dans la situation d'un pays incapable d'élever la voix pour lui-même. L'armée compte quelques milliers d'hommes à qui, dans ces dernières années, on a appris à se servir des armes européennes. Ils sont armés de fusils Gras, Murata (modèle suranné) et Martini, et de divers fusils à canon lisse et se chargeant par le bout. Ce sont des tireurs tout à fait médiocres et en outre ils manquent des qualités de courage et de discipline. Il n'y a pas d'artillerie, et la cavalerie se compose uniquement de quelques centaines d'hommes qui n'ont aucune idée de l'équitation et qui ne connaissent ni leurs armes ni leur service. À un moment de crise, fantassins et cavaliers seraient absolument démoralisés. Il y a de nombreux généraux, et la marine qui comprend, je crois, vingt-trois amiraux, se compose d'un unique transport de charbon en fer, qui appartenait, jusqu'à ces derniers temps, à une Compagnie de navigation japonaise. La Corée, impuissante et malheureuse, est comme un jouet pour le caprice japonais ou la convoitise russe.

LE MINISTRE DES AFFAIRES ÉTRANGÈRES DE CORÉE.

Mon but, en écrivant les pages suivantes, a été de présenter une impartiale étude de la situation du pays. Comme de nombreux et de plus habiles écrivains se sont déjà occupés de la situation de la Mandchourie, je me suis borné uniquement à passer en revue la Corée. J'espère qu'on ne me le reprochera pas et, dans le but de satisfaire ceux qui pensent que mon livre devrait contenir des renseignements sur les questions de Mandchourie, j'ai essayé de donner à mon introduction les apparences d'un chapitre qui traite uniquement de ce problème. Et maintenant, en terminant mon ouvrage, il me reste un devoir à remplir, qui n'est pas le moins agréable. Comme complément de mes notes personnelles sur la Corée, j'ai recueilli des renseignements de beaucoup de gens — écrivains, voyageurs, savants — tous ceux qui se sont intéressés à l'histoire contemporaine du Royaume Ermite. Je m'empresse de les remercier ici et en les nommant je montrerai que je suis reconnaissant de la bonté qu'ils m'ont témoignée. À M. MacLeavy Brown, des Douanes maritimes coréennes ; à M. Gubbins, auparavant de la Légation anglaise à Séoul ; à mon distingué et savant ami, le professeur Homer B. Hulbert, dont les notes sur la Corée ont été pour moi d'une valeur exceptionnelle, j'exprime ma cordiale reconnaissance ; envers Mme Bishop, le colonel Younghusband, le révérend Griffis, le major Gould-Adams, auteurs qui ont contribué d'une manière intéressante et importante à l'étude de la Corée, je témoigne des obligations que j'ai. À M. Bolton, de la maison Stanford, de Long-Acre, pour l'édition des cartes géographiques, je sais vraiment gré du travail patient que lui imposèrent les nombreuses insuffisances de mes données géographiques. À sir Douglas Straight, directeur de *Pall Mall Gazette*, dont j'ai eu le plaisir de représenter le journal pendant mon long séjour en Extrême-Orient ; à M. Nicol Dunn, directeur du *Morning Post* ; à M. S. J. Prjor, du *Daily Express*, je dois témoigner ma reconnaissance pour la courtoisie avec laquelle ces personnages distingués m'ont permis de reproduire les parties de mon livre qui parurent, à diverses époques, dans les colonnes de leur journal. Et enfin je présente ce livre à mes lecteurs dans l'espoir que l'excuse immédiate pour sa publication pourra racheter à leurs jeux ses nombreuses insuffisances.

CHAPITRE PREMIER

AUTOUR DE LA CÔTE. — MANQUE DE CONNAISSANCES TOPOGRAPHIQUES. — FLORE DES ÎLES. — VOYAGEURS OUBLIÉS. — SUPERSTITIONS ET CROYANCES. — CROQUIS D'HISTOIRE.

FÉTICHES, PRÈS DE SÉOUL

Malgré le travail hydrographique exécuté dans le passé par les Japonais sur les côtes de Corée, on connaît mal encore les nombreuses îles et archipels, les bancs et les récifs qui font de ses bords la terreur de tous les marins. Jusqu'au voyage de l'*Alceste* et de la *Lyre* en 1861, la position de ces groupes détachés d'îlots rocheux n'était marquée sur aucune des cartes japonaises ou chinoises de l'époque. Dans la carte de l'empire préparée par les jésuites à Pékin, au dix-septième siècle, l'espace à présent occupé par l'archipel coréen était couvert par un éléphant dessiné — signe conventionnel d'ignorance usité par les cartographes d'alors. Dans les vieilles cartes du pays, la terre ferme comprenait des groupes d'îles, car la plus médiocre connaissance de la configuration physique de leurs côtes régnait parmi les Coréens. À une date tout à fait récente, le gouvernement coréen a toutefois reconnu ce fait, et au commencement de l'année 1903 il a demandé au gouvernement japonais de lever le plan complet du Royaume Ermite. Ce travail est maintenant en cours d'exécution, et le tracé des côtes est déjà achevé.

CARTE DE L'EMPIRE DE CORÉE.

La côte de Corée est remarquable par le nombre de ports spacieux qu'elle offre. À l'ouest et au sud, des vestiges de la période volcanique, que le pays a en partie traversée, se montrent à la fréquence des groupes d'iles. Rien que d'un pic situé sur l'une des petites îles en face de la côte sud-ouest, on peut compter jusqu'à cent trente-cinq îlots, s'étendant au nord et au sud, et servant de rendez-vous aux oiseaux de mer ; îlots désolés et presque inhabités. Nombre d'îles parmi les plus importantes sont cultivées et fournissent un abri et un solitaire séjour à de petits groupes de pêcheurs.

La navigation dans ces parages est particulièrement dangereuse. Beaucoup de ces îles sont submergées par les grandes marées, et la violence de la mer fait qu'on ne peut reconnaître la direction des chenaux. En l'absence de cartes marines et terrestres, ces rivages bordés d'îles ont été le théâtre de nombreux naufrages ; les navires hollandais, américains, français et anglais se suivant dans une lugubre et silencieuse procession vers un but commun : la captivité à terre ou la mort dans les flots.

Certains de ces infortunés marins ont survécu à leurs épreuves, laissant, à la façon de Hendrik Hamel, le subrécargue de la frégate hollandaise *Sparwehr*, qui échoua à la hauteur de Quelpart en 1653, des souvenirs et des récits de leurs aventures à la postérité incrédule. La plupart des îles qui bordent la côte sont boisées. Comme elles sont très belles d'aspect et très dangereuses d'approche, on les considère avec un sentiment mêlé de respect et de crainte superstitieuse, différant peu, dans son expression, de la crainte qu'éprouvaient les anciens à l'égard de Charybde et de Scylla. De plus, leur isolement en fait le centre d'un grand commerce de contrebande entre la Chine et la Corée ; par leur situation sans défense elles sont une proie facile pour tout pirate qui a l'envie de les ravager.

Les îles qui bordent la côte sud-ouest sont le refuge de nombreux animaux. Les phoques jouent et folâtrent à l'aise parmi les rochers. Les cimes boisées sont riches en gibier : sarcelles, grues, courlis, cailles, s'y reproduisent. La côte est un lâche terrain de chasse pour les naturalistes, et on trouve dans tout l'archipel une grande variété de poissons. On peut recueillir un grand nombre d'éponges très diverses, et les bancs de corail avec leurs couleurs vives et leurs tons délicats, composent un jardin de mer d'une splendeur et d'une richesse de teintes sans égale. La flore de ces îles présente un aspect non moins caractéristique du paysage d'été. Les lis ronges, éclatants et gigantesques, les marguerites, les asters, de nombreuses variétés de cactus poussent à côté de curieuses fougères, de palmiers et de plantes grimpantes, presque tropicaux dans leur caractère et leur profusion, et qui supportent cependant la froide température de l'automne et de l'hiver, pour renaître au printemps avec une beauté nouvelle. L'air vibre du chant et du bourdonnement des insectes, le jour limpide se pare de l'éclat des papillons. Des hérons d'une blancheur de neige se tiennent sur les écueils. Des cormorans, des oiseaux plongeurs et des canards peuplent les récifs et s'élèvent en troupes avec un grand vacarme lorsqu'on envahit leurs retraites. Dans les eaux profondes, les poissons pullulent ; en passant d'un groupe d'îles à un autre, le long de la côte, on voit des troupes de baleines, lançant en l'air des colonnes d'eau ou bien dormant à la surface.

La côte de Corée est parsemée de noms de navigateurs étrangers, qui, dans les siècles passés, tentèrent de visiter la terre de la Splendeur du Matin. Sauf de rares exceptions, ces visiteurs furent chassés. Quelques-uns furent faits prisonniers et torturés ; beaucoup reçurent l'ordre de partir immédiatement ; peu furent admis. Pas un ne fut invité à faire un séjour quelconque sur cette terre nouvelle, ou ne reçut la permission de visiter ses merveilles et ses curiosités. En dehors des Japonais, ceux qui parvinrent à franchir la muraille d'isolement, si soigneusement élevée autour du pays et si rigoureusement maintenue, furent généralement escortés à l'intérieur comme prisonniers, victimes inconscientes de quelque heureux stratagème. La façon dont ils furent traités est révélée par les noms curieux dont ces pionniers de la navigation ont étiqueté les caps et les promontoires, les îles et les récifs qu'ils eurent la chance de relever ou dont ils furent assez heureux pour éviter les dangers. Beaucoup de ces noms ont cessé d'exister. Le temps écoulé les a fait effacer par les hydrographes européens des cartes représentant les terres et les mers où leurs auteurs avaient couru de tels risques. En beaucoup d'endroits de la côte, pourtant, spécialement à l'ouest, le long des rivages de la province de Chyung-chyong, ces noms d'origine se sont conservés. Ils constituent aujourd'hui un hommage rendu à l'ardeur et à l'intrépidité de ces premiers explorateurs. Cette reconnaissance n'est que juste et elle ne doit pas être refusée à leur indéniable courage et à leur audace.

Il est permis de croire qu'un destin éminemment capricieux s'attacha à leurs pas, les excitant à laisser ainsi, pour guider les générations futures, quelque aperçu de leurs propres erreurs de calcul. Si on en peut juger d'après les courts récits que ces navigateurs nous ont laissés, le résultat de l'œuvre accompli sur ces rivages inhospitaliers surpassa tout ce qu'ils avaient prévu. La visite de ces hommes hardis éveilla la curiosité des Coréens et leur donna leurs premières notions de ce monde du dehors qu'ils repoussaient avec mépris depuis des siècles. En dépit des occasions précieuses qui s'offrent maintenant à eux, ils continuèrent néanmoins à le négliger. Le souvenir des vaisseaux noirs et des hommes à barbe rousse (les Hollandais), — comme ils baptisaient les étranges embarcations et les diables plus étranges encore, qui ne faisaient qu'apparaître à distance du rivage pour faire naufrage, — a longtemps hanté leurs esprits. Bien qu'ils aient traité ces étrangers avec une générosité relative, ils prirent soin de maintenir inviolés les secrets et la sainteté de leur terre. Ils repoussaient avec obstination les ouvertures amicales de ces étrangers qui venaient dans des vaisseaux monstres, et qui, ma foi, ne laissaient derrière eux qu'un nom. Il n'est donc guère étonnant que de nombreux points sur la côte de Corée portent des noms assez peu flatteurs. La baie de la Déception, l'île de l'Insulte, et la rivière Fausse dénotent certains désagréments subis qui, trop grands pour être supportés en silence, laissèrent une impression ineffaçable sur leurs souvenirs de l'endroit.

Si les marins hollandais de 1627 furent parmi les premiers qui atteignirent les rivages interdits de ce royaume, l'activité des voyageurs anglais fut extrêmement remarquable pendant le siècle suivant. L'œuvre du capitaine W.-R. Broughton, de la corvette anglaise de 16 canons *Providence*, nous est décrite par les baies et les ports où il pénétra, par les caps et les détroits que ce vaillant homme baptisa, à l'honneur de l'île lointaine et du royaume d'où il partit. Broughton en 1797, Maxwell de l'*Alceste*, avec Basil Hall, commandant la corvette anglaise *Lyra*, en 1816, méritent la gloire qui leur est assurée par les eaux et les caps qui ont reçu d'eux leurs noms, qui figurent sur les cotes ouest, est et sud comme des jalons. Tandis que Maxwell et Hall préféraient consacrer leur attention à la découverte et à l'examen de l'archipel coréen, — qu'il semble impossible, bien que Broughton ne le mentionne pas, que le découvreur du détroit de Broughton ait pu ignorer, — Broughton levait en gros la carte marine et le plan des côtes de l'ouest, et faisait une halte temporaire à la baie de Broughton, à 950 kilomètres au nord. Hall donna son nom à la baie de Basil, où Gutzlaff débarqua en 1832 pour planter des pommes dé terre et pour laisser des graines et des livres. Une génération plus tard, en 1866, l'archipel au nord-ouest fut nommé d'après le prince impérial, qui devait trouver la mort au Zoulouland en 1878. En 1867, le golfe du prince Jérôme, un bras de mer situé auprès de la côte de la province de Chyung-chong, devait être la scène de la fameuse tentative d'Oppert pour enlever de grandes quantités de trésors ensevelis et de reliques vénérées d'une tombe impériale. Ces noms sur les côtes est et ouest ne suggèrent rien du roman qui en vérité les entoure. C'est au plus s'ils évoquent les ombres des personnages redoutables, auxquels ils ont appartenu naguère, et au souvenir desquels maints voyages de découverte dans des mers sont inséparablement attachés.

VUE GÉNÉRALE DU PORT DE CHEMULPO

Les Anglais ne furent pas les seuls navigateurs qui furent attirés par l'inconnu du pays et les rares dangers de la mer, autour de l'île de Quelpart, là où la mer du Japon se mêle, en un tumultueux chaos, à la mer Jaune. Les navigateurs russes et français se frayèrent également un chemin à travers les dangereux hauts-fonds et les sables mouvants, le long des rivières tortueuses et limoneuses, dans les ports et les détroits resserrés qui séparent ces îles de la terre ferme. Les rivages abondent en noms distingués d'hommes de science ou de fils de la pleine mer. En suivant les ondulations et les tortuosités de la côte, une foule de noms du passé surgissent, dernier témoignage d'hommes morts et oubliés. Il est infiniment pathétique que ce dernier et unique lieu de repos soit refusé à leurs mémoires. Lazarely, qui participe à la découverte de la baie de Broughton ; Unkoffsky, qui sombra dans les eaux de la baie qui est désignée par son nom ; le malheureux La Pérouse, qui, en juin 1787, découvrit dans la mer du Japon une île qui à présent porte le nom de l'astronome Dagelet ; Durock, Pellissier, Schwartz et les autres — quel écho reste-t-il d'eux, de leur destin, et de leur carrière postérieure ? Leurs noms tout au moins ne devraient-ils pas témoigner de leurs souffrances et de leurs efforts, des difficultés qu'ils affrontèrent, de la joie mince de quelque chose de tenté, de quelque chose d'accompli, qui fut leur unique consolation pendant maintes heures de veilles tristes et vaines ?

La Corée est une terre d'exceptionnelle beauté. Les usages, la littérature, et la nomenclature géographique du royaume prouvent que la superbe et inspiratrice nature de la péninsule est pleinement appréciée par la population. De même que les côtes coréennes témoignent de l'esprit aventureux de maints marins d'Occident, ainsi les noms donnés aux montagnes et aux rivières du pays par les habitants eux-mêmes reflètent la simplicité, la crudité et la nature superstitieuse de leurs idées et de leurs croyances. En Corée, toutes les montagnes sont assimilées à des personnes. Dans la croyance populaire, des dragons y sont ordinairement associés. Chaque village offre des sacrifices aux esprits de la montagne. Des autels sont élevés au bord de la route et dans les passes de la montagne, afin que les voyageurs puissent déposer leurs offrandes aux esprits et s'assurer leur bienveillance. Les Coréens croient que les montagnes exercent d'une certaine manière une influence bienfaisante et protectrice. La capitale de la Corée possède sa montagne gardienne. Chaque ville se fie à quelque puissance protectrice pour assurer son existence. Les tombes doivent avoir également leurs cimes gardiennes, ou bien la famille ne prospérera pas, et le sentiment prévaut que les gens naissent en rapport avec la conformation des collines où sont situées les tombes de leurs ancêtres. Les contours rudes et âpres produisent des guerriers et des hommes combatifs. Les surfaces plates et les pentes douces procréent des savants ; les pics d'une position et d'un charme particuliers sont associés à la beauté des femmes. De même que les chaînes de montagnes, les lacs et les étangs, les rivières et les cours d'eau exercent des pouvoirs géomantiques, et ils servent d'habitations à des esprits tutélaires, bienveillants ou malfaisants. Dans les lacs se cachent des dragons et d'autres monstres. Dans les lacs de montagnes toutefois, nul esprit n'habite, à moins que quelqu'un ne se soit noyé dans ses eaux. Lorsque cette fatalité arrive, le fantôme du mort hante le lac jusqu'à ce qu'il soit délivré par le fantôme de la personne suivante qui subira la même infortune. Le serpent est presque le synonyme du dragon. Certains poissons deviennent à des moments dragons-poissons ; les serpents sont élevés à la dignité de dragons et revêtus de leur férocité lorsqu'ils ont passé mille ans de captivité dans les montagnes, et mille ans dans l'eau. Tous ces esprits peuvent être rendus propices par des sacrifices et des prières.

Dans la province de Kang-won, que traverse la chaîne des Monts de Diamant, il y a divers pics symboliques de cette croyance à l'existence de monstres surnaturels. Une cime vertigineuse se nomme le Dragon Jaune, une deuxième le Phénix Volant, et une troisième, le Dragon Caché, a rapport à un démon qui ne s'est pas encore levé de terre pour s'élever vers les nuages. Les noms que les Coréens donnent à leurs rivières, à leurs lacs et à leurs villages, de même qu'à leurs montagnes, prouvent leur désir d'associer les beautés naturelles de leur terre à ses traits les plus caractéristiques. Toutefois cette particularité semble être surtout accentuée dans le cas des montagnes. La Montagne faisant face à la Lune, la Montagne confrontant le Soleil, la Mer Tranquille, la Vallée de l'Ombre Fraîche et la Colline des Nuages Blancs sont des exemples de ce désir. De plus, dans la province de Ham-kyong, la plus septentrionale de l'empire, les sommets les plus remarquables reçoivent des désignations telles que le Pic de la Vertu Permanente, le Pic des Mille Bouddhas, la Paix Durable, la Montagne de l'Épée, le Pic qui atteint le Ciel, le Toucheur de Nuages. Il est donc évident que leur façon d'apprécier la nature, non moins que le respect pour le surnaturel, est à la base du système qui leur fait trouver des noms aux points caractéristiques de leur pays. Les particularités du pays offrent un champ vaste à une telle pratique, et l'on doit admettre qu'ils donnent libre carrière à cette tendance particulière de leur imagination.

La Corée est aujourd'hui un empire indépendant. Depuis des temps très reculés jusqu'à 1895, le roi de Corée était vassal de la Chine, mais le complet renoncement à l'autorité de l'empereur de Chine fut proclamé en janvier 1895, par décret impérial. Ce fut là le fruit de la guerre sino-japonaise, et cette disposition fut ratifiée par la Chine sous le sceau du traité de paix signé à Shimonosaki, en mai de la même année. La monarchie est héréditaire et la dynastie actuelle a occupé le trône de Corée d'une façon ininterrompue depuis 1392. Habitée par une population dont les traditions et l'histoire s'étendent sur une période de cinq mille ans, soumise à de kaléidoscopiques changements, par suite desquels les petites tribus furent absorbées par les grandes, et les faibles gouvernements renversés par les forts, la Corée a peu à peu formé un royaume qui, embrassant toutes les petites unités dans sa protection, a offert au monde, à travers les siècles, une autorité plus ou moins complexe et stable. Il n'y a pas à douter que le royaume naguère vassal de la Chine, à l'occasion duquel la Chine et le Japon furent en guerre, a fait de beaucoup plus grandes enjambées sur la route du progrès que son ancienne voisine et suzeraine. Il est incontestable que les conditions de vie qui règnent à Séoul parmi les Coréens sont supérieures à celles qui règnent à Pékin, chacune de ces deux villes étant considérée comme la capitale du pays — le centre représentatif où tout ce qu'il y a de meilleur et de plus brillant est rassemblé.

Ce fut en 1876 que la Corée conclut son premier traité moderne. Ce ne fut que trois ans après, qu'un échange de représentants diplomatiques eut lieu entre elle et les parties contractantes. En dépit du traité, la Corée ne montra aucune disposition à profiter de ses nouvelles relations, jusqu'à ce que l'ouverture de Chemulpo au commerce, à la fin de 1883, lui ait prouvé de quels avantages commerciaux elle était à présent en mesure de jouir. Pendant tout ce temps la Chine avait été en relation avec les étrangers. Des légations avaient été installées dans sa capitale ; des consuls avaient la charge des ports ouverts ; des traités de commerce avaient été conclus. Elle était déjà vieille et malavisée dans la sagesse qui lui vint de ses rapports avec les peuples occidentaux. Mais dans un esprit d'intraitable obstination sans parallèle dans l'histoire constitutionnelle, la Chine se resserra en elle-même à un tel degré que le Japon, dans l'espace d'une génération, s'est élevé à la situation d'une grande puissance, et que même la Corée est devenue en vingt ans supérieure à son ancienne suzeraine. En moins de dix ans, la Corée a propagé des œuvres d'un caractère industriel et humanitaire auxquelles la Chine actuellement se montre résolument et fatalement hostile. Il est vrai que les tendances libérales de la Corée ont été stimulées par ses rapports avec les Japonais. Si cette nation énergique ne l'avait guidée par la main, la situation dont elle jouirait aujourd'hui serait infiniment problématique. Le contact a été à son entier bénéfice. Et le maintien de ce contact est la plus ferme garantie du développement éventuel des ressources du pays.

CHAPITRE II

PARTICULARITÉS NATURELLES. — DIRECTION DU PROGRÈS. — SIGNES DE RÉFORME ET DE PROSPÉRITÉ. — CHEMULPO. — POPULATION. — COLONIE. — COMMERCE.

La Corée est un pays extrêmement montagneux. Les îles, les ports et les montagnes sont ses caractéristiques les plus remarquables, et presque toute la côte est faite des pentes des diverses montagnes qui descendent, jusqu'à la mer. Il y a de nombreux espaces sur la côte ouest où les approches sont moins âpres et moins en forme de précipices que sur la côte est. La côte semble suivre le contour des montagnes. Elle présente, surtout en venant de l'est, la haute et inaccessible barrière d'un pays couvert de forêts, qui a fait l'admiration de tous les navigateurs et frappé de terreur ceux qui ont été se perdre sur ses rivages désolés et rocheux. De Paik-tu san à Wi-ju se déroule un panorama majestueux et naturel de montagnes aux sommets couverts de neige et enveloppés de nuages et de superbes vallées avec de riches moissons et des chaumières basses, pittoresquement situées, parmi lesquelles courent des rivières comme du vif-argent. Partout dans le nord, les montagnes dominent, de formes et de dimensions monstrueuses. Elles sont riches en minerais ; elles servent de sépultures aux morts et de mines aux vivants, car sous leur protection gisent le charbon, le fer et l'or ; à leurs sommets, reposant sous le ciel ou à l'abri de quelque creux taillé dans leurs pentes abruptes, sont les tombes des morts. Les mines et l'agriculture sont à peu près les seules ressources naturelles du royaume. Il y a toutefois de grandes possibilités dans les énergies et les instincts du peuple, qui se réveillent, et cela peut les amener à créer des marchés à eux en produisant plus que ne l'exige leur consommation. Jusqu'ici, nonobstant les progrès qui ont été réalisés, et les projets industriels introduits par le gouvernement, le mouvement de réforme manque de cohésion. La nation est en fait dépourvue d'ambition. Mais l'avenir est plein d'espoir. Déjà quelque chose a été accompli dans la bonne direction.

MONTAGNES DE CORÉE

La Corée est aujourd'hui dans un état de transition. Toute chose est indéfinie et indéterminée ; le passé est en ruines, le présent et l'avenir sont encore à l'état brut. Les réformes ne datent guère que de dix ans, et bien que beaucoup d'abus aient déjà été redressés, le mouvement de réforme souffre du manque de soutien, de compréhension et de tolérance. Les aspirations du petit nombre sont lentes à se propager dans la nation. Le progrès va par degrés et l'intervalle traîne en longueur. La partie commerciale du mouvement est pleine de vitalité, et les manufactures qui ont été établies montrent l'évolution de l'aspiration à l'entreprise. Les étrangers sont en train d'introduire l'éducation, et l'activité commerciale présente doit être attribuée à leurs indications et à leur assistance. Le peu de succès que ces efforts obtiennent rend très difficile la tâche de maintenir la nation dans la bonne voie. Il n'est guère possible que le peuple retombe dans le conservatisme des anciens jours, mais il peut s'affaisser complètement, par suite des malheureuses circonstances qui font maintenant de la Corée un objet d'observation ironique et intéressée parmi les puissances occidentales. Elle peut être absorbée, annexée ou divisée ; en s'efforçant de demeurer indépendante, elle peut sombrer dans l'anarchie complète dont elle peut être frappée. Elle a donné beaucoup de promesses. Elle a établi un service des Douanes, elle est entrée dans l'Union postale, et elle a ouvert ses ports. Elle a accepté les chemins de fer et les télégraphes, et elle a montré de l'obligeance, de la considération et de l'hospitalité envers toutes les catégories d'étrangers sur son territoire. Sa confiance a été celle d'un enfant, et ses fautes celles qu'on commet dans le jeune âge. Elle est en effet très vieille et à la fois très jeune ; et par une curieuse fatalité, elle se trouve aujourd'hui en face d'une situation qui maintes fois s'est présentée devant elle dans les âges passés.

L'introduction des inventions occidentales en Corée a graduellement effacé de la vie coréenne d'aujourd'hui maintes coutumes qui, associées depuis un temps immémorial au peuple et à ses traditions, lui communiquaient cette tranquillité et ce pittoresque qui distinguaient le petit royaume. La Corée, au vingtième siècle, offre des preuves abondantes du mouvement de progrès qui pousse en avant son peuple. Autrefois la moins progressive des nations d'Extrême-Orient, elle présente aujourd'hui un exemple presque aussi remarquable que celui offert par la prompte assimilation des idées et des méthodes occidentales au Japon. Chemulpo, toutefois, centre où une importante colonie étrangère et un port ouvert ont surgi, ne suggère pas en lui-même l'étendue de la transformation qui, en peu d'années, s'est produite dans la capitale. Il y a vingt ans que Chemulpo fut ouvert au commerce étranger, et aujourd'hui il s'enorgueillit d'un magnifique entrepôt, de larges rues, de superbes boutiques, et d'un service de trains qui l'unit à la capitale. Un enchevêtrement de fils téléphoniques et télégraphiques sillonne son ciel, il y a plusieurs hôtels tenus selon les habitudes occidentales, et il y a également un cercle international.

L'ARC DE L'INDÉPENDANCE

Au seuil du nouveau siècle, le port offre un intéressant sujet d'étude. Avec Ha-do, un hameau contigu à prétentions militaires, il est devenu, en vingt ans, du groupe de cabanes de pêcheurs derrière une colline au bord de la rivière à Man-sak-dong qu'il était, un centre cosmopolite et prospère comptant vingt mille habitants. Son développement, depuis le premier traité avec l'Occident, conclu le 22 mai 1882, par l'amiral américain Shufeldt, a été extraordinaire. Pendant les premières années, il ne donna aucune promesse de son rapide et significatif progrès. Le commerce a prospéré, et une hausse dans le commerce du port a fait monter la valeur des propriétés. On peut craindre maintenant que cette période de richesse ne soit suivie d'une crise qui pourrait, en raison de l'avenir chaotique et incertain du royaume, retarder la colonisation et affecter fâcheusement sa prospérité actuelle. Après des débuts modestes et incertains, quatre quartiers bien construits et bien éclairés se sont créés, le quartier des étrangers en général, celui des Japonais, celui des Chinois, et celui des Coréens. Le quartier japonais est le mieux situé et celui qui promet le plus. Il est vrai que les intérêts de ce pays sont prédominants dans le commerce d'exportation et d'importation du port, situation que vient encore renforcer l'importance des capitaux qu'il a placés en Corée, dont le chemin de fer entre Séoul, la capitale, et Chemulpo, avec le prolongement de la grande ligne jusqu'à Fusan, représente la partie principale. La population japonaise a augmenté d'environ cinq cents individus pendant 1901. Elle comptait alors quatre mille six cents habitants, dont quelques centaines étaient des soldats formant la garnison pour la protection de la colonie. Néanmoins, depuis la modification apportée par le gouvernement japonais aux lois sur l'émigration à l'égard de la Chine et de la Corée, grâce à laquelle fut supprimée, au début de 1902, la nécessité des passeports pour les émigrants allant dans ces deux pays, le nombre des résidents japonais dans les ports à traité s'est beaucoup accru. La colonie de Chemulpo comprend aujourd'hui 1.282 habitations et une population de 5.973 adultes. La population de la colonie chinoise varie avec la saison ; un grand nombre de cultivateurs passent de Shan-tung en Corée pendant l'été, et reviennent dans leur pays l'hiver. Dans la saison où elle quitte la Chine, la population chinoise dépasse le chiffre de douze cents. La population totale de la colonie étrangère cosmopolite atteint quatre-vingt-six habitants, dont vingt-neuf sont Anglais. La seule maison anglaise en Corée est établie à Chemulpo.

UNE RUE ÉCARTÉE À SÉOUL

Beaucoup de nationalités sont représentées à Chemulpo, et le petit groupe des étrangers, à part les Japonais et les Chinois, se décompose de la façon suivante : Anglais, vingt-neuf et une maison de commerce, les autres vingt-huit étant attachés au vice-consulat, aux douanes et à une société de missionnaires ; Américains, huit et deux maisons de commerce ; Français, six et une maison de commerce ; Allemands, seize et une maison de commerce ; Italiens, sept et une maison de commerce ; Russes, quatre et deux maisons de commerce ; Grecs, deux et une maison de commerce ; Portugais, sept ; Hongrois, cinq, et Hollandais, deux, ces trois dernières nationalités ne possédant pas de maisons de commerce dans le port.

Si les intérêts anglais ne sont pas représentés d'une manière importante à Chemulpo, d'autres nationalités sont moins en arrière. Au moyen du chemin de fer transsibérien, le voyage de Londres à Chemulpo peut à présent s'accomplir en vingt et un jours. Quand le chemin de fer Séoul-Fusan sera terminé, les communications entre l'Est et l'Ouest seront encore accélérées. On prévoit qu'en moins de deux jours on ira de Chemulpo à Tokio. En attendant, le service des vapeurs de la Compagnie des Chemins de fer de l'Est Chinois entre Port-Arthur, Dalny et Chemulpo a été accéléré.

En plus, de nouveaux et importants bureaux ont été construits sur le port. Il est très regrettable qu'il n'y ait pas de service régulier de bateaux anglais pour les ports de Corée. En flagrant contraste avec l'apathie des Compagnies anglaises de navigation, s'affirme l'activité de la Compagnie Hambourg-Amérique qui vient d'organiser des escales périodiques de ses paquebots à Chemulpo. Le port est devenu, au point de vue

L'HEURE DE LA SIESTE

commercial, un centre important de transit. Le commerce étranger avec la capitale et ses environs le traverse, et les administrateurs des mines d'or les plus importantes, qui sont actuellement au nombre de quatre, américaine, japonaise, française et anglaise, s'y sont établis. Une manufacture de cigarettes, soutenue par le gouvernement, y fonctionne. Au cours de l'année 1901, 93 navires de guerre sont entrés à Chemulpo, dont 35 japonais, 21 anglais, 15 russes, 11 français, 5 autrichiens, 4 allemands, 1 italien et 1 américain. Les navires à vapeur et à voiles furent au nombre de 1,036 : 567 japonais, dont 304 vapeurs ; 369 jonques et vapeurs coréens ; 21 vapeurs russes ; 8 navires à voiles et 1 vapeur américain ; 4 vapeurs anglais, 3 vapeurs allemands, 62 jonques chinoises et 1 vapeur norvégien — 47 navires de guerre et 70 vaisseaux marchands de plus qu'en 1900. Les bateaux qui entrèrent dans le port et s'acquittèrent des droits de douane en 1900 s'élevèrent au total de trois cent soixante-dix mille quatre cent seize tonnes, réalisant une légère augmentation sur les années précédentes ; cinq cents vapeurs japonais d'un tonnage de deux cent quatre-vingt sept mille quatre-vingt deux tonnes ; 261 vapeurs coréens de 45.516 tonnes ; 41 vapeurs russes de vingt-sept mille neuf cent quatre-vingt dix-neuf tonnes ; deux vapeurs anglais de 4.416 tonnes ; quatre vapeurs allemands de 2.918 tonnes.

À Chemulpo, comme dans tous les ports du royaume ouverts au commerce étranger, il y a une agence des Douanes maritimes impériales coréennes, rejeton de l'excellent service qui existe en Chine sous l'administration de Sir Robert Hart. Le fonctionnement des Douanes coréennes, qui dépend, au premier chef, de M. Mc Leavy Brown, est remarquablement bon, et fait grand honneur à la puissance qui a la charge du contrôle. À une époque, caractérisée par l'extraordinaire inaptitude, indifférence et faiblesse de nos compatriotes exerçant des fonctions publiques, il est déplorable que les talents de ce remarquable Anglais ne soient pas plus directement employés aux besoins du pays. La carrière de ces deux admirables fonctionnaires me remplit à la fois de regret pour l'éloignement de leur sphère d'action, et d'admiration pour leur zèle infatigable — sentiments que peu de serviteurs de l'État seraient plus dignes d'inspirer que ces deux solitaires et laborieux chefs de deux services frères, dont l'œuvre, poursuivie dans une atmosphère de perfidie et de tromperie, recueille trop souvent la plus noire ingratitude.

PAGODE À SÉOUL

Les progrès qu'a accomplis le commerce de la Corée sont une preuve suffisante de ce qu'elle peut faire sous une honnête administration. Si les revenus des Douanes ne sont pas, dans l'intervalle, détournés vers des objets moins importants, il y a tout lieu de croire que des facilités seront accordées à son développement. L'empereur a dernièrement sanctionné l'attribution d'un million de yens, provenant du revenu des Douanes, au fonds des secours pour la navigation. Trente et un phares doivent être construits ; les deux premiers sont située sur les îles de Roze et de Round, en face de l'entrée de la rivière Han, où s'élève Chemulpo. Lorsque ce travail sera terminé, l'augmentation du nombre de navires dans le port créera sûrement un développement parallèle des ressources du pays.

La valeur nette, en 1901, des, exportations et des importations directes étrangères dans tout le royaume, non compris l'exportation de l'or, a dépassé 23 millions de yens (23.188.419) ; la valeur de l'exportation de l'or dépassant 4 millions de yens (4.993.351). Le taux de change du yen japonais est en gros de 2 fr. 55 ce qui donne pour tout le commerce étranger 71.845.675 francs. Le commerce de Chemulpo pendant ce temps a été de 11.131.060 yens, en augmentation d'environ un million de yens sur les chiffres des trois dernières années. Les exportations se composaient d'or, de riz, de haricots, de bois de construction et de peaux ; les importations comprenaient pour la plupart des marchandises américaines et japonaises, et un petit commerce en décroissance avec l'Angleterre. L'ensemble des importations étrangères a atteint une valeur de 5.573.398 yens, et le total des exportations a été de 4.311.401 yens. Les chiffres pour l'année suivante ont été sommairement : exportations, 6.743.675 francs ; importations, 20.361.750 francs. Les intérêts étrangers dans le commerce total passant par Chemulpo, en comparaison avec les années précédentes depuis 1891, montrent un grand et constant progrès. Le revenu total pour l'année 1891 était d'un peu moins de 300.000 yens, et en 1900 cette somme est montée à plus de

550.000 yens, l'augmentation de la prospérité générale pendant ces années affectant le revenu total du royaume.

Comparé à celui de 1901, le commerce total du pays a subi une baisse en 1902. En 1902, l'ensemble du commerce étranger s'élevait à 68.633.650 francs qui se décomposaient ainsi :

Importation.	Exportation.	Exportation d'or.
34.558.775 fr.	21.150.850 fr.	12.924.025 fr.

La balance du commerce, n'était donc au détriment de la Corée que pour la somme de 408.900 francs, tandis que la moyenne de l'excès des importations sur les exportations pour les cinq, années précédentes était de 2.682.725 francs. Ce ne fut qu'en 1900 que les exportations dépassèrent les importations. La moyenne du commerce pour les cinq années dernières a été de 59.251.875 francs, chiffre qui donne à l'année 1902, 9.456.775 francs de plus que la moyenne. En fait, il y a eu pendant le mois de décembre 1902 un commerce et des droits perçus à Chemulpo, supérieurs à tout ce qu'on avait vu auparavant. En comparaison des années précédentes, les importations en 1902 ont baissé de 2.947.850 francs, et les exportations de 189.175 francs. De grandes quantités de marchandises furent transportées à partir de 1901, d'où provint une inévitable dépréciation dans le chiffre du commerce. Toutefois, pour la meilleure intelligence des relations économiques de la Corée avec les pays étrangers, j'ai réuni les relevés des années que je viens de citer, dans un tableau unique, auquel j'ai ajouté une moyenne quinquennale, pour la période commençant en 1898.

CHAPITRE III

VERS LA CAPITALE. — UNE CITÉ DE PAIX. — RÉSULTATS DE L'INFLUENCE ÉTRANGÈRE. — AU COMMENCEMENT. — ÉDUCATION. — BOUTIQUES. — COSTUME. — ORIGINE. — POSTES ET TÉLÉGRAPHES. — MESURES DE PROPRETÉ.

Séoul est dans une situation ravissante. De hautes collines et des montagnes s'élèvent aux abords de la cité, avec des pentes rudes, abruptes et dénudées, sauf là où des masses sombres d'arbres et d'arbustes s'efforcent de vivre. Les vallons qui occupent l'espace entre le rempart des collines et les murailles de la ville, sont frais et verdoyants. De petits champs de riz, avec des groupes de chaumières au milieu, s'étendent entre la capitale et le port de Chemulpo. L'atmosphère est claire ; l'air est doux ; la ville est propre et bien ordonnée. On peut vivre d'ailleurs très confortablement dans la construction de brique à trois étages qui, d'un assemblage d'édifices coréens au pied de la muraille de la ville, est devenue l'hôtel de la Gare.

Il n'y a qu'une muraille autour de Séoul. Elle n'est ni aussi haute ni aussi massive que la muraille de Pékin ; cependant la situation de la ville emprunte une telle beauté aux montagnes qui l'entourent, qu'elle apparaît beaucoup plus pittoresque. Si la capitale de la Corée est située d'une façon plus agréable que la capitale de la Chine, la muraille de Séoul rappelle les murailles de la passe de Nankow dans le superbe dédain avec lequel elle s'agrippe à la bordure des montagnes, escaladant les endroits les plus bizarres dans le cours de ses sinuosités presque inutiles. Elle s'étend de l'autre côté des hautes crêtes de Peuk-an et traverse le pic splendide et solitaire de Nam-san, enfermant d'un côté une forêt, d'un autre une plaine vide et désolée, descendant ici dans un ravin pour reparaître, à quelques centaines de mètres, sur les pentes de la montagne. La muraille est dans un bon état de conservation. Par endroit, c'est un rempart de terre recouvert de maçonnerie ; plus ordinairement c'est une solide construction de pierre de vingt-trois kilomètres de tour de huit à douze mètres de haut, crénelée sur toute son étendue et percée de huit, arcs de pierre. Les arcs servent de portes ; ils sont couronnés de hautes tours couvertes de tuiles, dont le pignon se recourbe à la mode chinoise.

Dans l'espace qu'enclôt cette muraille de pierre, la ville s'étend à travers une plaine, ou bien sur le flanc de la montagne, elle profite de l'abri propice de quelque renfoncement, où elle jouit d'une retraite agréable, fraîche et commode. Dans l'étendue de la ville, il y a une diversité de perspectives qui raviraient le voyageur leplus blasé. Au delà de ses limites, la campagne est délicieuse d'aspect et de caractère, sans cette étendue de plaine uni et monotone qui va jusqu'aux murailles de Pékin et qui nuit tellement à la position de cette capitale. Dans cette vaste étendue s'étendent des collines et des vallées boisées. Des villages s'abritent à l'ombre grise et fraîche des arbustes. Sur les collines s'élèvent des tombes imposantes, abritées contre le vent par une bordure d'arbres.

Il y a de jolies promenades à faire de tous les côtés, à pied ou à cheval, et sans crainte d'être molesté. Partout règne la tranquillité ; les étrangers passent sans être remarqués des paysans qui, grattant paresseusement le sol de leurs champs ou labourant dans l'eau de leurs plantations de riz avec de solides taureaux, passent leur temps à travailler doucement. La terre répond à leurs besoins, plutôt en raison de sa nature généreuse et de sa fertilité, que par le travail intelligent et la dépense d'énergie qu'ils lui ont consacrés.

Il y a quelques années, on crut que la gloire de l'antique cité s'en allait. En vérité, l'état d'extrême négligence où la capitale était tombée justifiait en une certaine mesure cette opinion. À présent, toutefois, le spectacle indique la prospérité. L'ordre ancien est en train de faire place au nouveau. Telle est la rapidité avec laquelle la population s'est mise à apprécier les résultats des relations avec l'étranger que, dans quelques années, il sera difficile de trouver à Séoul un lieu rappelant la capitale de jadis. Le changement a été radical.

L'introduction du télégraphe a fait disparaître les feux de nuit qui, du haut des montagnes, signalaient que le royaume était en sûreté. Les portes ne sont plus fermées la nuit ; la cloche du soir ne répand plus au coucher du soleil ses sonorités à travers la ville, et les coureurs précédant la chaise des fonctionnaires ont depuis quelque temps cessé d'annoncer d'une voix stridente le passage de leurs maîtres. Des améliorations qui ont été apportées dans l'état de la ville — dans ses rues et ses maisons, dans ses mesures sanitaires et ses moyens de communication — ont remplacé ces coutumes anciennes. Un train excellent et rapide la réunit à Chemulpo ; des tramways électriques assurent des communications rapides à l'intérieur et au dehors de la capitale ; et même la lumière électrique illumine le soir certaines parties de la capitale du Royaume Ermite. En outre, on parle d'un aqueduc ; la police a été réorganisée ; des égouts ont été construits et les mauvaises odeurs ont disparu. La population de la capitale était en 1903 de 194.000 habitants adultes. Il y a une diminution de 2.546 sur l'année 1902.

La période qui s'est écoulée depuis que le pays a été ouvert au commerce étranger, a donné le temps aux habitants de se familiariser avec les particularités qui distinguent les étrangers. Les Coréens ont eu, pendant ce temps, des occasions innombrables de choisir par eux-mêmes les institutions qui pouvaient leur procurer le bien-être, et de s'assurer en même temps des avantages compensant leur abandon de la tradition. Ce n'est pas seulement par la construction d'un tramway électrique, l'établissement de téléphones et de télégraphes à longue distance, l'installation de la lumière électrique, une transformation générale de ses voies et de ses édifices, et le perfectionnement de son système de voirie, que la capitale de la Corée a donné des gages de l'esprit qui anime ses habitants. Des réformes ont été également effectuées dans l'éducation : on a ouvert des écoles et des hôpitaux ; des banques, des magasins étrangers et des agences ont surgi ; une manufacture de porcelaine fonctionne ; et le nombre et la diversité des religions auxquelles les missionnaires étrangers cherchent à gagner le peuple est chose aussi étonnante et complexe qu'en Chine. Il ne manquera pas dans l'avenir de ces idées apaisantes d'où sont tirées les consolations de la religion. La direction de l'éducation est conçue sur une base qui donne à présent toute facilité pour l'étude des sujets étrangers. Des écoles spéciales pour l'étude des langues étrangères, dirigées par le gouvernement sous la surveillance de professeurs étrangers, ont été établies. Des changements très frappants ont été apportés dans le programme des écoles communales de la ville. Les mathématiques, la géographie, l'histoire, en plus des langues étrangères, sont enseignées dans ces établissements, et, ces derniers temps, une école de topographie, sous une direction étrangère, a été ouverte. Les lumières qui se répandent ainsi parmi le peuple, ne peuvent manquer d'apporter un changement éventuel dans les opinions et les sentiments des hautes classes à l'égard des progrès du pays. Comme signe des temps, la fondation de plusieurs journaux du pays vaut la peine d'être notée ; et l'augmentation des affaires a nécessité des facilités plus grandes en matière de transactions financières, développement qui n'a pas eu seulement recours au Dai Ichi Ginko. La Banque Russo-Chinoise se propose de faire concurrence à cet établissement financier japonais. On projette d'établir à Chemulpo une succursale de la banque russe, grâce à quoi une émission de billets en roubles viendra lutter avec les diverses espèces de valeurs de la Banque japonaise. De plus, le gouvernement se propose d'élever au centre de la ville un grand édifice de style occidental pour y loger la Banque Centrale de Corée. Ce sera un bâtiment à trois étages, avec des succursales dans les treize provinces de l'empire.

SÉOUL. — VUE GÉNÉRALE DU QUARTIER JAPONAIS.

Son but principal est de faciliter le transfert du numéraire de l'État, dont le transport a toujours été une lourde charge pesant sur le gouvernement. Il se livrera toutefois aux affaires générales de banque, et dans ce but, Yi Yong-ik, le directeur de la Banque Centrale, prépare à la Monnaie de l'État des billets d'un, cinq, dix et cent dollars qu'elle émettra.

En même temps que de ces divers services, on s'est occupé beaucoup des télégraphes et des postes. Jusqu'en 1883, la Corée a été privée de communications télégraphiques. À cette époque, les Japonais posèrent un câble sous-marin de Nagasaki au port coréen de Fusan avec une station intermédiaire à l'ile de Tsu-shima. Un peu plus tard, en 1885, la Chine, prenant avantage de ses droits de suzeraine, envoya un ingénieur des postes, M. J.-Il. Muhlensteth, qui était à son service depuis nombre d'années et qui avait été autrefois employé du réseau des télégraphes danois, pour construire une ligne télégraphique de terre reliant Chemulpo, en passant par Séoul et Pyong-yang, à Wi-ju, sur la rivière Yalu, en face le poste-frontière chinois de An-tung, qui était relié au réseau général des télégraphes chinois. Cette ligne vers le nord-ouest fut pendant de nombreuses années le seul moyen de communication télégraphique entre la capitale de la Corée et le monde extérieur. Elle fut exploitée aux frais et sous le contrôle du gouvernement chinois, et ce ne fut qu'à l'époque de la guerre sino-japonaise, pendant laquelle la ligne fut presque entièrement détruite, qu'elle fut reconstruite par le gouvernement coréen.

UN COIN DE LA CAPITALE CORÉENNE.

En 1889, le gouvernement coréen fit établir une ligne de Séoul à Fusan. Après la guerre sino-japonaise, les relations télégraphiques s'étendirent de Séoul à Wonsan et Mok-po. Pendant les dernières années, des progrès continus ont été opérés et le développement total à l'intérieur atteint aujourd'hui une longueur de 3.500 kilomètres, divisés en vingt-sept bureaux et occupant 113 employés comme directeurs, ingénieurs, secrétaires et agents, avec 303 élèves. On emploie le système Morse. L'électricité est fournie par des batteries Leclanché. Les télégrammes peuvent être rédigés soit en langue télégraphique internationale. Des relais de poste sont établis auprès des différentes stations télégraphiques à l'intérieur, pour faciliter les communications avec les points éloignés.

Le tableau ci-dessous montre par comparaison le développement du réseau coréen des télégraphes pendant les dernières années.

	1899	1900	1901	1902
Télégrammes	112.450	125.410	152.485	209.418
Revenus (en dollars)	50.686 89	72.443 26	86.830 86	112.337 28
Longueur des lignes (en *li*)	5.000	5.090	6.510	7.060
Bureaux	19	22	27	27

L'établissement du Réseau Impérial des Postes en Corée est relativement récent. Pendant nombre d'années, ou plutôt pendant nombre de siècles, la Corée n'a possédé aucun service postal au sens où nous l'entendons. Un courrier officiel était entretenu par le roi pour transporter la correspondance avec les gouverneurs de province. Ces messagers voyageaient au moyen de relais de poste qui étaient établis sur différents points du pays. Les correspondances particulières étaient portées par des voyageurs ou des colporteurs, et l'expéditeur devait chaque fois s'arranger personnellement avec le porteur. En 1877, le Japon, qui était entré dans l'Union postale et qui avait conclu un traité avec la Corée, établit des bureaux de poste à Fusan, Won-san et Chemulpo pour les besoins de ses nationaux, qui étaient déjà très nombreux en Corée. En 1882, l'administration des Douanes établit également une sorte de réseau postal entre les différents ports ouverts et entre la Corée et la Chine. Mais ces organisations étaient limitées à la correspondance entre les ports ouverts, et quiconque désirait envoyer une lettre dans l'intérieur devait conclure des arrangements privés. En 1884, le gouvernement de la Corée fit une première tentative d'établissement d'un réseau postal officiel accessible à tous.

Ce ne fut pas avant 1895 toutefois, après la terminaison de la guerre sino-japonaise, que le service postal coréen fut enfin établi sous la direction d'un Japonais. Pendant plusieurs années, ce service fut limité à la Corée même, et n'entreprit aucune affaire avec l'étranger. En 1897, le gouvernement coréen résolut d'entrer dans l'Union postale, et dans ce but deux délégués furent envoyés au Congrès Postal Universel, tenu à Washington en mai et juin de cette année. Ils signèrent l'accord international. Finalement, en 1898, le gouvernement s'assura les services de M. E. Clémencet, du service des Postes et Télégraphes français, en qualité de conseiller et d'instructeur du service postal, et le 1ᵉʳ janvier 1900, la Corée entra dans l'Union postale.

Le service comprend, en plus du bureau central de Séoul, 37 bureaux de poste, en plein fonctionnement, et 326 sous-bureaux, ouverts à l'expédition des lettres ordinaires et recommandées, pour le pays ou pour l'étranger. 747 boîtes aux lettres ont été distribuées à travers les districts postaux dépendant de ces bureaux. Seuls, les bureaux en plein fonctionnement sont dirigés par des agents ou des sous-agents, sous le contrôle du Directeur général des communications, au nombre de 756, dont 114 agents et secrétaires et 642 messagers, gardiens, etc. La direction des bureaux secondaires est entre les mains dés magistrats locaux sous le contrôle du ministre de l'Intérieur et n'a aucun rapport avec le Département des communications, excepté en ce qui concerne le contrôle et la direction du service postal. Un réseau de routes postales par terre, partant de Séoul le long des sept grand'routes principales, est parcouru chaque jour dans les deux sens par des courriers postaux. Chacun des grands bureaux de province a le contrôle d'un service de courriers, qui, à son tour, se relie aux petits bureaux de province. Ces bureaux secondaires sont desservis trois fois par semaine par des courriers postaux à pied, qui sont au nombre de 472. Chaque homme porte sur son dos une charge maxima de 20 kilogr. Quand la correspondance dépasse ce poids, on a recours à des surnuméraires ou à des chevaux de bât. Le courrier doit parcourir chaque jour une distance minima de 40 kilomètres. Dans la Corée centrale et dans le sud et le nord-ouest, chaque route est couverte, aller et retour, en cinq jours. Dans le nord et le nord-est, huit jours sont nécessaires pour chaque tournée.

UNE FAMILLE DE LA BOURGEOISIE

En plus, de ces courriers par terre, l'administration postale a employé, depuis que la Corée est entrée dans l'Union postale, divers services maritimes pour l'expédition de la correspondance aux différents ports coréens, et pour les envois à l'étranger. Les diverses Compagnies de navigation qui font le service des postes coréennes sont : la Nippon Yusen Kaisha, dont les paquebots touchent à Kobe, Nagasaki, Fusan, Mok-po (de temps en temps), Chemulpo, Chi-fu, Taku, Won-sari et Vladivostok ; les bateaux de la Osaka Chosen Kaisha, qui touchent à Fusan, Ma-sam-po, Mok-po, Kun-san, Chemulpo et Chin-am-po. Ce dernier port est bloqué par les glaces de décembre à mars. On se sert également des bateaux de la Compagnie du Chemin de fer de l'Est chinois, qui font le trajet entre Vladivostok et Shanghaï en passant par Nagasaki, Chemulpo, Port-Arthur et Chi-fu.

L'homme qui a tant fait pour le succès des douanes coréennes a également réalisé le merveilleux renouvellement de la capitale. Le Séoul neuf ne date guère que de sept ans, mais M. McLeavy Brown et le gouverneur civil, un énergique fonctionnaire coréen, déplacé depuis, commencèrent et achevèrent en quatre semaines le travail de purifier et de reconstruire les quartiers sordides et resserrés où vivait un peuple si nombreux. À ceux qui ont connu l'état primitif de la ville, la tâche a dû paraître cyclopéenne. Quoi qu'il en soit, une extraordinaire métamorphose s'accomplit. Le vieux Séoul avec ses ruelles empestées, ses accumulations en hiver d'ordures de toute espèce, ses fanges entassées par croûtes et sa pénétrante saleté, a presque totalement disparu de l'enceinte de la capitale. Les rues sont splendides, spacieuses, propres, admirablement tracées et pourvues d'un excellent système d'égouts. Les ruelles étroites et malpropres ont été agrandies ; les ruisseaux ont été recouverts et les chaussées élargies, à un tel point qu'avec ses trains, ses tramways, son éclairage, ses kilomètres de fils télégraphiques, son Hôtel de la Gare, ses maisons de briques aux fenêtres vitrées, Séoul est en passe de devenir, en un temps qu'on peut prévoir, la première, la plus intéressante, la plus propre des villes de l'Orient. Elle n'est pas encore le moins du monde européanisée, car le pittoresque des principes et des styles d'architecture purement coréens a été religieusement conservé, et il doit être respecté dans tous les perfectionnements futurs.

FEMMES AU LAVOIR

Les boutiques sont encore contiguës aux rigoles ; les magasins de bijouterie surplombent l'un des principaux égouts de la ville ; les ébénistes occupent les deux côtés d'une voie importante, leur mobilier précieux moitié dedans et moitié en dehors du ruisseau sale. C'est une très belle chose qu'un cabinet coréen. Il est orné de plaques de cuivre repoussé et garni de clous de cuivre, très massif, très bien joint, absolument supérieur comme dessin et comme fini. La façon des bijoutiers est grossière et peu attirante, quoique certains morceaux révèlent parfois une idée artistique. Les ornements sont surtout des bracelets d'argent, des épingles à cheveux et des boucles d'oreilles, et une variété d'objets pour parer la chevelure. Les marchands de céréales et de légumes vendent dans la rue. Le marchand du pays adore empiéter sur la voie publique autant qu'il peut. Une fois en dehors des rues principales de la ville, les ruelles sont absolument fermées à la circulation à cause de cette habitude des boutiquiers, de l'un et de l'autre côté des petites rues, de pousser leurs marchandises sur la chaussée. Le métier de boucher en Corée est le plus dégradant de tous. Même dans les rangs les plus bas de la société on refuse de l'accepter et de le reconnaître. Les boucheries sont désagréablement situées auprès des principales rigoles.

Il y a d'innombrables palais dans la capitale, mais comme Sa Majesté fait très fréquemment agrandir ses domaines, d'autres édifices dans l'avenir seront encore adaptés à l'usage impérial. L'enceinte du palais procure toujours l'occasion aux étrangers de se familiariser avec la physionomie des nombreux ministres de l'État. Dans leur grand désir de conseiller le souverain, ils se chamaillent ; entre eux, nouent des intrigues et des contre-intrigues, et luttent pour avoir les atouts en mains, sans souci du résultat que leurs jalousies peuvent avoir pour le pays. À toute heure on voit des processions de chaises se diriger vers le palais où, après avoir déposé le maître, l'escorte des serviteurs et des suivants demeure à flâner jusqu'à la fin de l'audience. Alors, avec la même dignité silencieuse, les ministres sont ramenés en hâte à travers la foule des gens étrangement coiffés et vêtus, qui daignent à peine remarquer le passage des augustes personnages.

Les fonctionnaires sont d'une élégante supériorité dans leurs manières et dans leur tenue. La distinction du costume des différentes classes se témoigne par la différence de leur prix. Le costume d'un noble coûte plusieurs centaines de dollars. Il est fait du plus fin linon de soie qui est tissé sur les métiers du pays. Il est extrêmement cher, de tissu très délicat et de couleur crème. Il est ample et enveloppe la personne de manière à suggérer un peignoir de bain. Il est retenu par deux larges boutons d'ambre posés bien en apparence sur le côté droit de la poitrine. Une ceinture en soie faite d'un cordon mauve enserre le corps sous les aisselles. Le costume d'une seule personne peut se composer d'une série de ces vêtements en linon de soie crème ou blanche, immaculée, avec un vêtement de dessus en linon de soie bleue. Le mouvement d'un grand nombre de gens vêtus de cette manière fait l'effet du frou-frou des feuilles dans une forêt remuée par la brise.

Le costume des gens d'un rang moins élevé n'est pas moins frappant par sa propreté immaculée. Il ne coûte que quelques dollars. Il est fait de divers genres du tissu appelé *grass-cloth* ou de simple calicot fort. Il est d'abord lavé, puis battu avec de gros bâtons sur des pierres et enfin, après avoir été séché, à nouveau battu sur un billot jusqu'à ce qu'il ait acquis du poli et du brillant. C'est là l'unique occupation des femmes des classes pauvres, et on peut entendre, pendant de nombreuses heures du jour et de la nuit, le bruit rythmique de battoir produit par ces bâtons de blanchissage.

Le costume des femmes est, sous certains rapports, particulier à la capitale. Le vêtement de dessus se compose de ce qu'on pourrait appeler une veste de zouave, en tissu blanc ou crème, qui peut être également en linon de soie, en lin ou en calicot. Quelques centimètres au-dessous prend un jupon blanc, bouffant comme un sac, allant jusqu'à terre de toute part, et attaché à un large ruban. Entre les deux il n'y a que la peau nue, et les seins demeurent complètement découverts. Le spectacle n'est guère agréable, car les femmes qu'on voit dehors sont généralement vieilles ou infirmes. En tout temps, comme pour accentuer leurs charmes qui se flétrissent, elles portent le *chang-ot*, un manteau de soie mince et verte, presque particulier à la capitale et dont les femmes se servent pour voiler leurs visages en passant dans les rues. À la vue d'un homme, elles le tirent jusqu'au dessous des yeux. Le col du vêtement est ramené par-dessus la tête de la personne, et les manches longues et larges tombent le long de ses oreilles. Le contraste entre le visage caché et la poitrine découverte est extrêmement comique. Quand le *chang-ot* est mis correctement, on n'aperçoit qu'un œil, un soupçon de la joue, de la tempe et du front. Cela est presque inutile toutefois, puisque pour la plupart des femmes, leur seul charme est la beauté possible que le *chang-ot* dissimule. Elles ne portent pas d'autre coiffure. Dans les occasions ordinaires, elles relèvent leurs cheveux très simplement sur la nuque, d'une manière qui ressemble à celle qu'a mise à la mode Mme Langtry.

La coiffure des hommes offre une grande variété, de même que leur costume possède un caractère spécial. Quand ils sont en deuil, la première période exige un chapeau de la dimension d'un petit panier à linge ouvert. Il a un mètre vingt de circonférence, et cache complètement le visage qui est en plus dissimulé par un morceau de lin épais étendu sur deux bâtonnets, et maintenu juste au-dessous des yeux. Alors on ne peut apercevoir absolument rien du visage. Pendant la seconde période, on enlève l'écran. La troisième période correspond au remplacement du panier renversé par la coiffure ordinaire, de couleur paille.

La coiffure ordinaire a la forme du chapeau à haute calotte que portent les femmes du pays de Galles, avec un large bord, fait de gaze noire disposée sur une forme en bambou. Il est tenu en place par une chaînette qui passe sous le menton, ou par un cordon fait de morceaux de bambou, entre chacun desquels sont attachés des grains d'ambre. Il y a toute une variété de chapeaux, et de rubans d'intérieur et de cérémonie que portent les hautes classes et les classes moyennes.

La coiffure n'est pas la même pour les célibataires que pour les hommes mariés. Quand ils ne sont pas mariés, ils portent la queue ; mariés, ils relèvent leurs cheveux et les tordent en une masse conique au-dessus de la tête, en les retenant au moyen d'un ruban de crin tissé, qui enserre complètement le front et la base du crâne. Quelques-uns, influencés par les mœurs occidentales, ont coupé leurs cheveux. On peut remarquer cela particulièrement parmi les soldats de service en ville, et conformément aux ordres de l'empereur, tous les fonctionnaires militaires et civils de la capitale ont adopté la coutume étrangère.

Garçons et filles, la plus singulière et la plus sale marmaille qu'on puisse voir, sont laissés libres, jusqu'à un certain âge, de vagabonder dans les rues, de jouer dans le ruisseau, et autour des bouches d'égouts, absolument nus — usage économique qui est commun dans tout l'Extrême-Orient. Les garçons sont vite pourvus d'habits et poussés vers une occupation quelconque. Les filles de la condition la plus pauvre sont vendues comme esclaves et sont attachées à la domesticité des hautes classes. Quand on les voit après dans la rue, marchant à côté de la chaise de leur maîtresse, on a la preuve qu'elles ont appris à être propres, et mêmes élégantes dans leur tenue. À cet âge, ce sont des enfants de mine agréable et saine. Toutefois les conditions dans lesquelles elles vivent, les épuisent prématurément.

En dépit de l'introduction de certaines réformes, beaucoup de choses du vieux monde subsistent encore à Séoul, maintes reliques du Royaume Ermite. Les femmes sont encore plus étroitement séquestrées. La coutume, qui ne permet à celles des hautes classes de prendre de l'exercice au dehors que le soir, est observée. Les hommes ne sont plus cependant exclus des rues à ce moment-là. Le spectacle de ces fantômes blancs dans la nuit, glissant çà et là, éclairés par les rayons de la lanterne que portent devant elles leurs petites esclaves, est aussi attirant que l'aspect de Séoul de jour, avec ses masses mouvantes vêtues de blanc. Une rue pleine de Coréens suggère, comme M. Henry Norman, député, l'écrivit justement un jour, l'idée orthodoxe de la résurrection.

On ne peut nier que l'aspect extérieur des hommes et des femmes ne rende la capitale singulièrement attrayante. Les hommes sont beaux, bien faits ; ce sont des gens calmes, dignes dans leur attitude, polis et même prévenants vis-à-vis les uns des autres. Leur type est une preuve évidente qu'ils descendent des tribus à demi sauvages et nomades de Mongolie et de l'Asie septentrionale, en même temps que des peuples caucasiques venus de l'Asie occidentale.

Ces deux races, venues l'une du nord et l'autre du sud, au temps de l'invasion aryenne de l'Inde, peuplèrent le nord et le sud de la Corée. Ensuite fondues, elles donnèrent au monde une nation composite, de types, d'habitudes et de langage distincts, et seulement amalgamée par une rare suite de circonstances, auxquelles elles n'avaient pu commander. C'est en raison des ressemblances faciales qu'on peut faire remonter l'origine des Coréens à une race caucasique. La langue du pays, tout en étant proche parente du chinois, reproduit des sons et nombre de mots qu'on retrouve dans les langues de l'Inde. La Corée a été soumise pendant des siècles à l'influence des arts et de la littérature chinois, mais il y a peu de réelle ressemblance entre les légendes des deux pays. Le folk-lore de la Chine est en complet désaccord avec les traditions vagues et obscures du peuple coréen.

Il y a un vaste espace en blanc dans l'histoire primitive de la Corée, alors qu'à l'époque correspondante, la Chine est représentée par de nombreux souvenirs intacts. Les recherches auxquelles on se livrera ne pourront faire faire aucun progrès à la question ; les hypothèses et les réflexions logiques basées sur des comparaisons étrangères peuvent seules fournir les données nécessaires. La postérité trouvera ainsi un chapitre non écrit de l'histoire du monde, qui peut tout au plus être faiblement esquissé.

JEUNE FEMME CORÉENNE REVÊTUE DU COSTUME NATIONAL

CHAPITRE IV

LE CŒUR DE LA CAPITALE. — INTÉRIEUR DU MÉNAGE. — ESCLAVAGE DES FEMMES

NIVEAU DE LA MORALITÉ. — UNE RÉPÉTITION EN TOILETTE.

Les habitants du Royaume Ermite sont particulièrement versés dans l'art de ne rien faire en y mettant de la grâce. Il y a en conséquence un charme et une variété infinis dans la vie quotidienne en Corée. Les gens du pays prennent leurs plaisirs passivement, et leur incapacité de constitution leur donne l'apparence d'avoir peu de chose à faire, si ce n'est de se promener lentement au soleil, ou de s'asseoir, les jambes croisées, à l'ombre de leurs maisons. L'inaction leur sied. La lourde dignité de leur aspect et leur ferme maintien communiquent beaucoup de pittoresque aux spectacles de la rue. La population en vêtements blancs, en pantalons blancs, en chaussettes blanches, à la démarche lente, attire l'œil irrésistiblement. Les femmes ne sont pas moins intéressantes que les hommes. La façon unique de leur costume, qui diffère complètement de tous les autres vêtements féminins qu'on ait jamais connus dans le monde, le rend suffisamment caractéristique des variations de l'esprit féminin pour être intéressant.

VOILE DIT *Chang-ot*

Les femmes n'apparaissent pas beaucoup dans les rues pendant le jour. Le degré de leur réclusion dépend du rang qu'elles occupent dans la société. D'une façon générale, les barrières sociales qui séparent les trois classes sont ici bien définies. Les *yang-ban* ou nobles sont naturellement la classe dominante. La femme des hautes classes vit assez comme la femme indoue dans le *zenana* ou gynécée ; depuis l'âge de douze ans, elle n'est visible qu'aux gens faisant partie de la maison et à ses proches parents. Elle se marie jeune, et à partir de là ses connaissances parmi les hommes ne dépassent pas le cinquième degré de cousinage. Elle peut faire visite à ses amies, portée en chaise fermée par quatre porteurs. Elle va rarement à pied, mais si elle le fait, son visage est invariablement voilé dans les plis du *chang-ot*. Les femmes de la classe moyenne sont soumises à peu de restrictions quant à leur tenue dans les rues, et elles ne sont pas aussi sévèrement recluses à la maison que leurs sœurs de l'aristocratie ; elles ont cependant le visage voilé. Le *chang-ot* ne cache pas aussi complètement que le voile porté en Turquie. De plus, on l'enlève souvent dans la vieillesse. Il est interdit aux danseuses, aux esclaves, aux religieuses et aux prostituées, toutes comprises dans la plus basse classe, de porter le *chang-ot*. Les femmes médecins également s'en dispensent, quoiqu'il soit permis seulement aux femmes de haute naissance de pratiquer la médecine.

D'une manière générale, l'occupation principale des femmes en Corée est la maternité. Il est très scandaleux qu'une femme atteigne la vingtième année sans s'être mariée, et il n'existe aucune raison meilleure pour le divorce que la stérilité. À l'égard du mariage toutefois, on demande à la femme de compléter la fortune de son mari et de contribuer aux dépenses de la maison. Quand les femmes des hautes classes veulent s'engager dans les affaires, il est certaines carrières, en dehors de la médecine, qui leur sont ouvertes. Elles peuvent se livrer à la culture du ver à soie, des abeilles, au tissage des chaussures de paille, ouvrir un débit de vin ou se faire institutrices. Elles ne peuvent entreprendre ni la fabrication de la dentelle et de la toile, ni la vente des fruits et des légumes. À mesure qu'on redescend l'échelle sociale, le nombre des professions ouvertes aux femmes augmente et se diversifie. Celles des classes moyennes peuvent se livrer à

DANSEUSES CORÉENNES

toutes les occupations permises aux femmes des hautes classes, excepté la médecine et l'enseignement. Elles peuvent devenir concubines, cuisinières, nourrices, ou occuper une place au palais. Elles peuvent tenir toute espèce de boutiques, cabarets ou hôtels ; elles possèdent certains privilèges pour la pêche, qui leur permettent de prendre des peignes à côtes rondes, des seiches et des bêches de mer. Elles peuvent fabriquer n'importe quelle espèce de souliers et de chaussures. Elles peuvent faire des filets de pêche et des blagues à tabac.

COIFFURES DE DEUIL DES FEMMES CORÉENNES

Si un certain respect est témoigné aux femmes de la classe moyenne, celles de la classe inférieure sont regardées avec mépris. Des occupations permises aux femmes de la classe moyenne, il en est deux que les femmes de basse extraction ne peuvent entreprendre. Elles ne peuvent remplir aucun poste au palais et elles ne peuvent pas fabriquer de blagues à tabac. Elles peuvent se faire sorcières, jongleuses, saltimbanques, contorsionnistes, danseuses et courtisanes. Il y a cette grande différence entre les membres des deux plus vieilles professions que le monde ait connues : la danseuse termine habituellement sa carrière en devenant la concubine d'un noble riche ; la courtisane, par contre, ne la termine pas du tout.

LA SALLE DES AUDIENCES IMPÉRIALES À SÉOUL

Il est impossible de ne pas admirer l'activité et l'énergie de la femme coréenne. En dépit du mépris avec lequel elle est traitée, elle est le grand facteur économique dans la maison et dans la vie de la nation. La force des circonstances l'a faite la bête de somme. Elle travaille pour que son seigneur et maître puisse reposer dans la paresse, dans un luxe relatif et en paix. Malgré les effets déprimants et pernicieux de ce dogme absurde d'infériorité, et en contradiction avec des siècles de théorie et de philosophie, son activité et sa droiture sont plus évidentes dans la vie nationale que l'industrie de son mari. Elle est exceptionnellement active, forte de caractère, pleine de ressources dans les cas difficiles, méticuleuse, persévérante, indomptable, courageuse et dévouée. Dans la classe moyenne et la classe inférieure, elle joue le rôle de tailleur et de blanchisseuse. Elle fait le travail d'un homme dans la maison et d'un animal dans les champs ; elle fait la cuisine et elle coud ; elle lave et repasse ; elle entreprend un commerce et le dirige, ou bien elle travaille la terre et exploite une ferme. En présence de toute adversité, et dans ces moments d'épreuves, et de misère où son fainéant de seigneur et maître s'effondre dans le néant de son désespoir, c'est elle qui maintient la misérable famille en péril. Sous la dynastie précédente, la sphère d'activité des femmes en Corée était moins restreinte. La loi de réclusion n'existait pas ; le sexe féminin jouissait d'une plus grande liberté publique. Vers la fin de cette dynastie cependant, le caractère de la société s'abaissa, et les femmes spécialement furent en butte à la violence. Les prêtres bouddhistes se livrèrent à une débauche universelle ; l'infidélité conjugale fut pratiquée comme un sport ; l'enlèvement devint à la mode. La dynastie actuelle s'efforça de réprimer ces désordres en ordonnant et en propageant l'isolement et une plus grande soumission des femmes. Le vice et l'immoralité se pratiquaient depuis si longtemps et d'une façon si générale que les hommes avaient déjà commencé d'eux-mêmes à garder leurs femmes enfermées. S'ils les respectaient dans une certaine mesure, ils étaient tout à fait soupçonneux à d'autres égards. La crainte et la méfiance étaient ainsi les causes dominantes de la réclusion des femmes, et ce système se développait de lui-même, les Coréens ayant appris à redouter les propensions amoureuses de leur propre sexe. Il est possible que les femmes trouvent dans la protection qui leur est aujourd'hui accordée, une légère compensation aux corvées et aux durs travaux qui sont leur partage.

PETIT ESCLAVE

L'esclavage parmi les Coréens se borne aujourd'hui à la possession de femmes esclaves. Jusqu'au temps de la grande invasion de la Corée par les armées japonaises sous Hideyoshi, en 1592, il était permis d'avoir des esclaves des deux sexes. La perte d'hommes fut telle dans cette guerre que, lorsqu'elle fut terminée, on promulgua une loi qui interdisait la vente des esclaves mâles. Il reste toutefois le *sang-no* (petit esclave), qui rend certains services, et qui en retour est nourri et habillé. La position du *sang-no* est au-dessous de celle du serviteur à gages, et supérieure à celle de l'esclave proprement dit. Il n'est lié par aucun engagement et il est libre de quitter sa place.

Les devoirs de la femme esclave comprennent tout le gros ouvrage de la maison. Elle s'occupe du blanchissage, — besogne incessante et indispensable dans une maison coréenne ; elle va chercher de l'eau au puits, aide à la cuisine, va au marché et fait les courses. On ne la laisse s'occuper d'aucune fonction d'un caractère supérieur ; sa place est à la cuisine ou dans la cour, et elle ne peut devenir femme de chambre ni servante favorite d'aucune sorte ; elle peut figurer dans le cortège funèbre de son maître.

Il y a quatre façons par lesquelles la femme coréenne peut devenir esclave. Elle peut s'offrir volontairement comme esclave en échange de la nourriture, de l'habillement et du logement, par suite de son absolu dénuement. La femme qui devient esclave de cette manière ne peut plus racheter sa liberté. Elle a moins de droits que l'esclave qu'on achète ou qui se vend. La fille d'une esclave qui meurt dans le service ne sort pas de l'esclavage. Si sa maîtresse se marie, l'esclave de cette sorte fait partie de la dot. Une femme peut être réduite en esclavage pour les actes de trahison d'un parent. La famille d'un homme convaincu de trahison devient la propriété de l'État, et les femmes sont distribuées à de hauts fonctionnaires. Elles sont ordinairement remises en liberté. De plus, une femme peut se soumettre à l'approbation d'un maître éventuel. Si on la trouve satisfaisante et si elle a de bonnes recommandations, ses services peuvent valoir dans les quarante, cinquante ou cent mille d'argent comptant. Quand le prix a été versé, elle fait un acte de donation de sa propre personne à son acheteur, et elle met l'empreinte de sa main sur le document en place de sceau, dans le but de fournir un facile moyen d'identification. Quoique cette transaction ne reçoive pas la connaissance du gouvernement, le contrat est obligatoire.

Comme la loi décide que la fille d'une esclave doit prendre la place de sa mère quand elle meurt, il est de l'intérêt du maître de favoriser le mariage de ses esclaves. Les esclaves qui reçoivent un dédommagement pour leurs services peuvent épouser qui leur plaît ; on fournit un logement au couple. Le maître n'a toutefois aucun droit sur les services du mari. L'esclave qui se voue volontairement à l'esclavage et qui ne reçoit aucun prix pour ses services ne peut se marier sans consentement. Dans ces cas-là, il n'est pas rare que le maître, au bout de quelques années, lui rende la liberté.

Jusqu'ici la position de la femme coréenne a été si humble que son éducation n'a pas été nécessaire. Sauf parmi celles appartenant aux classes les moins honorables, les facultés littéraires et artistiques demeurent incultes. Parmi les courtisanes cependant, les talents intellectuels sont cultivés et développés en vue de faire d'elles des compagnes brillantes et divertissantes. Le seul signe de leur profession est la culture, le charme et l'étendue de leurs connaissances. Ces « feuilles de soleil », trait caractéristique de la vie publique en Corée, se tiennent à part dans une classe particulière. On les nomme *gisaing*, et elles correspondent aux *geisha* du Japon ; leurs devoirs, leur entourage et leur mode d'existence sont presque identiques. Officiellement, elles sont attachées à un département de l'État, et sont sous le contrôle d'un bureau spécial, dont dépendent également les musiciens de la cour. Elles sont soutenues par le trésor national et elles assistent en évidence aux dîners officiels et à toutes les fêtes du palais. Elles lisent et récitent ; elles dansent et elles chantent ; elles deviennent des artistes et des musiciennes accomplies. Elles s'habillent avec un goût exceptionnel ; leurs mouvements ont une grâce extrême ; elles sont délicates d'aspect, très fragiles et très humaines, très tendres, très sympathiques et très imaginatives. Par leurs dons artistiques et intellectuels, les danseuses sont, — et cela est assez ironique, — exclues des positions auxquelles leurs talents les rendent si particulièrement propres. Elles peuvent se mêler à la plus haute société, et en fait elles y vivent. On les rencontre dans la maison des personnages les plus distingués, elles peuvent être choisies comme concubines de l'empereur, devenir les

CONCUBINE DU PALAIS

maîtresses d'un prince, les poupées d'un noble. Cependant un homme de naissance ne peut les épouser, bien qu'elles incarnent tout ce qu'il y a de plus brillant, de plus spirituel et de plus beau. Parmi les personnes de leur sexe, leur réputation correspond au niveau de leur moralité, car on fait une distinction entre celles dont le métier est embelli par la quasi-honnêteté d'une concubine, et celles qui sont confondues avec les simples prostituées à l'étalage prétentieux.

Dans l'espoir que leurs filles atteindront le succès qui leur assurera des ressources pour la vieillesse, les parents pauvres font entreprendre à leurs filles le métier de *gisaing*, de même qu'ils préparent leurs fils à celui d'eunuque. Les jeunes filles sont choisies pour la parfaite régularité de leurs traits. Elles sont habituellement jolies, élégantes et fines. Il est à peu près certain que ce sont les plus jolies femmes de Corée, et bien que leur classe soit étendue et qu'elles viennent de toutes les parties du royaume, les *gisaing* les plus belles et les plus accomplies viennent de Pyöng-an. Les arts et les élégances dans lesquels elles ont été si soigneusement élevées, leur donnent dans la maison de leurs protecteurs une situation supérieure à celle qu'occupe la femme légitime. Comme conséquence, les légendes coréennes sont pleines d'histoires des différends et des plaintes conjugales auxquels donne lieu l'amour ardent et prolongé de maris pour des femmes auxquelles le destin les empêche de s'unir plus intimement. Les femmes sont de faible stature avec des pieds jolis et petits, et des mains bien faites et gracieuses. Elles sont tranquilles et sans prétention dans leurs manières. Leur sourire est éclatant, leur attitude modeste, leur aspect charmant. Elles portent dans les cérémonies officielles des jupes de gaze de soie de nuances variées ; une veste de soie diaphane, avec de longues manches amples dépassant les mains, protège leurs épaules ; une ceinture ornée de pierreries, pressant leurs seins nus, soutient leurs draperies. Elles portent une coiffure compliquée, lourde et artificielle, faite de cheveux noirs nattés et rehaussés de nombreux ornements d'argent. La musique accompagnant la danse est plaintive et le chant de la danseuse quelque peu mélancolique. Beaucoup de mouvements sont exécutés, le pied seulement recouvert d'un bas ; les danses sont absolument exemptes d'indécence et d'attitudes suggestives. Certaines plaisent vraiment par leur curieux caractère.

À une occasion, Yi-cha-sun, le frère de l'empereur, m'invita à assister à la répétition en toilette d'une fête qui avait lieu prochainement au palais. Bien que cette faveur exceptionnelle me fût accordée spontanément, il me fut absolument impossible d'obtenir la permission de photographier les gracieuses figures glissantes des danseuses. Quand ma chaise me déposa au *yamen*, la danse était déjà commencée. Les chaises des fonctionnaires et les domestiques des danseuses, bavardant, remplissaient l'enceinte ; des soldats de la garde impériale étaient en faction devant les portes. L'air était rempli des notes tremblantes de la flûte et de la viole, dont les cris plaintifs étaient ponctués par le grondement du tambour. Dans un édifice, dont la muraille était percée d'ouvertures, on pouvait voir les groupes de danseuses qui se balançaient lentement et presque imperceptiblement avec la musique.

Du dais où mon hôte se tenait, la danse rayonnait de couleur. Les danseuses étaient au nombre de dix-huit, divisées en trois groupes égaux, et avec le soleil ruisselant qui se jouait à la surface brillante de leurs vêtements, les flexibles et gracieuses figures semblaient flotter dans le reflet d'une mer de lumière étincelante. La danse était presque dépourvue de mouvement, telle était la lenteur avec laquelle se développaient ses fantastiques figures. Pas un instant les petites danseuses ne cessèrent de garder les bras horizontaux, et ne parurent fatiguées de la dimension et de la lourdeur de leur coiffure. Très lentement, l'orchestre assis indiquait l'air. Et très lentement, les danseuses évoluaient dans l'espace libre devant nous, leurs bras levés, leurs draperies de gaze et de soie flottant autour d'elles, leur curieuse chevelure tassée haut et retenue en place par de nombreuses épingles émaillées et ornées de pierres, étincelant au soleil.

L'air était solennel ; et comme si le mouvement était celui d'une cérémonie, leurs voix s'élevaient et s'abaissaient en une harmonie prolongée d'une expression passionnée. Par moment, les trois groupes s'unissaient, les nuances des jupes de soie se mêlant en une flamme vive d'une splendeur barbare. Alors, un autre mouvement succédant, les dix-huit figures se séparaient et, en équilibre sur les pointes, se formaient en cercle en un ensemble imposant et rythmique, les bras se levant et s'abaissant, le corps se courbant et se balançant, dans une ondulation de rêve.

La danse résumait la poésie et la grâce du mouvement humain. Les attitudes élégantes des artistes étaient empreintes d'une douceur et d'une délicatesse délicieuses. Les longues robes de soie révélaient une grâce singulière d'attitude, et on contemplait les danseuses, qui étaient vêtues des pieds à la tête, non pas nues, impudiques et éhontées comme celles de nos parodies, avec un soulagement et un plaisir infinis. Il y avait de la puissance et de la logique dans leurs mouvements, une artistique subtilité dans leurs poses. Leurs robes flottantes accentuaient la simplicité de leurs gestes, la pâleur de leur visage n'était pas dissimulée ; leurs regards étaient timides ; leurs manières modestes. Les notes étranges et lugubres des singuliers instruments, la cadence incertaine du chant, le glissement des danseuses, l'éclat éblouissant des soies, les couleurs vives des jupes, la rougeur de la peau sous les vestes de soie, captivaient silencieusement et fortement le spectateur ; soulevant une émotion et un enthousiasme irrésistibles.

Les fascinantes figures approchaient doucement, d'un glissement égal ; et à mesure qu'elles s'avançaient en glissant lentement, la musique s'épanchait en une lamentation passionnée. Le caractère de la danse changea. N'avançant plus, les danseuses évoluaient à la cadence des tambours ; tournant en cercles de couleur, leurs bras se balançant, leur corps ondulant en avant et en arrière, elles disparurent en reculant peu à peu. Les petites personnes semblaient inconscientes de leur art ; les musiciens ignorants des qualités de leurs plaintives mélodies. Cependant la maîtrise de l'orchestre, la conception, le talent et l'exécution de la danse faisaient de tout cela un triomphe de technique.

Alors que la danse était à son apogée, rien ne montra mieux l'admiration des spectateurs que leur parfaite immobilité. Des cours parvint, à un certain moment, le bruit fait par les serviteurs et par le hennissement d'impatience des chevaux. Des regards menaçants réduisirent au silence les esclaves, et rien ne vint plus de longtemps rompre le magnétisme où la danse les plongeait. La danse finie, ce fut le tour des autres de répéter leurs rôles, pendant que les danseuses, libres à présent, s'étaient assises, causant avec le prince, mangeant des bonbons, fumant des cigarettes, des cigares, ou la longue pipe du pays. Beaucoup d'entre elles, défaisant leurs coiffures, s'étaient étendues sur leurs nattes, les yeux fermés en un instant de repos pendant que leurs domestiques les éventaient. Son Altesse appréciait visiblement la familiarité de leurs façons à son égard. Pour manifester le plaisir que lui causaient leurs espiègleries et les encourager, il leur prenait la joue et leur pinçait le bras, assis au milieu d'elles.

DAME CORÉENNE ALLANT VISITER SES AMIES

CHAPITRE V

LA COUR DE CORÉE. — L'EMPEREUR ET SON CHANCELIER. — L'IMPÉRATRICE ET LES FACTIONS DU PALAIS.

S. M. I. L'EMPEREUR DE CORÉE

L'étude des mœurs et des personnalités de la cour de Corée projette beaucoup de lumière sur les intéressants aspects de sa situation contemporaine, et apporte même l'explication des différends et des difficultés politiques que l'on peut s'attendre, s'ils appartiennent maintenant au passé, à voir surgir de nouveau dans l'avenir. Depuis le lâche assassinat, par les Japonais, de la reine, qui tenait d'une main forte les rênes du gouvernement, le pouvoir de l'empereur a été contrôlé par l'une ou l'autre des factions du palais. Sa Majesté est actuellement presque un zéro dans la direction de son empire. Nominalement l'empereur de Corée jouit des prérogatives et de l'indépendance d'un autocrate ; en réalité, il est entre les mains du parti auquel les intrigues ont pour le moment donné la haute main. Il est l'esclave de la superbe immoralité de ses femmes. Quand il échappe à leur doux esclavage et s'efforce de s'affranchir de leurs coteries politiques, son excessivement habile et peu scrupuleux ministre, Yi Yong-ik, le chef des services de sa maison, le mène avec une verge de fer. Quelle que soit la direction où se manifeste la volonté de Sa Majesté, elle sera certainement contrecarrée de connivence avec les concubines du palais ou par la corruption directe des ministres. Si le roi l'osait, Yi Yong-ik serait immédiatement destitué. Nul ministre précédent toutefois n'a réussi aussi bien que lui à procurer de l'argent à la cour ; et, comme l'empereur redoute d'avoir un trésor vide, il lui maintient sa confiance.

En tant que ministre des finances et trésorier du palais impérial, poste qu'il remplit autrefois, Yi Yong-ik s'opposa à ce que les étrangers eussent le contrôle des revenus des Douanes maritimes. Agissant de concert avec les ministres de Russie et de France, il fut responsable au premier chef de la crise récente survenue dans les affaires de M. Mc Leavy Brown, contrôleur en chef et administrateur des Douanes maritimes coréennes. À un moment où la maison impériale avait besoin d'argent, Yi Yong-ik fit naître le désir d'un emprunt en détournant de son maître le revenu de la cassette privée. On expliqua à Sa Majesté que ses embarras financiers étaient dus à l'action de son commissaire en chef des Douanes qui mettait sous clef le produit des douanes. Soutenu par l'influence des ministres de Russie et de France, Yi Yong-ik proposa que le revenu des douanes devînt la garantie de l'emprunt qu'un syndicat français le pressait d'accepter. Quand M. McLeavy Brown entendit parler de la transaction entre l'agent du syndicat et le ministre de France, il refusa immédiatement de laisser hypothéquer les revenus des douanes dans un pareil but. En coopération avec les ministres de Russie et de France, Yi Yong-ik essaya, sous divers prétextes, d'amener la destitution finale du commissaire en chef des Douanes. Son plan fut déjoué par la démonstration inattendue d'une escadre anglaise dans le port de Chemulpo, suivie de la préparation et de l'embarquement d'un détachement à Wei-hai-wei. À la suite du retrait de la garantie basée sur le revenu des douanes, le projet franco-russe s'écroula, et l'agent du syndicat intéressé revint en Europe pour se plaindre de l'action du ministre anglais et du commissaire en chef des Douanes.

S. A. I. LE PRINCE YI-CHA-SUN
FRÈRE DE L'EMPEREUR

FEMME CORÉENNE REVÊTUE DU COSTUME D'HIVER

Yi Yong-ik est, avec Lady Om, un exemple de Coréen de la plus humble naissance s'élevant à une situation de grande importance dans l'administration du pays. Homme de basse extraction, il s'attacha à la fortune de Min Yeung-ik, s'imposant par degrés à l'attention de son patron, et aussi de son souverain. Les services que Yi Yong-ik rendit au trône pendant l'émeute de 1884, quand il était porteur de chaise au service de la reine défunte, trouvèrent un écho dans le souvenir de Leurs Majestés, qui lui procurèrent son avancement. Il fut promu à une situation où son indéniable sagacité, sa vigueur mentale et sa finesse étaient d'un sérieux secours, et il continua à s'élever jusqu'à devenir ministre des Finances. Il s'était ainsi fait sa position en partant de la plus misérable situation et il faut lui rendre cette justice que le meilleur de son habileté est consacré aux intérêts de Sa Majesté. Néanmoins il est à tour de rôle craint et détesté. De nombreux attentats ont eu lieu contre lui, et, ces derniers mois, ne parvenant pas à le faire mourir en mêlant du poison à sa nourriture, des ennemis inconnus firent éclater une machine infernale dans la chambre de l'hôpital de Séoul où il était retenu par la maladie. Alternativement sur la crête des vagues ou roulé par le flot, Yi Yong-ik demeure la plus persistante personnalité de la cour. Il a derrière lui l'influence russe, et l'empereur est secrètement du côté de son énergique ministre. Dernièrement, à un moment où l'hostilité était devenue trop forte contre lui, Yi Yong-ik se réfugia sur un navire de guerre russe, qui l'emmena aussitôt à Port-Arthur. De là, il négocia avec Sa Majesté pour pouvoir revenir sain et sauf, et aussitôt une solide escorte lui fut accordée. Yi Yong-ik revint alors, se rendit directement au palais et se réinstalla rapidement dans les bonnes grâces de son maître, déjouant ainsi à nouveau les projets et les machinations secrètes de ses adversaires.

LA BIBLIOTHÈQUE IMPÉRIALE À SÉOUL

Sa Majesté l'empereur de Corée a eu cinquante ans en septembre 1900, étant monté sur le trône en 1864, à l'âge de treize ans. Il se maria à quinze ans avec la princesse Min, une dame de haute naissance, qui avait le même âge que son mari. C'est elle qui fut gratuitement assassinée par les Japonais en 1895. Le prince héritier naquit de cette union. L'empereur est assez petit de taille, comparé à la taille moyenne des Coréens. Il n'a qu'un mètre soixante-deux. Son visage est agréable ; impassible lorsqu'il est au repos, un sourire engageant l'éclaire pendant la conversation. Sa voix est douce, agréable pour l'oreille ; il parle avec facilité, avec une certaine vivacité et énergie nerveuse.

Pendant une audience accordée à un étranger, les manières de l'empereur ont un air de franchise et de singulière bonhomie. Il parle avec tout le monde, ponctuant ses remarques de gestes gracieux, et interrompant ses phrases d'un rire mélodieux et communicatif. La marque de la faveur de l'empereur est le don d'un éventail. Lorsqu'un étranger lui est présenté, c'est la coutume qu'il trouve à la fin de l'audience un petit paquet qui lui est destiné, et qui contient quelques éventails en papier et parfois un rouleau de soie. Les dons de l'empereur dépassent rarement cette limite, car comme le reste de son peuple, il n'a pas le moyen d'être trop généreux.

Le costume que porte Sa Majesté dans ces occasions est remarquable par son caractère impressionnant et vraiment impérial. Une longue robe de cour, de soie dorée, soutachée d'or, avec une ceinture de cordelette d'or, et bordée d'une lourde frange d'or, le couvre. Alors que la magnificence de ce vêtement excite l'envie de tous ceux qui le voient, l'aisance et la dignité de son attitude donnent l'impression qu'il est absolument inconscient de l'effet qu'il produit sur l'esprit de ses invités.

L'empereur ignore les langues occidentales, mais il étudie passionnément les ouvrages sur l'éducation qui ont été traduits à l'usage des écoles qu'il a établies dans sa capitale. De ce côté, il est remarquablement bien renseigné sur de nombreux sujets. Il parle et il écrit couramment le chinois, et il connaît très à fond l'histoire de son peuple. Sa méthode et son système de gouvernement ont pour base sa surveillance personnelle de toutes les affaires publiques. S'il existe quelque légère différence entre son idéal d'utopie et l'œuvre réelle de son gouvernement, il est impossible de nier son assiduité et sa persévérance. C'est un bon, aimable et miséricordieux potentat, qui désire voir progresser son pays. Il travaille de nuit, prolongeant les séances et les conférences avec ses ministres jusqu'après l'aube. Il a des défauts en grand nombre, à le juger selon la mesure européenne, mais je n'entreprends pas de le juger à ce point de vue. Il a aussi de nombreuses vertus ; et il rencontre et mérite la sympathie de tous les étrangers pour les grandes œuvres de réforme qu'il a encouragées dans ses États.

Sa Majesté est pour le progrès. En constatant le nombre et l'importance des changements qui se sont opérés sous son règne, il est impossible de lui attribuer aucun de ces préjugés contre les innovations occidentales qui, de temps immémorial, ont distingué l'Orient. Il y a des écoles spéciales à Séoul pour l'enseignement de l'anglais, du français, de l'allemand, du russe, du chinois et du japonais ; il y a une École de Droit, une École du Génie civil et des Sciences, une École de Médecine et un Institut militaire. Ce ne sont là que quelques indications secondaires de l'esprit de liberté de son règne, signe certain d'une prospérité future. Il est tolérant envers les missionnaires et on dit qu'il favorise leur activité. Il est certain que son gouvernement permet une grande liberté d'action, et d'autre part il se distingue par une extraordinaire absence de persécution. Ce régime est en heureux contraste avec l'interrègne du régent, Tai Won Kun, qui regardait les prêtres et les convertis comme une peste, et qui les extirpait du mieux qu'il pouvait.

Comme monarque autocrate d'un pays dont les plus anciennes traditions s'opposent à toute intervention du dehors, les actes de Sa Majesté dénotent les principes les plus humains, beaucoup de jugement et d'intelligence. On ne peut dire que son règne ait été un échec, ou qu'il n'ait pas tendu au bénéfice de son peuple et de ses États. Des pratiques mauvaises existent encore, mais ses fautes, en tant qu'empereur, sont dues, en une large mesure, à l'indignité de ses fonctionnaires. En fait, il est souvent condamné pour des fautes dont il faudrait accuser la médiocrité et l'immoralité de ses ministres.

Après Yi Yong-ik, le personnage le plus important de la cour est Lady Om, épouse de Sa Majesté et femme d'un certain âge. Dans une cour livrée à toutes les formes de l'immoralité orientale, il est quelque peu bizarre de constater que la femme la plus élevée en dignité du pays ne possède plus ces charmes de visage et de maintien qui expliqueraient sa position. Il est hors de doute que Lady Om est une femme habile. Elle est extrêmement rusée dans sa conduite envers l'empereur, dont le profond attachement pour elle est un curieux paradoxe. Lady Om est d'âge mûr, grosse et peu enjouée. Son visage est troué de petite vérole ; ses dents sont mal plantées ; sa peau est de couleur safran. Il y a comme une nuance de strabisme dans ses yeux noirs, un ressouvenir possible du fléau qui afflige tous les Coréens. Elle se farde très peu et elle évite l'ail. Son pouvoir sur l'empereur est extraordinaire. Sauf à de rares intervalles, et seulement lorsque Lady Om a donné son consentement à l'introduction d'une nouvelle beauté, il n'a de regards pour aucune autre femme. Cependant Lady Om n'a pas toujours été une beauté de la cour ; elle n'a pas toujours été l'astre éblouissant du harem impérial. Ses amours font partie de l'histoire coréenne ; sur ses cinq enfants, deux appartiennent à l'empereur ; l'un d'eux peut devenir l'héritier du trône de son père.

Lorsqu'elle était jeune fille, elle devint la maîtresse d'un Chinois ; fatiguée de lui, elle conquit les bonnes grâces et les faveurs d'un ministre faisant partie du cabinet. Il la fit entrer au service de la feue reine, dont elle avait fait la connaissance chez son père, domestique de bas étage au palais et logeant dans l'enceinte. À l'époque où elle entra au service de la reine, Lady Om avait fait cadeau d'un enfant à chacun de ses amants respectifs. Comme la vertu des femmes au service de la reine doit nécessairement être garantie, ses anciens admirateurs gardèrent leur secret pour la sûreté de leur tête. Lady Om faisait montre de talents qui la distinguaient parmi les autres jeunes filles de la suite. Elle chantait à la perfection, dansait avec une grâce achevée, peignait non sans délicatesse ni originalité, et elle lisait, écrivait et parlait avec une agréable facilité le chinois et le coréen. La reine s'éprit de cette servante en apparence innocente, naïve, digne d'affection. Suivant l'excellent exemple de son illustre épouse, Sa Majesté scella d'un royal sourire le rapt de la vertu. La reine s'inquiéta. Le soupçon, confirmé par les apparences, se changea en certitude et Lady Om dut s'enfuir du palais pour échapper à la colère et à la jalousie de son ancienne maîtresse. Le troisième enfant de Lady Om naquit en dehors de la capitale, dans un lieu de refuge où la Griselle errante avait établi son séjour. En, attendant, Lady Om évitait la maison maternelle établie dans les environs du palais. À la mort de son troisième enfant, elle eut recours à la protection d'un autre haut fonctionnaire. Elle vint demeurer avec lui en sûreté, dans la paix et le bonheur, et en raison de son étrange faculté d'offrir à chacun de ses admirateurs les preuves de son innocence, on fit sur elle des chansons obscènes. Depuis qu'elle a reconquis la faveur impériale, on a interdit ces vers et on ne peut les réciter sous peine de castration.

Il semblait, qu'après cela Lady Om se fût rangée, mais les événements de 1895, aboutissant au meurtre abominable de la reine, la conduisirent à renouer connaissance avec le malheureux empereur. Elle redevint une servante du palais et aussitôt elle parvint habilement à se faire remarquer de l'empereur. Elle faisait montre d'une douce sympathie envers Sa Majesté ; sa pitié, sa tendresse, son attitude suppliante d'innocence outragée le captivèrent presque immédiatement. Elle s éleva au rang de concubine impériale ; l'argent lui vint à flots et elle commença dès lors à exercer sur l'empereur une influence qui n'a plus jamais cessé. Elle devint une puissance à la cour et de nouveau elle fut mère. Son influence s'applique aujourd'hui au maintien définitif de ses intérêts. Elle veut que son fils soit le futur empereur ; elle vit à présent dans un palais, et depuis qu'elle est devenue comme la prunelle des yeux de l'empereur, elle éloigne tout ce qui pourrait mettre en danger l'enjeu qu'elle poursuit. Récemment, Kim Yueng-Chun, un fonctionnaire important mais de situation précaire, voulant s'affermir dans la considération de son souverain, introduisit une nouvelle beauté, dont l'honnêteté et le charme étaient indéniables. Lady Om entendit parler de Lady Kang et ne dit rien. Cependant, quinze jours après, le ministre était éloigné sous un futile prétexte et, ensuite, torturé, mutilé et étranglé. Lady Kang put voir que si les moulins de Lady Om moulaient lentement, ils moulaient du moins très fin.

Lady Om est une fervente des anciennes coutumes ; c'est par les anciennes coutumes qu'elle a conquis sa place ; c'est par les anciennes coutumes qu'elle entend la conserver. Son pouvoir augmente tous les jours, et un imposant édifice a été élevé au centre de la capitale, commémorant ses vertus. Quelques mois avant son mariage avec l'empereur, alors qu'il y avait de nombreux signes du cours qu'allaient suivre les événements, l'empereur publia un décret proclamant Lady Om concubine impériale de première classe. Cette dignité ne lui donnait pas la position d'une impératrice, mais elle conférait à son fils le rang impérial. En raison de ce décret, ce dernier montera quelque jour sur le trône, et il préparait, pour Lady Om, le moyen de se faire reconnaître en Corée comme l'épouse légitime de son royal protecteur.

CHAPITRE VI

LE PASSAGE DU CORTÈGE DE L'EMPEREUR. — UNE POMPE IMPÉRIALE.

Le cortège de l'empereur sortit un jour du palais impérial, qui est contigu à la muraille sud de la Légation anglaise, pour se rendre au Temple des Ancêtres, nouvellement construit, et dont la muraille marque la limite du jardin de la Légation. Ce n'était nullement là une fête publique ; cependant telle était la splendeur du cortège, qui sortit de la porte sud du palais pour rentrer par la porte est, que ce voyage de moins de huit cents mètres coûta plus de cinquante mille francs. Les sujets de Sa Majesté n'avaient pas été prévenus des intentions impériales. Juste avant le moment de son départ, toutefois, l'empereur exprima l'espoir que le ministre anglais et moi-même trouverions de l'intérêt au spectacle, et nous invita à le voir se dérouler du terrain de la Légation. La nouvelle de la sortie de la cour s'ébruita naturellement. La foule se massa autour de l'enceinte du palais et du temple, attirée par les efforts que faisaient les soldats pour établir un cordon autour du lieu de la scène. Des centaines de soldats furent désignés pour garder les approches du temple. Un bataillon d'infanterie fut installé dans le terrain des Douanes impériales coréennes, un autre occupa les portes et le jardin de la Légation anglaise.

Bien que la route suivie par la procession s'étendît entre les hautes murailles d'un passage particulier, large d'environ huit mètres et conduisant des bureaux des Douanes au jardin de la Légation, auquel on accède, du palais, par une poterne, et qu'aucun Coréen n'a le droit de traverser, des soldats étaient rangés, à un pas d'intervalle et se faisaient face, de chaque côté du chemin. Le public, qui ne voyait rien de la cérémonie, se consolait de son mieux en contemplant les troupes d'infanterie massées sur la place du palais. Il apercevait aussi, par instants, des officiers du palais, et les tonitruantes dissonances d'un chant triomphal, par lequel les musiciens privés de l'empereur saluèrent son arrivée et le passage de la cour, arrivaient faiblement aux oreilles tendues. Les Coréens sont fiers malgré cela du privilège de payer ces promenades de la cour, S'ils ne pouvaient voir à cette occasion l'auguste mine de Sa Majesté, il est à espérer qu'ils trouvaient une compensation aux lourds impôts qui les accablent dans le spectacle martial des uniformes tout battant neufs des troupes. Les plumets, les galons d'or et les épées des officiers, les fusils et les baïonnettes des soldats auraient fasciné n'importe quelle foule. Jusqu'au moment du départ, les soldats étaient restés étendus sur la chaussée, dormant dans la poussière, ou accroupis à l'ombre sur les marches des édifices, prenant part au déjeuner — un amas en décomposition de poisson cru et séché au soleil et de riz qui exhalait une odeur horrible, mais qu'ils dévoraient de bon appétit, en tirant des morceaux avec leurs doigts. Parfois un généreux citoyen leur apportait de l'eau ou leur faisait passer une pipe, saisissant l'occasion de promener son doigt sur le bord d'une baïonnette ou à la surface d'une tunique.

DANSEUSES DE LA COUR SE RENDANT AU PALAIS

L'empereur sortait ainsi en grande pompe pour rendre hommage aux tablettes de ses ancêtres à l'occasion de leur translation en un nouveau sanctuaire. La splendeur du cortège éclata sur le fond incolore et monotone de la capitale avec toute la splendeur violente et la beauté éclatante d'un coucher de soleil d'Arabie. Il était juste et convenable que la magnificence de la cérémonie fût sans limite. Son importance était sans égale parmi les fêtes de l'année. L'éclat momentané du spectacle qui se concentre, à un tel moment, autour du souverain ordinairement reclus, tournait à la glorification d'une dynastie qui occupe le trône de Corée depuis plus de cinq siècles. Aussi pittoresque et grandiose que fut le tableau, la splendeur d'un moyen âge barbare apparaît mieux dans les processions d'un caractère plus public.

La procession partit du palais vers dix heures du matin. Elle offrait des éléments étranges où se mêlaient la farce, la fiction et les gaietés d'une pantomime. L'infanterie coréenne en uniforme bleu formait la tête du cortège à la sortie du palais, sa tenue moderne et son allure pimpante formant le seul lien entre le moyen âge et le vingtième siècle, auquel sa fonction puisse prétendre. Après elle, courant, trébuchant, causant bruyamment, passa tout un peuple de serviteurs du palais, avec des chapeaux fantastiques et des costumes plus Ou moins éclatants, de longues robes de soie bleue, verte, jaune, rouge et orange, portant des baguettes autour desquelles s'enroulaient des banderoles brodées et des rubans de couleur. Un rang de porte-étendards suivit portant des drapeaux de soie rouge avec des caractères bleus, se hâtant et se bousculant ; ensuite passa une file de flûtes et de tambours, les hommes en robes jaunes avec des lueurs d'or sur eux, les flûtes ornées de banderoles flottantes et les tambours de rubans. Des hommes portant des flèches dans des étuis de cuir et des drapeaux verts, rouges et jaunes vinrent après. Des soldats dans l'ancien costume, étonnants à voir, des hommes avec des clochettes et des cymbales sonnantes, des flûtes et des éventails, des eunuques du palais en costume de cour, des détachements de cavalerie à pied, les chevaux ne paraissant pas, mais les hommes habillés de chemises bouffantes, leurs chapeaux couverts de plumes et portant de hautes bottes, passèrent rapidement, d'aspect aimable et grotesque.

UNE PROCESSION IMPÉRIALE À SÉOUL. — LE PALANQUIN DE L'EMPEREUR S'ENGAGEANT SUR LE PONT DE SÉOUL

La procession qui précédait le passage de l'empereur semblait interminable. À chaque moment l'océan de couleurs refluait en vagues de toutes les teintes imaginables, à mesuré qu'une foule bigarrée de gens de la suite, de serviteurs, de musiciens et de fonctionnaires faisait place à une autre.

D'importants et imposants fonctionnaires en chapeaux à haute calotte, ornés de glands cramoisis, rehaussés d'une touffe de plumes et attachés sous le menton par un cordon de grains d'ambre, s'avançaient silencieux et faibles. Leur costume était une éblouissante combinaison de rouge, de bleu et d'orange ; ils étaient soutenus par des hommes vêtus de gaze verte et suivis par d'autres signes de la grandeur coréenne, de nouveaux étendards et porte-étendards, des drapeaux décorés de plumes, des domestiques portant des rafraîchissements, des petites tables, des pipes et du feu. D'autres leur succédèrent, tout aussi imposants à voir ; leurs magnifiques robes étaient ornées, devant et derrière, de carrés de satin, portant brodés, suivant la mode chinoise, les symboles de leurs charges — des oiseaux pour les civils, des tigres pour les militaires.

Des hommes d'État en tenue de cérémonie firent place à d'autres en chapeaux à ailes ou en hautes mitres, reluisantes de clinquant. Le commandeur en chef, couvert de décorations japonaises, chinoises et coréennes étincelant au soleil sur son uniforme moderne, passa, suivi de son état-major en tuniques rouges surchargées de galons d'or, et avec des coiffures surmontées d'aigrettes blanches, marchant fièrement à la tête de la garde du corps impériale. Le dernier flot de couleurs fit voir des gentilshommes en gaze de soie bleue et verte ; des domestiques impériaux en robe de soie jaune, des rosettes à leurs chapeaux ; d'autres costumes du moyen âge de couleur originale et de pittoresque conception ; une plus grande multitude de drapeaux flottants ; un groupe de porte-étendards vêtus de soie portant le drapeau impérial de soie jaune, le parasol impérial et d'autres insignes encore. Alors un dernier roulement de tambour frénétique, un horrible tintamarre de cloches, les cris affreux des flûtes, un tumulte aux violentes dissonances où les voix des officiers criant des commandements se mêlent aux jurons des eunuques, et enfin, dans un éblouissement de lumière jaune qui s'épand, apparut l'avant-garde du cortège impérial, au milieu d'un soudain silence où on peut entendre les battements du cœur de son voisin. Les voix s'éteignirent ; ou n'entendit plus qu'un piétinement pressé lorsque la chaise impériale, recouverte d'un baldaquin de soie jaune orné de riches glands, protégée par de fins rideaux de soie de la même couleur et flanquée d'ailes pour garantir du soleil, passa rapidement et doucement emportée. Trente-deux coureurs impériaux, vêtus de jaune, avec une double mitre sur la tête, portaient sur leurs épaules la personne auguste et sacrée de Sa Majesté Impériale, l'Empereur, au lieu du sacrifice et du culte dans le temple de ses ancêtres.

L'événement du jour allait alors se dérouler. Bientôt les porteurs de l'empereur s'arrêtèrent, et il descendit à l'entrée d'une tente de soie jaune qui avait été élevée à l'angle des murs du palais et de la Légation, à l'ombre même des arbres du jardin de la Légation. C'est de cet endroit que Sa Majesté

LL. AA. II. LE PRINCE HÉRITIER ET SA FEMME

nous avait permis d'assister au passage de la cour. Ce fut là qu'un instant après, le cortège du prince héritier, dont la chaise de soie rouge était portée sur les épaules de seize porteurs, s'arrêta pour déposer son fardeau princier. L'empereur et le prince héritier pénétrèrent sous la tente, échangèrent leurs robes impériales de cour jaunes et cramoisies, dans lesquelles ils avaient d'abord paru, contre la soie jaune des sacrifices, et ressortirent un peu plus tard pour se prosterner au passage des tablettes de leurs ancêtres. Le caractère de la procession alors se modifia. Les soldats et les hommes de cour, les nobles et les dignitaires cédèrent la place à des prêtres revêtus de la robe jaune des sacrifices et chantant d'une voix grave les paroles de bénédiction. Les cris des flûtes reprirent avec une nouvelle vigueur, s'élevant et s'abaissant en une aigre cadence jusqu'à ce que l'air retentît de dissonances. Les hommes, de visage grave, leurs jupes jaunes agitées par leurs mouvements frénétiques, passèrent devant le trône, et une vagué de chant leur montait aux lèvres, exprimant le désespoir et les plaintes passionnées qui remplissaient (ou qui auraient dû remplir) leur âme. Ils disparurent et l'écho moqueur les poursuivit pendant que leurs pas s'éloignaient. De nouveau, la musique des prêtres éclata en accords triomphaux, annonçant la présence des douze tablettes ancestrales, chacune portée par huit hommes sur des chaises de la couleur jaune des sacrifices, qui réclamaient l'hommage des deux personnages impériaux dans l'attente. L'une s'approcha, d'un mouvement lent, pendant qu'éclatait un chant solennel. L'empereur, le prince héritier son fils, et l'enfant princier, rejeton de Lady Om, tombèrent à terre. Ils demeurèrent pendant un moment les genoux fléchis, les bras croisés, dans une attitude de respect, leurs têtes fières inclinées dans la poussière devant les objets dorés reposant sur les chaises sacrées. Elles passèrent douze fois devant le groupe impérial, et douze fois chacun des princes s'humilia, le groupe des nobles de la suite et des serviteurs eunuques les assistant.

C'était la première apparition du petit prince. Encore trop petit pour marcher, il était nécessairement assisté dans ses dévotions par le chef des eunuques, qui le faisait s'agenouiller, lui posait la main sur la tête et sur l'épaule, pour le faire s'incliner. Le bébé suivait tout cela avec d'innocents yeux grands ouverts, gagné par la fatigue et par l'agitation avant que la cérémonie ne fût terminée. L'attitude de l'empereur et de son fils était empreinte de toutes les marques du respect et de la dévotion. L'absolue sincérité de leur humiliation remplissait d'étonnement les spectateurs de la scène. L'émotion de l'empereur était visible ; il avait pâli et tout son être était concentré sur les objets de sa vénération.

Lorsque la cérémonie fut terminée, les douze chaises se dirigèrent vers le Temple des Ancêtres et, pendant que l'empereur se replaçait dans sa chaise jaune de gala, et que le prince héritier, suivant l'exemple de son père, remontait sur son siège de soie rouge, le petit prince enfourcha le dos du chef des eunuques, en poussant des cris de joie comme un enfant. De nouveau la fanfare des musiciens, le bruit des tambours, les cris des fifres et des flûtes retentirent. La procession se remettait en marche, prêtres et nobles, courtisans et serviteurs du palais marchant à la suite de l'empereur.

Le cortège de l'empereur se hâta vers le temple, les tablettes s'arrêtant devant le Temple des Ancêtres, tandis que l'empereur et les deux princes se dirigeaient vers la salle des sacrifices, où des moutons vivants furent brûlés en offrande, et des paniers de fruits et de fleurs offerts devant l'autel. Les esprits des morts illustres étant ainsi rendus propices, l'empereur revint vers les chaises sacrées, faisant de nouveau ses dévotions devant les tablettes. Une par une, elles furent transportées de leur chaise au réceptacle préparé pour qu'elles y reposent à l'avenir. Des rideaux de soie jaune les voilaient ; il n'était permis à aucun œil de les regarder, à aucune main de les toucher, pendant que chacune, enveloppée dans sa sainteté inviolée de soie jaune, passait de la chaise au lieu saint qu'elle devait occuper. Les prêtres les accompagnaient, l'empereur marchait sur leurs pas, toute la cour, les plus hauts nobles et hommes d'État du pays s'inclinaient devant elles. Une atmosphère à la fois pieuse et filiale régnait, car le culte des ancêtres résume les plus hautes aspirations des Coréens. Il gouverne la conduite du père envers l'enfant ; il règle la conduite de l'enfant envers ses parents.

La cérémonie achevée, le spectacle à l'intérieur du temple devint plus brillant. Des dames du palais apparurent. Des gâteaux et du vin furent apportés, l'empereur et le prince héritier reprirent leurs robes de cour, après avoir mis de côté leurs vêtements de sacrifice. Lady Om vint présenter ses compliments à l'empereur, suivie d'un cortège de femmes et d'esclaves du palais, splendidement vêtues, leurs chevelures relevées haut, leur jupe de soie brillante traînant en plis gracieux autour d'elles. Les musiciens de la Cour jouèrent ; les chanteurs de la cour chantèrent et les plus jolies femmes se balancèrent dans une danse joyeuse. Dans les appartements privés du souverain, il y avait fête et réjouissance. Sa Majesté redevint elle-même. Le monde qu'il nous avait montré, et qui nous avait tellement intéressés, changea rapidement. En considérant le désordre tumultueux du retour, la scène qui s'était déroulée devant nous apparaissait comme un rêve. Cependant nous avions vécu, durant quelques heures, dans l'ombre du moyen âge.

CHAPITRE VII

PORTRAIT DE M. MCLEAVY BROWN. — LA QUESTION DES DOUANES.

L'EMPRUNT PROPOSÉ.

Il est sans doute curieux que l'homme qui a joué un rôle prépondérant en Corée, pendant ces dernières années, soit un Anglais, l'un de ces rejetons de l'Empire, dont la génération présente contemple l'œuvre avec satisfaction. Il y a environ trente ans que M. McLeavy Brown fit sa première apparition en Chine. Parmi les Anglais dont la réputation est associée aux problèmes et à la politique de l'Extrême-Orient, son nom apparaît presque aussi en vue que celui de son collègue, Sir Robert Hart, l'inspecteur général des Douanes impériales maritimes chinoises. Appuyé par les Douanes chinoises pour un service spécial, M. McLeavy Brown a consacré de nombreuses années de sa vie aux difficultés financières qui assiègent la Corée, occupant tout d'abord la double situation de trésorier général et de commissaire en chef des Douanes. Dans les dernières années, l'activité de M. McLeavy Brown s'est restreinte à l'administration du service des Douanes, où, bien que dépossédé de la position unique et prépondérante qu'il occupait comme conseiller financier de l'empereur, il a réussi à réaliser une œuvre inestimable pour le pays.

Un homme peut être jugé d'après le caractère de ceux qui l'entourent, et quand, fatigué des petitesses et des chicanes qui prévalent à Séoul, on se tourne vers le service que M. McLeavy Brown administre, on trouve ses collègues animés par un tranquille enthousiasme, un esprit de généreux dévouement, et de fidélité à ses principes et à sa politique. Malheureusement ceux qui le soutiennent ne sont pas dans la capitale, et il ne peut tirer aucun encouragement de leur sympathie. Leur sphère d'activité se borne aux ports à traité, mais il lui suffit de demeurer à Séoul pour combattre sans trêve, en un farouche et stoïque silence, les stupides extravagances de la cour et la honteuse corruption des fonctionnaires. Tant qu'il persévérera dans l'accomplissement de son devoir, on ne cessera, de tous côtés, de lui mettre des bâtons dans les roues. L'opposition même qu'il rencontre témoigne puissamment, toutefois, en faveur de l'œuvre de valeur exceptionnelle qu'il a déjà accomplie, en face de tous les obstacles au progrès méthodique et à la réforme, que l'astuce et la ruse de l'administration peuvent inventer.

L'hostilité qui règne contre M. McLeavy Brown cause aux étrangers qui arrivent à Séoul pour la première fois un sentiment d'étonnement profond et d'épouvante, mais lorsque ce premier sentiment d'étrangeté s'est effacé et qu'on arrive à embrasser la variété complexe et particulière du peuple qui se trouve réuni dans la capitale du Royaume

Ermite, les causes qui ont engendré une telle opinion apparaissent très clairement. En dehors des légations, il y a peu d'étrangers, en comprenant même la très riche variété de missionnaires américains, qui ne sont pas venus à Séoul pour des motifs intéressés, pouvant les amener en conflit direct ou indirect avec le commissaire en chef des Douanes dans ses fonctions officielles. S'il n'est plus le conseiller financier du gouvernement, on recherche son avis à l'occasion ; et quoique son avis ne soit pas nécessairement suivi, il arrive fréquemment que l'influence du commissaire en chef des Douanes devienne le facteur prépondérant dans les négociations passées entre une cour tracassée par les ennuis d'argent et un importun solliciteur de concessions. De plus, le cas peut se présenter, qu'un sentiment de droiture et de considération pour les intérêts du royaume oblige M. McLeavy Brown à pousser au rejet des propositions qui ne sont pas venues par le canal de sa fonction. Une semblable violation des méthodes orthodoxes de présenter une demande, peut se produire n'importe quand, à Séoul. Si, d'une part, cette tentative d'exercice d'un pouvoir de *veto* ne le rend pas cher à ceux qui recherchent les considérations ministérielles, l'esprit impersonnel selon lequel il s'acquitte des devoirs de sa charge, rachète les interventions exceptionnelles qu'il estime nécessaires. Une grande part du ressentiment des étrangers et des fonctionnaires contre M. McLeavy Brown est, par conséquent, basé sur une méconnaissance irréfléchie des faits élémentaires dans la position très délicate qu'il occupe. On ne suggère rien naturellement contre son honneur. Dans une société habituée à l'apostasie financière, qui semble être l'inévitable prélude de toute concession, le promoteur d'une politique d'économie et de droiture provoque toujours la forte animosité de ceux qui l'entourent.

Un homme plus facile à émouvoir que le commissaire en chef se serait fatigué du rôle ingrat qu'il est forcé de jouer. Des années laborieuses et l'habitude qu'il a contractée, dans l'isolement où il vit, de concentrer toutes ses énergies vers le sujet qui est devant lui, lui permettent de se cuirasser contre les épreuves de sa situation. Il agit envers chacun avec une infaillible franchise et rectitude, mais les instincts de bonté qui éclairent sa vie privée sont submergés par les soucis et les ennuis de sa position officielle. Pendant les heures consacrées aux affaires, il devient un froid et insensible rouage de l'État ; toute son imagination et son talent sont concentrés vers la nécessité de faire échec à ceux qui voudraient amener leur souverain à des actes contraires aux principes de rectitude financière que M. McLeavy Brown voudrait bien voir encouragés.

Ceux qui connaissent bien la Corée peuvent seuls apprécier pleinement la fertilité d'esprit des fonctionnaires coréens, dans l'invention de nouveaux projets destinés à s'approprier, pour leur usage personnel, l'argent public. Si l'état des finances n'avait pas déjà rendu l'économie impérieusement nécessaire, cette tendance justifierait la détermination de refuser aux fonctionnaires les moyens de concussion. M. McLeavy Brown a donc mis d'accord la nécessité de l'économie, qui est la base de l'existence des douanes, avec les principes du système d'après lesquels il administre le service. Pour ce qui est du personnel étranger des Douanes coréennes, il est impossible que les fonctionnaires coréens se formalisent du taux des appointements qui rétribuent les services de ces étrangers. Si cette universelle réduction des dépenses rend un emploi aux Douanes coréennes très peu satisfaisant pour les petits employés étrangers, il y a néanmoins une raison évidente à ce bas paiement, qui est la marge très étroite existant entre le total des revenus et le total des dépenses. En outre, le commissaire en chef est le premier à en souffrir.

UN JOUR DE GRANDE FÊTE À SÉOUL. — LA FOULE DEVANT LE PALAIS IMPÉRIAL

M. McLeavy Brown est apparu longtemps à Séoul comme une énigme. Bien que la diversité de ses talents et sa nature hospitalière fassent de lui un important élément de la vie de la capitale, peu de gens se donnent la peine d'étudier l'homme et ses actions d'une manière intelligente. M. McLeavy Brown a des sautes d'humeur ; et l'isolement dans lequel il se trouve, par l'absence de toute sympathie entre lui et les gens parmi lesquels il vit, rend sa situation presque pathétique. Quand il refusa, en 1896, tout salaire pour la fonction onéreuse et sans espoir de contrôleur financier du trésor impérial, la colonie étrangère de Séoul s'étonna. Ce refus d'obérer encore plus les ressources d'un pays épuisé est toutefois l'indice des principes qui guident son existence. Il n'y a nulle hypocrisie dans ses transactions. Quoiqu'il puisse adoucir un refus par des promesses, il maintient la fermeté de sa décision, et il s'efforce de réaliser avec indépendance et honnêteté tout ce à quoi il s'est engagé. Il est infatigable au travail ; indomptable dans sa persévérance, armé de sang-froid et de résolution. Avocat de profession, il se consacre aux petits détails de son service avec une attention qui révèle son expérience juridique. Il se trompe rarement dans ses jugements sur les gens et sur les choses.

Dans sa vie publique, il représente un type d'Anglais qui est en train de rapidement disparaître de nos services d'État. Sa vie privée révèle la culture et le charme d'une personnalité attrayante. On dit, à Séoul, que M. McLeavy Brown est plus habile comme diplomate que comme administrateur ; et ses brillantes facultés de causeur donnent un certain relief à cette assertion. À leur arrivée à Séoul, les nouveaux venus entendront dire que « Brown est une encyclopédie vivante ». Il parle, lit et écrit avec une égale facilité le français, l'allemand, l'italien et le chinois. Il faut

M. MCLEAVY BROWN, COMMISSAIRE EN CHEF DES DOUANES CORÉENNES

se rappeler qu'il est au service du gouvernement coréen, et que ses fonctions exigent qu'il connaisse bien plusieurs langues. Sa bibliothèque atteste l'étendue de sa culture ; elle comprend 7,000 volumes, et couvre les murailles des pièces et des corridors de sa maison à Séoul, du plancher jusqu'au plafond. Des caisses de livres nouveaux lui arrivent par chaque courrier. Quand a-t-il le temps de les lire ? Il est difficile de le conjecturer. Lorsqu'on se promène le soir entre la Légation anglaise et l'Hôtel de la Gare, on voit de la lumière qui brille aux fenêtres de son cabinet de travail. On croit qu'il veille avec ses livres très souvent jusqu'à l'aube. Ce serait là un trait caractéristique de cet homme silencieux et maître de lui, s'il trouvait dans les joies que lui procure sa bibliothèque, l'antidote de beaucoup de choses qui se passent à Séoul.

Quand ce fut le bon plaisir de Sa Majesté de réclamer la maison privée et les locaux administratifs de son commissaire en chef des Douanes, il y eut beaucoup d'agitation à Séoul au sujet des troubles qu'on s'attendait à voir éclater à l'expiration

UNE PORTE DE SÉOUL

de l'ultimatum de l'empereur. On fit des préparatifs en vue d'éventualités de ce genre et quatre vaisseaux de guerre anglais, sous le commandement de l'amiral Bruce, apparurent à Chemulpo. Le jour dangereux passa tranquillement toutefois et l'émotion fit place à un grand désappointement parmi la colonie européenne. M. McLeavy Brown demeura en possession des bâtiments qu'il occupait, toute la question d'un changement dans la location des Douanes ayant été réservée par les fonctionnaires de la cour. Malheureusement, les exigences de la cour ne pouvaient être contestées que tant qu'elles se montraient d'une nature péremptoire. Lorsque plus tard le commissaire en chef fut dûment averti et qu'un nouveau domicile fut désigné, M. McLeavy Brown ne pouvait, en qualité de serviteur de la couronne, ignorer l'ordre. Avant cette notification, l'empereur avait insisté très sottement sur l'évacuation immédiate des bâtiments des Douanes, demande à laquelle il était impossible d'acquiescer, et à laquelle M. McLeavy Brown résista, très activement soutenu par M. J.-G. Gubbins, remplissant alors les fonctions de consul général en Corée.

Après l'assassinat de la reine en 1895, la cour de Corée quitta le vieux palais, situé dans la partie la plus malsaine de la ville, pour le voisinage des Légations anglaise et américaine, où s'éleva un nouveau palais dans un quartier plus sain et plus agréable. Mais le nouveau palais est dominé par la Légation anglaise et par l'habitation de M. McLeavy Brown. L'empereur, pressé par ses eunuques, avait jeté des regards d'envie sur les bâtiments de ces étrangers et décidé assez naturellement que ces propriétés feraient une très agréable addition au palais qu'il est en train de faire construire. Malheureusement il y avait des raisons de craindre qu'en mettant le commissaire en chef à la porte de chez lui, l'empereur, ou plutôt Lady Om, qui avait envie de la maison, et Yi Yong-ik, qui convoitait les Douanes, ne comptassent en même temps le chasser du pays. Il n'est guère possible de douter que l'effort pour expulser M. McLeavy Brown de la maison qu'il occupait, tendît réellement à lui retirer sa charge. Quand s'éleva la question de la maison, on donna

LE TRÔNE DES EMPEREURS DE CORÉE

exactement un délai de deux jours à M. McLeavy Brown, — du 19 au 21 mars, — pour déménager. Quand il refusa d'obéir à un tel avis, on le menaça d'employer la force, ce qui fut évité par l'intervention du chargé d'affaires anglais. En fin de compte, le terrain de M. McLeavy Brown fut envahi par quelques parasites du palais, qui furent aisément mis dehors sur l'ordre du commissaire en chef des douanes. Alors ces individus, déchirant leurs vêtements, coururent vers le palais en criant qu'ils avaient été battus et honteusement maltraités.

À la suite de cela, on demanda la destitution du commissaire en chef. M. Gubbins prit en mains l'affaire avec grande diligence et consentit, sous certaines conditions, entre autres un délai suffisant pour déménager et la désignation des nouveaux terrains, à ce que l'empereur acquît la Légation anglaise et les bâtiments des Douanes, qui étaient évidemment nécessaires à l'achèvement du nouveau palais. En réalité, la Légation anglaise, qui domine directement le palais inachevé, est beaucoup plus nécessaire à la tranquillité d'esprit de l'empereur que les bâtiments des Douanes, qui se trouvent en contre-bas. Il est donc évident que l'attaque était plutôt dirigée contre M. McLeavy Brown lui-même, par une tourbe de fonctionnaires du palais, que contre sa maison. Néanmoins, il a toujours été visible, depuis que l'empereur est venu s'installer à l'abri des légations, qu'il ne pouvait y avoir de place suffisante pour lui, dans le quartier étranger, sans empiéter sur le terrain de celles-ci. Les légations occupent une situation merveilleuse sur la seule réelle élévation qui existe dans la partie centrale de Séoul et l'empereur, maintenant qu'il est venu là, doit ou bien se contenter d'une situation où règne la malaria, au pied, pour ainsi dire, des étrangers, ou bien absorber les légations et renvoyer ailleurs leurs occupants. Il a déjà déplacé le ministre allemand. Tôt ou tard, le ministre anglais et peut-être le ministre américain s'en iront également ; et le palais couvrira alors toute l'étendue de la colline, sauf l'emplacement de la Légation russe, dont le drapeau flottera encore un peu au-dessus de l'étendard impérial de Corée.

À peine un arrangement était-il intervenu sur la question pendante entre la cour et le commissaire en chef des Douanes, qu'on annonça qu'un emprunt de 5 millions de yens avait été décidé entre le gouvernement et le Syndicat de Yunnan, sur la garantie du revenu des douanes. Ceci compromettait l'autorité du commissaire en chef, qui, en vertu de ses fonctions, exerce un contrôle absolu sur les revenus. Il faut savoir que l'emprunt n'avait absolument rien à faire avec la question de la maison de M. McLeavy Brown. Les premières propositions avaient été discutées un an avant ces derniers troubles.

UN COIN DES JARDINS DU PALAIS IMPÉRIAL, À SÉOUL.

Le Syndicat de Yunnan, compagnie française dont les statuts sont déposés à Londres, est presque entièrement soutenu par des capitaux français. Il est généralement admis que le principal but de l'emprunt était d'acquérir une arme au moyen de laquelle on pourrait extorquer des concessions, illimitées. La manœuvre ne fut pas absolument heureuse. Le Syndicat de Yunnan, aux termes de l'accord, s'engageait à prêter au gouvernement coréen cinq millions de yens en lingots d'or et d'argent à 5 ½ %, l'emprunt étant soumis à une commission de 10 %, et devant être remboursé par versements partiels dans un délai de vingt-cinq ans. Dans le cas où le gouvernement coréen serait dans l'impossibilité de rembourser l'emprunt au moyen de ses ressources ordinaires, le revenu des douanes était engagé, comme garantie. L'accord fut signé par Pak, ministre des Affaires étrangères et Yi Yong-ik, ministre des Finances d'une part, par M. Cazalis, agent de la compagnie et M. Colin de Plancy, ministre de France à Séoul, d'autre part. De nombreux points n'étaient pas réglés dans le document. Il était particulièrement vague en ce sens qu'aucune date n'était fixée pour la remise des lingots d'or et d'argent à Chemulpo. On prétendit donc, évidemment avec raison, que le syndicat pouvait tirer parti de cet oubli en refusant tout bonnement de remettre l'argent tant que certaines concessions ne lui auraient pas été accordées.

M. Cazalis, l'agent du syndicat, en commandite de Yunnan, fut indigné de rencontrer un obstacle en M. Gubbins et en M. McLeavy Brown, qui, suivant lui, se laissaient mener par les Japonais en soupçonnant des intrigues russes. Il n'y a pas de raison de croire toutefois que le chargé d'affaires anglais ait basé son opposition sur un semblable terrain. Le plan du Syndicat de Yunnan était assez inique pour qu'on s'y opposât à première vue. Voici les faits tels qu'ils furent établis par le représentant de la compagnie. Le Syndicat de Yunnan, sans consulter le commissaire en chef des Douanes, ni le ministre anglais, ni le ministre japonais, persuada secrètement au gouvernement coréen d'emprunter cinq millions de yens en lingots d'or et d'argent à 5 ½ %, en fournissant comme garantie le revenu des douanes, M. Cazalis prétendit qu'il était nécessaire de conclure l'affaire dans le secret, parce qu'il aurait été impossible d'obtenir les signatures pour le document, si la chose avait été conduite publiquement, au su et au vu du commissaire en chef des Douanes. En d'autres termes, il admit que le projet était de nature à ne jamais recevoir l'approbation de M. McLeavy Brown, qui était absolument impartial et désintéressé dans la question.

En même temps, on peut également noter que l'emprunt tendait à créer une position pour les intérêts français en Corée. En raison des efforts de la Russie pour acquérir un port ouvert et à l'abri des glaces pour ses grands projets, et de l'entente expresse existant entre les gouvernements français et russe à l'égard de la politique russe en Asie, l'Angleterre ne pouvait pas ne pas se soucier d'un développement possible de ce côté. Il se peut qu'alors l'action française en Corée n'ait entraîné aucune menace de nos propres intérêts. Néanmoins, toute combinaison de circonstances qui donnerait à l'influence française et russe une place prédominante dans l'administration du pays, ne pouvait guère manquer d'engendrer des incidents, contre lesquels il est de notre devoir manifeste de nous mettre en garde. Et, en outre, il est sans doute curieux que l'homme qui fut la cheville ouvrière de l'intrigue tendant à déposséder M. McLeavy Brown de sa maison, ait été le même qui régla l'emprunt consenti par le Syndicat de Yunnan avec M. Cazalis.

En admettant la sagesse et la nécessité d'un emprunt de cinq millions, il y a bien des objets en Corée auxquels cette somme pouvait être consacrée d'une manière extrêmement profitable. Avec le revenu des douanes comme garantie, il n'aurait pas été difficile de s'assurer des conditions plus avantageuses que celles stipulées dans le contrat. Ces conditions étaient déraisonnables. Des propositions subsidiaires, à la conclusion desquelles on ne parvint pas alors, furent, quant à la cession à bail des mines de charbon de Pyong-yang, au contrôle de quarante-quatre autres mines, à l'achat d'un outillage de mine français, et entraînant d'autres stipulations, en elles-mêmes, inadmissibles pour la cour, qui donnait aux intérêts français en Corée une prépondérance injustifiée. Les usages auxquels on prétendit que l'emprunt serait affecté correspondaient précisément aux plus réelles nécessités. L'emprunt aurait obtenu l'approbation de tous s'il y avait eu la plus petite raison d'espérer que la cour serait fidèle à ses engagements. Malheureusement il n'y a pas d'espoir qu'une très appréciable portion de l'emprunt soit consacrée aux objets sur lesquels on a insisté, objets qui sont des facteurs puissants et vitaux dans le développement économique du royaume. L'emprunt fut remis en lingots à raison d'un tiers en argent et de deux tiers en or, apparemment pour qu'on pût fonder une Banque nationale et remplacer l'actuelle monnaie de nickel par des pièces d'or et d'argent. Ceci est grandement louable. Si les faibles proportions de l'emprunt rendaient une telle chose faisable, la conversion de l'argent du pays serait d'un bénéfice incalculable pour le crédit financier du gouvernement et de la nation en général. Mais il faut rappeler qu'une des raisons qui fit contracter le dernier emprunt japonais était de créer une monnaie de nickel, qu'on pût échanger au pair contre les pièces d'argent japonaises et mexicaines. Malheureusement cette même monnaie est en baisse de 120 % pour cent *cents* japonais d'or. L'examen a prouvé que la valeur intrinsèque d'un dollar en nickel de pièces de cinq *cents* coréennes — en ce moment la seule unité qui existe — n'est que d'un dix-huitième de sa valeur apparente vis-à-vis des types de monnaie d'or japonaise en circulation. La différence était « pressurée ». Il est également impossible de pourvoir aux dépenses légitimes et honorables de ce nouvel emprunt. Il y a eu tout récemment une émission considérable de pièces de cuivre d'un *cent*. Ces pièces ont un meilleur taux que la monnaie de nickel, vis-à-vis du yen ; le fait est que la valeur intrinsèque de la monnaie de cuivre est tellement plus élevée que celle de la monnaie de nickel qu'il y a un taux d'échange entre eux. Actuellement la pièce de nickel, comparée à celle de cuivre, est en baisse de 12 %.

CHAPITRE VIII

INACTION ÉTRANGÈRE EN CORÉE. — TRÉSOR À SEC. — IMPÔTS. — BUDGET. — DÉPRÉCIATION MONÉTAIRE. — LA DAI ICHI GINKO. — FONCTIONNAIRES MALHONNÊTES.

Les événements qui amenèrent l'état présent de complexité de la politique coréenne, commencèrent avec l'effort tenté par les Russes, dans l'automne de l'année 1897, pour s'attribuer le contrôle des douanes et des finances de l'empire. Comme la tentative du ministre russe d'alors, M. de Speyer, n'aboutit que partiellement, son successeur immédiat, M. Matunine, le représentant actuel, M. Pavloff, et son collègue de la Légation française, M. Colin de Plancy, ont, depuis, consacré toute leur diplomatie à l'achèvement de l'œuvre. Leur impuissance à forcer le gouvernement coréen à acquiescer à leurs demandes les a aigris dans leurs desseins contre le ministre anglais et le commissaire en chef des Douanes. Dans la poursuite d'une œuvre, à la fois peu honorable et inspirée par de mesquins préjugés, ils n'ont pas épargné le moindre expédient diplomatique qui pût servir leurs desseins. L'échec auquel les projets du parti franco-russe-coréen ont abouti à la suite de l'action anglaise, n'a fait que retarder momentanément leurs entreprises. Il n'apporte aucun changement perceptible à la situation, et ne rend pas plus facile la tâche du commissaire en chef, ni plus aisée à suivre la route du ministre anglais. En fait, il est absolument certain que l'opposition faite par les ministres russe et français à l'activité anglaise deviendra plus vigoureuse dans l'avenir.

L'aide prêtée par le gouvernement anglais à M. Gubbins durant la crise récente, a beaucoup fait pour chasser de l'esprit des Coréens les illusions qu'y avait fait naître notre indifférence passée. Il est peu probable que les mêmes moyens seront employés à l'avenir, si la cour essaie de chasser M. McLeavy Brown de son poste. Si la cour céda en présence de la démonstration anglaise, le tact et la considération pour les intérêts des deux parties en cause, dont M. Gubbins fit preuve par la suite, contribuèrent fortement au rétablissement du *statu quo*. D'autre part, l'apathie du gouvernement anglais qui négligea de protéger M. McLeavy Brown, quand il fut privé de l'office de contrôleur des finances à l'instigation du ministre russe, en 1897, conduisit naturellement aux derniers troubles. Les deux fonctions sont si intimement apparentées, et l'esprit de la politique franco-russe est tellement impérieux et agressif, que la nomination d'un Russe ou d'un Français au poste de commissaire en chef des Douanes impliquerait leur fusion postérieure et le complet effacement de l'influence anglaise. Cela ne doit pas être, naturellement ; et cela serait impossible, si le gouvernement anglais voulait comprendre l'importance de maintenir intact son prestige en Corée. Nous avons peu d'intérêts matériels en Corée, mais il ne faut pas oublier que notre position dans le royaume doit être supérieure à celle de la France, et égale, à celle de la Russie. S'il n'y avait pas ce fait que la France est l'alliée de la Russie en Corée, comme partout ailleurs, il n'y aurait aucune raison de faire autre chose que de soutenir avec bienveillance la politique du Japon, sans prendre inutilement l'attitude agressive que les gens de l'île manifestent envers leurs voisins. Mais si nous voulons conserver notre situation, nous devons mettre un peu plus de vigueur dans notre politique, et tout en continuant à travailler d'accord avec le Japon, nous mettre à garantir l'intégrité de nos intérêts. Ce qui servirait le mieux ceux-ci, ce serait d'insister pour le maintien d'un Anglais comme surveillant des douanes maritimes coréennes. Notre action sur ce point recevrait l'approbation sans réserve du Japon et des États-Unis, dont les intérêts commerciaux, aussi bien que les nôtres, justifient la prédominance sur ce contrôle.

Les embarras financiers du gouvernement coréen actuellement sont le résultat des extravagances anormales de la cour. Tout ce qui tendrait à augmenter la lourde dette dont l'empereur grève les ressources réduites de la fortune nationale, n'est ni politique ni désirable. Les sources des revenus de l'empire sont les mêmes, mais, à un degré moindre, que celles qui existent en Chine. Il y a l'impôt foncier, qui n'est plus payé en grains, et qui a rapporté quatre millions et demi de yens sur les sept millions composant le revenu intérieur total de 1901 ; un impôt sur les habitations, réparti assez capricieusement et auquel on se soustrait par un système de petite corruption discrète ; le revenu net des douanes, qui est monté en 1901 à plus d'un million et quart de yens (1.325.414 yens) ; le produit de diverses concessions, monopoles, mines, monnaie ; et enfin les sommes tirées de toutes les contributions variées et irrégulières qui peuvent venir à l'esprit de ce ministre à l'esprit aiguisé, Yi Yong-ik.

VUE D'UN PONT À SÉOUL

L'impôt est lourd et impitoyable. La liste des objets les plus importants, soumis à la taxe, comprend, outre l'impôt foncier, douanier et sur les habitations, le sel, le tabac, le poisson, les fourrures, les terres à bois de construction, les minerais, le ginseng (plante médicinale), la frappe des monnaies, les bateaux de marchandises, les corporations, les patentes, le papier, les peaux de bestiaux, les prêts sur gages, etc. Dans ces derniers temps certains impôts sont tombés en désuétude. Toutefois cette liste est bien loin de comprendre tous les moyens auxquels l'empereur a recours pour faire « payer les violons » à ses sujets. Les dons, qui sont envoyés de diverses parties du pays pour plaire au souverain, sont tout à fait en dehors des cas réguliers, mais de grande valeur en eux-mêmes. Ces dons sont très étendus et comprennent les fruits de la terre aussi bien que les produits de la mer. Peu de choses échappent à la liste des dons, et aucune intervention ne peut amener la cessation de cette coutume ; et si un préfet manque de s'acquitter de ce devoir, il ne tarde guère à perdre sa charge.

Le budget de l'année 1901 fut fixé à neuf millions de yens, dont un million fut consacré aux dépenses impériales, et un peu plus que cette somme, versé au trésor privé de l'empereur. La différence entre le revenu et les dépenses dans la même année s'éleva à la petite somme de 775 dollars. Le budget de 1902 fut fixé à sept millions et demi de yens ; le revenu atteignit à peu près le même chiffre, et la différence entre les frais et le revenu fut de 633 yens. On voit donc qu'il y a peu de raisons aux difficultés financières dans lesquelles se trouve le trône. Si Sa Majesté ne gaspillait pas son revenu par l'achat de terres, pour l'ornementation de son palais et de sa personne, pour ses parents, ses femmes et les fêtes continuelles de la cour, l'appauvrissement chronique du trésor n'existerait pas. En outre un quart au moins de son revenu reste entre les mains des fonctionnaires qui en ont le maniement.

Dans ces conditions, il n'a jamais refusé d'accepter le secours de personnes intéressées ; mais ce secours de mauvais présage ne délivre pas le pays du fardeau des hypothèques et des impôts.

UNE GRANDE RUE À SÉOUL

Les crédits affectés aux différents départements grèvent le revenu d'une manière qui est absolument hors de proportion avec l'utilité ou l'importance précise de n'importe lequel de ces fantastiques bureaux. Le ministère de la Guerre réclamait en 1901, en chiffres ronds, plus de trois millions et demi de yens, le ministère des Affaires étrangères un quart de million de yens, le ministère des Finances trois quarts de million de yens, le palais un peu plus d'un million de yens, et le ministère de l'Intérieur un peu moins de cette somme. Un million de yens vaut en gros 100.000 livres sterling. La somme versée au ministère de la Guerre en 1902 fut, en chiffres ronds, d'environ trois millions de yens ; au ministère des Affaires étrangères, un peu plus d'un quart de million de yens ; au ministère des Finances, un peu plus d'un demi-million de yens. Les départements de la Justice, de l'Agriculture, de la Police, de l'Éducation et des Communications, dans cette administration grandement coûteuse et totalement incapable, revendiquent tous leur part du budget, si bien qu'il ne reste plus rien et qu'il y a très peu à montrer pour cette prodigalité dans la distribution des deniers publics.

Je donne le détail du budget de 1903. Les chiffres sont indiqués en dollars.

Le revenu total s'élève à 10.766.115 dollars. Les dépenses totales s'élèvent à 10.765,491 dollars. La différence est donc de 624 dollars.

REVENU

	Dollars.		Dollars.
Impôt foncier	7.603.020	*Report*	9.416.115
Impôt sur les habitations	460.295	Droits de douane	850.000
Divers	210.000	Impôts divers	150.000
Excédent provenant de 1902 (y compris l'excédent provenant de l'emprunt)	1.142.800	Monnaie	350.000
À reporter	9.416.115		10.766.115

DÉPENSES

Cassette particulière de l'empereur	817.361	dollars.
Sacrifices	186.639	
	1.004.000	dollars.

Maison Impériale	Dollars.	Ministère des Affaires Étrangères	Dollars.
Bureau des chemins de fer	21.980	Bureau	26.024
Police du palais	118.645	Surintendants de commerce	51.154
Police des ports ouverts	69.917	Représentants à l'étranger	201.020
Chemin de fer du Nord-Ouest	22.882		278.198
Bureau des cérémonies	17.608		
Bureau des mines	10.000	Ministère des Finances	
	261.022	Bureau	53.910
		Percepteurs	141.600
Bureau du Vieillard	24.026	Monnaie	280.000
Bureau des Généraux	65.853	Paiement de la Dette	989.250
Ministère	38.730	Pensions	1.956
		Transport	200.000
			1.668.716
Ministère de l'Intérieur			
Bureau	34.624		

Bureau du maire	6.144	Ministère de la Guerre	
Gouvernements provinciaux	91.862	Bureau	50.651
Gouvernements préfectoraux de 2ᵉ classe	52.674	Soldats	4.072.931
Quelpart	4.222		4.123.582
Préfectures	778.325		
Hôpital impérial	7.632	Ministère de la Justice	
Bureau de vaccination	3.354	Bureau	31.603
Frais de voyage	730	Cour suprême	15.686
Sacrifices préfectoraux	866	Cour de mairie	8.162
	980.433	Cours préfectorales	1.251
			56.702
Bureau de Police		Garde du corps impérial	
	Dollars.		Dollars.
Bureau	252.857	Bureau	58.099
Prison de Séoul	32.650	Bureau des Décorations	
Agents de police	51.462	Bureau	20.993
Police de la frontière, etc.	23.762	Postes et Télégraphes	
Frais de voyage, etc.	600	Bureau	23.640
	361.331	Frais généraux	438.295
			461.935
Ministère de l'Instruction publique			

Bureau	24.822	BUREAU DES PLANS	
Calendrier	6.022	Bureau	21.018
Écoles à Séoul	89.969	Plans	50.000
— de province	22.580		71.018
Subventions à des écoles particulières	5.430		
Étudiants à l'étranger	15.920	DÉPENSES ACCESSOIRES	
	164.943	Routes et autres réparations	35.000
		Réparations en province	10.000
MINISTÈRE DE L'AGRICULTURE		Arrestation de voleurs	500
Bureau	38.060	Œuvres de bienfaisance	5.000
Frais généraux	8.240	Enterrement des pauvres	300
	46.300	Divers	480
		Police des mines, etc.	1.840
CONSEIL		Retrait	3.120
Bureau	18.580		56.240
FONDS DE RÉSERVE		1.015.000	

Des mesures ont été prises de temps on temps, par les représentants à l'étranger, pour améliorer les finances du pays. À une seule occasion, sept réformes furent recommandées, et l'exposé en fut présenté par la suite à Sa Majesté. Au cours d'une enquête, on s'aperçut qu'en plus des pièces de nickel frappées par le gouvernement, il y avait plus de vingt-cinq espèces distinctes de pièces de nickel circulant en Corée. Jusqu'à ces années dernières la contrefaçon de la monnaie coréenne n'a pas été très rémunératrice. Les pièces d'autrefois avaient une si petite valeur, et le prix du métal joint au travail était si près d'égaler la valeur nominale de la vraie monnaie, que le risque n'était pas en rapport avec le profit. Une seule pièce de nickel de la monnaie d'aujourd'hui est toutefois égale à vingt-cinq de l'ancienne monnaie, et, comme le coût net de leur fabrication est inférieur à un *cent* et demi la pièce, on voit qu'il y a quelque encouragement à la fabrication de la fausse monnaie. Le nombre des fausses pièces de nickel augmente rapidement, et des permis de frappe furent, en un temps, libéralement accordés par le gouvernement à de simples particuliers. La monnaie de nickel est ouvertement importée en passant par la douane ; des pièces fausses sont expédiées, en grande quantité, par presque tous les navires venant du Japon et introduites en fraude dans le pays. Le gouvernement fait seulement attention au profit qu'il tire de cette circulation illégale, et, ignorant le tort permanent qu'elle fait au crédit du pays, se sert de tous les moyens pour faire circuler ces pièces dépréciées. Jusqu'à une date très récente, la circulation des pièces de nickel était bornée à la capitale et aux alentours de deux ou trois ports à traité, l'ancienne monnaie de cuivre subsistant ailleurs. Dans le but de généraliser leur usage, les magistrats reçurent l'ordre de n'accepter, dans tout l'empire, le paiement des impôts qu'en cette monnaie. Mais, comme les salaires sont ordinairement payés en monnaie de nickel et que la valeur d'achat du dollar de nickel coréen est moins de la moitié de ce qu'elle était avec la monnaie de cuivre, alors que le niveau de paiement demeure le même, le gros de la nation n'est pas payé davantage qu'autrefois, et la valeur d'achat de l'argent qu'il gagne est infiniment moindre. Il n'y a aucune perspective d'une amélioration prochaine puisque le gouvernement a passé un contrat pour l'émission de quarante millions de pièces de nickel de plus. Quand cela sera fait, la valeur nominale de la monnaie en circulation, vis-à-vis du yen d'or japonais, sera de quatorze millions de yens, presque un million et demi de livres sterling. Il n'y a naturellement pas de réserve d'argent ou d'or, pour garantir cette somme gigantesque.

TABLETTE À SÉOUL ET ENFANTS CORÉENS

Les choses en sont arrivées à un tel point, qu'à Chemulpo on a établi des cours pour :

1° Les pièces de nickel du gouvernement ;
2° Les pièces fausses de première catégorie ;
3° Les pièces fausses moyennes ;
4° Celles qu'on ne peut passer que dans l'obscurité.

S. E. YI YONG-IK, MINISTRE DES FINANCES DE CORÉE

Il n'y a donc pas à s'étonner que la question monétaire intéresse si vivement les représentants à l'étranger. Le gouvernement japonais, prenant enfin conscience de ses responsabilités en cette matière, a rendu, le 7 novembre 1902, une ordonnance impériale, qui reçut force d'exécution le 15, en vue d'empêcher les Japonais de faire de la fausse monnaie et d'envoyer des pièces de nickel de leur fabrication en Corée. La peine dont sont passibles ceux qui enfreindront cette ordonnance, est l'emprisonnement pour une durée d'un an au plus ou une amende ne pouvant dépasser 200 yens (20 liv. s. 8 sh. 4 pence). Cet arrêté donnait pouvoir aux employés des douanes japonaises d'empêcher l'exportation des pièces fausses, et permettait aux autorités douanières en Corée d'exercer des poursuites contre les Japonais coupables d'importer des pièces de ce genre. Depuis le 22 janvier 1902, date de la première saisie dans l'année, jusqu'à la fin de décembre, 3.573.138 pièces (pièces frappées ou flans), d'une valeur nominale totale de 18.191 livres sterling, furent confisquées par les employés des douanes de Chemulpo. On découvrit, un jour, le 19 août, à bord d'une jonque japonaise, 739.000 pièces, d'une valeur nominale de 3.772 livres sterling. La saisie la plus importante, après celle-ci, fut opérée, le 8 septembre, sur un bateau marchand. On y compta 530.000 pièces, d'une valeur nominale de 2.512 livres sterling.

En vue de remédier à cette déplorable situation de la monnaie coréenne, une banque japonaise, la Dai Ichi Ginko, sous la direction du baron Shibusawa, a décidé, soutenue par le gouvernement japonais, d'émettre des billets par lesquels elle s'engageait à payer le porteur à présentation, en monnaie japonaise, dans toutes ses succursales de Corée. La Dai Ichi Ginko possède des succursales dans tous les grands ports à traité, de même qu'à Séoul, et elle est peut-être le plus important agent commercial du pays. Les agents consulaires japonais sont autorisés à surveiller l'émission et à recevoir le compte de la circulation et des réserves deux fois par mois. Ils sont également revêtus de certains pouvoirs discrétionnaires pour limiter le nombre de billets en cours.

Les billets sont de 1 yen (2 s. ½ p.), 5 yens (10 s. 2 ½ p.), 10 yens (1 liv. 5 p.). Le 10 mai 1902, eut lieu la première émission de billets de 1 yen. Ceux de 5 yens furent mis en circulation le 20 septembre de la même année. Les billets de 10 yens ne furent émis que plus tard.

Le 28 février 1903, la circulation des billets de la Dai Ichi Ginko et les réserves destinées à les couvrir se chiffraient comme suit :

SUCCURSALES	Montant en circulation	Montant en réserves
Chemulpo	18.927	18.927
Fusan	24.568	19.701
Séoul	1.894	1.894
Mok-po	14.406	12.250
Totaux	59.795	52.772

Cette initiative de la Dai Ichi Ginko souleva une opposition véhémente de la part du gouvernement coréen. Bien que l'émission des billets ait été dûment autorisée par l'empereur, le ministre des Affaires étrangères s'opposa avec persistance à la circulation des billets. Le 11 septembre 1902, un ordre fut publié par le ministère des Affaires étrangères, sous l'autorité du ministre des Affaires étrangères suppléant, interdisant l'usage des billets aux Coréens pour des motifs qui faisaient suspecter le crédit de toute l'entreprise. Cet ordre fut naturellement inspiré par Yi Yong-ik, et lorsque quelques mois plus tard, le 8 janvier 1903, Cho Pyöng-sik — alors ministre des Affaires étrangères — leva l'interdiction, Yi Yong-ik obtint aussitôt le renvoi de son trop complaisant collègue. Les Affaires étrangères étaient maintenant sans ministre et Yi Yong-ik se mit immédiatement à révoquer le privilège de la banque.

Après avoir déclaré que le papier-monnaie japonais serait la ruine du pays et prétendu que les indemnités réclamées à la Compagnie du chemin de fer Séoul-Fusan étaient à dessein payées en billets avec l'intention d'une déclaration finale de banqueroute au profit de la banque, Yi Yong-ik convoqua le 24 janvier une réunion de la Corporation des colporteurs auxquels il interdit d'accepter ce papier-monnaie. Quelques jours plus tard, le 1er février, le maire de Séoul fit afficher un édit dans toute la ville, donnant effet à cette interdiction, et, en même temps, menaçant des peines les plus sévères quiconque se servirait des billets ou qui aiderait d'une façon quelconque à les faire circuler. Le ministère des Finances fit ensuite publier l'édit dans toutes les provinces, et on se précipita aussitôt vers la banque pour le remboursement des billets. Trois jours plus tard, le 4 février, le ministre japonais suppléant menaça le gouvernement d'une demande d'indemnité et d'un certain nombre de concessions de mines et de chemins de fer en dédommagement du tort causé à la banque, si l'offensante ordonnance n'était pas retirée.

Après beaucoup de discussions et de nombreuses réunions, les autorités, coréennes consentirent à retirer la défense et à publier dans tout l'empire la reconnaissance de l'existence de la banque. Depuis ce jour la solidité dé la situation de la Dai Ichi Ginko n'a pas été contestée.

Les exactions et la malhonnêteté des fonctionnaires exercent un drainage perpétuel du trésor national. Si on pouvait venir à bout de cette calamité, un autre sérieux obstacle à une situation financière plus florissante serait ainsi surmonté. Malheureusement, la sécheresse et la famine de 1901, ajoutées à la diminution des revenus de l'année 1902 ont créé un écart de 5 millions de yens. Si on peut considérer ce déficit comme extraordinaire, aucune circonstance atténuante ne peut du moins excuser les diminutions supplémentaires de revenus, attribuables à la concussion des fonctionnaires. La dure situation financière créée par la famine attira l'attention sur les très importants déficits dus à nombre des plus importants fonctionnaires métropolitains et provinciaux. Ces gredins étant tous dans l'impossibilité de recracher leurs gains illicites, ils furent immédiatement poursuivis, à l'instigation du ministre des Finances Yi Yong-ik. Ministres d'État, gouverneurs de provinces, préfets et inspecteurs furent rudement mis à la raison par l'exécution, le bannissement ou l'emprisonnement de nombreux coupables.

En un semblable moment apparut la particulière astuce de Yi Yong-ik. Tandis qu'il punissait avec toute la sévérité de la loi les fonctionnaires compromis, il exécutait lui-même, en qualité de ministre des Finances, un coup d'audace qui rapporta presque un demi-million de yens au trésor impérial, en une seule fois. Yi Yong-ik s'entendit pour acheter aux fermiers la récolte de ginseng. C'est là un monopole d'État, et l'on convint du prix, huit dollars la livre pour soixante-trois mille livres, séché ou non séché. Quand vint le moment de payer, et qu'il eut pris possession du ginseng, Yi Yong-ik refusa de donner plus d'un dollar par livre, prétendant que les producteurs de ginseng l'avaient trompé sur la nature et le poids des expéditions. Pendant ce temps on vendait le ginseng ; on s'appropria l'argent et le Trésor s'enrichit de la différence.

À une autre occasion, à un moment où le change de la monnaie de nickel était en forte baisse contre le yen d'or, Yi Yong-ik contribua à encourager le présent fait à l'empereur de deux millions de dollars coréens. Par un arrangement exact, la valeur du change, monnaie de nickel contre yen d'or, s'affermit de vingt points le lendemain du jour où le cadeau fut fait. Il n'est sans doute pas nécessaire de faire remarquer que Yi Yong-ik disposa de la différence à l'avantage de son maître.

CHAPITRE IX

ÉDUCATION. — ARTS D'AGRÉMENT. — CODE PÉNAL. — MARIAGE ET DIVORCE. — LES DROITS DES CONCUBINES. — SITUATION DES ENFANTS. — GOUVERNEMENT.

Avant l'introduction des méthodes étrangères d'éducation et l'installation d'écoles d'après un plan moderne, aucune manifestation intellectuelle, sur laquelle on pût fonder de bien grandes espérances, ne se remarquait chez les Coréens. Aujourd'hui même, une vague connaissance des classiques chinois, qui, seulement en de rares cas, peut être considérée comme une connaissance approfondie, résume l'instruction des classes cultivées. Les hommes et les femmes des hautes classes ont la prétention de connaître la littérature et le langage de la Chine ; mais très rares sont les gens des classes moyennes, capables de lire autre chose que les journaux du pays écrits en une langue mixte chinoise-coréenne, dont la construction grammaticale est purement coréenne.

En dépit de l'ignorance dominante du chinois, c'est le dialecte des mandarins de la Chine qui est considéré comme le langage de la société cultivée. C'est la langue dont on se sert pour les communications officielles à la cour ; la plupart des étrangers au service du gouvernement se sont également rendus maîtres de ses difficultés. Le professeur Homer B. Hulbert, auquel ses recherches approfondies en matière de philologie coréenne et chinoise ont donné une autorité particulière, a calculé qu'un pour cent seulement des femmes des hautes classes qui étudient le chinois, en possèdent la connaissance pratique. Quant aux femmes de la classe moyenne et de la basse classe, elles l'ignorent. De plus, la proportion des femmes de la classe élevée pouvant lire les classiques chinois est très faible. Il est probable qu'en prenant au hasard une réunion de Coréens, on n'en trouverait pas plus de cinq pour cent capables de prendre un ouvrage chinois et de le lire aussi facilement que ce serait le cas, dans une réunion analogue d'Anglais, à l'égard d'un texte latin ordinaire en prose.

À l'égard du *on-mun*, l'écriture commune de la Corée, on ne rencontre pas, toutefois, une pareille ignorance ; les gens des hautes classes et des classes moyennes étudient leur écriture nationale avec beaucoup d'intelligence. La langue coréenne est absolument différente de celle de la Chine et du Japon ; elle possède un alphabet particulier, qui se compose actuellement de vingt-cinq lettres. Certaines annales coréennes la font remonter au quinzième siècle de l'ère chrétienne, à 1447, époque où le roi de Corée, ayant résolu d'affirmer son indépendance en abandonnant l'usage de l'écriture chinoise pour la correspondance officielle, inventa un alphabet pour satisfaire aux exigences des indigènes. L'esprit conservateur était trop fort néanmoins, et la nouvelle écriture fut peu à peu abandonnée à l'usage des basses classes, des femmes et des enfants. Il y a une vaste littérature en langue indigène. Elle comprend des traductions des classiques chinois et japonais ; des ouvrages d'histoire sur la Corée moderne et du moyen âge ; des livres de voyages et de chasses, de poésie et de littérature épistolaire, et tout un cycle de littérature d'imagination, qui emprunte ses sujets à ces aspects de la nature humaine communs à toute l'humanité.

Nombre de ces livres sont étudiés soigneusement par les femmes coréennes, car celles qui les ignorent sont considérées avec dédain par les femmes des hautes classes et, à un moindre degré, par celles des classes moyennes.

PETITS GARÇONS

Les servantes du palais sont les plus promptes à étudier et à connaître à fond la langue indigène, ayant besoin, par suite de leur position à la cour, de transcrire en *on-mun* les ordres du gouvernement, les nouvelles courantes et les potins en général, pour l'empereur. Les Coréens de toutes les conditions achètent couramment des livres en langage indigène et les empruntent aux cabinets de lecture ; les plus illettrés apprennent les plus importants chapitres en les entendant lire. Un ouvrage que toutes les femmes sont supposées connaître à fond, est intitulé *Les Trois Principes de Conduite* et se divise en trois parties : 1°

le traitement des parents ; 2° la façon d'élever la famille ; 3° le ménage. Des livres qui se rapprochent de celui-là, et qui sont d'égale importance pour la femme coréenne, s'appellent *Les Cinq Réglés de Conduite* et *Les Cinq Volumes de Littérature primaire,* et, comme esprit et contenu, sont presque identiques. Ils traitent des rapports entre : 1° les parents et les enfants ; 2° le roi et ses sujets ; 3° le mari et la femme ; 4° les vieillards et les jeunes gens ; 5° les amis. Ils contiennent également des exhortations à la vertu et au savoir.

GROUPE D'ENFANTS DU PEUPLE

En dehors du genre d'éducation pour les femmes de Corée, que je viens d'indiquer, l'étude théorique des arts domestiques accompagne invariablement les études plus compliquées. Elle est accompagnée d'une importante partie expérimentale. Il s'ensuit donc qu'alors que l'éducation des hommes d'un certain rang se borne aux livres, auxquels ils ne prêtent qu'une attention indifférente, il existe pour les femmes tout un ordre d'études en dehors des écrits et de l'enseignement des professeurs admis et des autorités classiques. Les talents d'ornement, les ruses et les artifices de nos poupées de salon sont ignorés des classes élevées, la musique vocale et la danse étant réservées aux danseuses et aux demi-mondaines. La broderie, la confection des robes, la couture et le tissage absorbent leur attention jusqu'à ce qu'elles aient parcouru toute la gamme des travaux domestiques. Parfois les femmes des hautes classes apprennent à jouer du *kumungo*, un instrument d'un mètre cinquante de long sur trente centimètres de large, ressemblant un peu à la cithare, et émettant des sons mélancoliques et discordants. Il y a un autre instrument à cordes, le *nageuni*, mais les terribles grincements aigus de cette malheureuse viole me rendent malade, rien que d'y penser. La distraction habituelle et la plus simple des classes moyennes consiste en une promenade aimable, et sans but déterminé, autre que la flânerie. La balançoire, la corde, les dés, les dominos et les poupées sont en faveur, parmi les amusements.

Si on peut s'apercevoir de quelques petits progrès en matière d'éducation sous l'influence bienfaisante des missionnaires, l'état de la justice révèle de graves défauts. Naturellement, il n'est pas toujours possible d'appliquer à la procédure légale d'un pays le système qui produit de bons résultats dans un autre. Des explosions particulières de violence, provenant de causes identiques, apparaissent revêtues de caractères différents quand on se place au point de vue de ceux qui sont chargés d'établir des réformes.

On admettra, en outre, qu'un certain élément de barbarie dans les punitions est rendu nécessaire par les conditions mêmes où se trouvent certains pays, car elles en imposent à une population qui se rirait de punitions d'un caractère plus civilisé. Si on peut trouver excessif le Code pénal de Corée, il faut du moins se souvenir qu'en Extrême-Orient la justice n'est tempérée par aucune pitié. Maintes punitions existent encore franchement barbares, et d'autres se distinguent par leur exceptionnelle sévérité. La mort par décapitation, mutilation, strangulation on par le poison est aujourd'hui moins fréquente que jadis.

PORTE PRINCIPALE DU PALAIS IMPÉRIAL À SÉOUL

Jusqu'à ces toutes dernières années, la loi coréenne avait l'habitude de faire supporter à la famille d'un grand criminel les mêmes peines qu'à lui. La famille en est maintenant exempte, et, grâce aux réformes introduites pendant l'agitation de 1895, on s'est efforcé d'abolir les pratiques contraires à l'esprit du progrès. Le tableau suivant montre les punitions encourues pour quelques crimes :

Trahison (Homme).	Décapité avec ses parents mâles jusqu'au cinquième degré. La mère, la femme et la fille empoisonnées ou réduites à l'esclavage.
Trahison (Femme).	Empoisonnée.
Assassinat (Homme).	Décapité. Sa femme empoisonnée.
Assassinat (Femme).	Étranglée ou empoisonnée.
Crime d'incendie (Homme).	Étranglé ou empoisonné. Femme empoisonnée.
Crime d'incendie (Femme).	Empoisonnée.
Vol (Homme).	Étranglé, décapité ou banni. Sa femme réduite à l'esclavage ; confiscation de tous les biens.
Profanation des tombes.	Décapité avec ses parents mâles jusqu'au cinquième degré. Mère, femme et fille empoisonnées.
Crime d'incendie (Homme).	Strangulation ou décapitation. Sa femme empoisonnée.

D'après la loi coréenne, aucune femme ne peut obtenir la dissolution légale de son mariage. Le privilège du divorce appartient à l'homme ; parmi les hautes classes, il est rare. La femme peut néanmoins quitter son mari et se mettre sous la protection d'un parent, et alors le mari, à moins de faire la preuve contraire des accusations de sa femme, n'a aucun recours. Si la femme ne parvient pas à établir le bien fondé de sa cause contre son mari, les frais de la cérémonie du mariage, ordinairement très considérables, sont remboursés par ses parents. La loi ne force pas l'épouse à cohabiter avec son mari.

L'homme peut divorcer d'avec sa femme, en conservant la garde des enfants dans tous les cas, pour des motifs établis par la loi, et en plus sous les chefs d'accusation suivants : indolence, manquement aux sacrifices prescrits, vol et mauvais caractère. Les femmes des hautes classes ne peuvent faire appel des accusations de leur mari, les troubles domestiques étant considérés comme absolument répréhensibles. Une liberté beaucoup plus grande règne parmi les gens des classes inférieures, où on préfère les unions irrégulières, d'un caractère très bénin et très élastique. Le concubinage est une institution reconnue, que pratiquent les basses classes, aussi bien que les classes élevées.

Les droits des enfants des concubines varient suivant le relâchement moral de la classe au sein de laquelle ils naissent. Dans les classes supérieures ils n'ont aucun droit sur les biens de leur père ; la loi d'héritage par substitution les ignore et ils peuvent ne pas observer les sacrifices de famille. En l'absence de postérité légitime, un fils doit être adopté dans le but de recevoir par héritage les biens de la famille et de procéder aux rites ancestraux et funéraires. Les classes supérieures, accordent une grande importance à la pureté du sang ; parmi les classes moyennes et inférieures, une plus grande indulgence règne. Sauf dans les plus basses classes, il est d'usage d'avoir un domicile séparé pour chaque concubine. Le fait que parmi les classes inférieures, la concubine et l'épouse vivent sous le même toit, occasionne en grande partie le malheur des ménages coréens. La situation des enfants nés de concubines correspond dans tous les cas à la position sociale de la mère.

DANS UN GEÔLE CORÉENNE. — PRISONNIERS À LA CANGUE

Au cours de ces dernières armées, il y a eu de grands changements opérés dans le gouvernement et dans l'administration de la justice. Sous l'ancien système, la thèse despotique du droit divin engendrait de nombreux abus. La justice n'était pas tempérée par la pitié, et dans la répression du crime ce n'était pas toujours le coupable qui était puni. L'ancien système de gouvernement était calqué sur les principes de la loi de Ming en Chine. Le pouvoir du souverain était absolu en théorie et en pratique. Il était assisté des trois principaux fonctionnaires d'État et de six conseils administratifs auxquels on ajouta des bureaux supplémentaires, aussitôt que le pays entra en contact avec les nations étrangères. Des modifications dans l'esprit ou dans la lettre de la loi ont eu lieu de temps en temps à la requête des réformistes. Avant que se fût affirmée la prédominance des Japonais, la loi coréenne, dans ses principes et dans son caractère, ne s'écartait pas beaucoup de celle qui s'était maintenue en Chine pendant tant de siècles. Pendant longtemps, l'intense conservatisme de la Chine régna en Corée. Aujourd'hui, l'autorité du souverain est plus restreinte ; mais, entre les mains d'un monarque moins éclairé, elle pourrait être employée, comme autrefois, contre les intérêts du pays. Heureusement toutefois, l'ère de réforme et de progrès, qui marqua l'inauguration de l'empire, continue.

Le gouvernement appartient aujourd'hui à un conseil d'État, composé d'un chancelier, de six ministres, de cinq conseillers et d'un secrétaire en chef. La volonté du souverain est cependant suprême. Les départements de l'État sont dirigés par neuf ministres, dont le premier ministre est le chef, assisté dans le cabinet par le président du Conseil privé, les ministres de la Maison royale, des Affaires étrangères, de l'Intérieur, des Finances, de la Guerre, de la

Justice, de l'Instruction publique et de l'Agriculture. Avec l'amélioration de l'administration intérieure, nombre d'abus qui existaient sous l'ancien système ont disparu. Il y a encore de nombreux griefs, et le fonctionnement de la machine de l'État ne donne pas encore une satisfaction sans mélange. La justice est encore entourée de corruption ; l'achat des charges est encore admis par une administration vénale. Le nettoyage des écuries d'Augias s'accompagne de maintes clameurs ; et, pour le moment, les avantages des améliorations réalisées ne justifient guère la joie extatique avec laquelle on accueillit leur introduction. Il est trop tôt encore pour prophétiser ; mais, si on peut obtenir que l'administration des services publics devienne honnête, il n'y a aucune raison pour que le succès ne vienne pas couronner les innovations. Dans l'intervalle, c'est néanmoins sur les conseillers étrangers que pèse entièrement la responsabilité du fonctionnement de la machine administrative. Il reste donc à voir si les services unis de ces hommes distingués pourront prolonger l'ère du gouvernement honnête en Corée.

CHAPITRE X

CULTIVATEURS. — FERMES ET ANIMAUX DE FERME. — TRAVAUX DOMESTIQUES.

PRODUITS. — QUALITÉ ET NATURE DES PRODUITS ALIMENTAIRES.

Les Coréens sont un peuple agricole, et la plupart des industries nationales se rattachent à l'agriculture. Plus de soixante-dix pour cent de la population se compose de cultivateurs ; les charpentiers, les forgerons, et les maçons sortent directement de cette classe, combinant leur connaissance de la forge ou de l'atelier avec l'expérience de l'agriculture qu'ils pratiquèrent toute leur vie. Le maître d'école est ordinairement le fils d'un fermier propriétaire ; le pêcheur possède un petit bien que sa femme cultive pendant qu'il est à la pêche. Les classes agricoles participent à certaines industries du pays ; les femmes d'agriculteurs cultivent le coton, la soie, le lin et le *grass-cloth* de la nation et elles transforment également la matière première en étoffe. Les sandales, les nattes, les articles d'osier et de bois, qui tiennent une telle place dans la maison coréenne, sont fabriqués par les classes agricoles dans les moments de loisir. Les fonctionnaires, les coureurs de *yamen*, les marchands, les aubergistes, les mineurs et les mariniers des jonques n'appartiennent pas à cette classe, mais souvent ils s'y rattachent de près. Le gouvernement ne se soutient que par le revenu de l'agriculture ; le peuple se nourrit des produits du sol ; les fonctionnaires coréens gouvernent des contrées entières adonnées à l'agriculture. L'économie intérieure du pays est basée depuis des siècles sur les travaux et les problèmes de l'agriculture. Les Coréens sont d'instinct et d'intuition agriculteurs, et c'est nécessairement dans cette direction que le développement du pays devra en partie s'effectuer.

Il est impossible de ne pas être frappé par une force qui agit si laborieusement et sans autre arrêt que celui qu'amènent les changements de saison. Le tranquille et laborieux cultivateur de Corée a son semblable dans le taureau, son compagnon. Le paysan coréen et son taureau las d'allure, sont faits l'un pour l'autre. Sans cet associé ruminant, son travail serait impraticable. Celui-ci tire la lourde charrue dans la boue épaisse des champs de riz, et sur la surface dure et raboteuse des terres à céréales ; il transporte des charges de briques et de bois au marché, et tire la lourde voiture de marché le long des chemins de campagne. Ils font à tous deux un superbe couple ; l'un et l'autre sont des bêtes de somme. La brutalité, l'inintelligence et la grossièreté du cultivateur en Angleterre ne se retrouvent pas chez le Coréen. Le cultivateur coréen doit, par nécessité, se contraindre à la patience. Il est satisfait de considérer que sa sphère d'utilité en ce monde consiste à travailler à la façon des animaux, sans satisfaction appréciable pour lui-même.

À l'origine, si l'histoire dit vrai, les fermiers de la Corée étaient portés à se conduire en maîtres et avec indépendance. On retrouve aujourd'hui l'indication de cet ancien esprit dans les protestations périodiques qu'ils font entendre contre les extorsions des fonctionnaires locaux. Ces révoltes sont isolées et peu fréquentes, car depuis que furent écrasées leurs tendances à l'insoumission, les cultivateurs sont devenus les êtres doux et inoffensifs qu'ils sont aujourd'hui. Ils se soumettent à l'oppression et à la cruauté du *yamen* ; ils supportent toutes les taxes illégales, et ils se ruinent à payer le « pressurage », qui n'existe que grâce à leur humble patience. Ils redoutent l'arrogance des personnages de haut rang et les dehors de l'autorité. Leur crainte de la révolte est telle, que tout en murmurant contre les impôts du magistrat, ils n'en continuent pas moins à satisfaire à ses demandes.

De nos jours, le cultivateur coréen est le type de l'enfant de la nature ; superstitieux, simple, patient et ignorant. Il est l'esclave de sa tâche, et il ne sort de son village que pour aller au marché voisin. Il croit avec terreur à l'existence des démons, des esprits et des dragons, dont les caricatures sales et grotesques ornent sa chaumière. Il y a d'autres traits caractéristiques dans ce vaste département de la vie nationale. La puissance de travail du paysan est illimitée ; il reste rarement sans rien faire, et contrairement à la majorité de ses compatriotes, il n'a pas le sens du repos. Comme agriculteur, il possède par instinct et par tradition certaines idées et certains principes qui sont excellents en eux-mêmes. À l'égard du voyageur et de l'étranger, le cultivateur exerce l'hospitalité la plus large. L'étranger qui cause avec les paysans des particularités de la nature du pays, de leurs terres, et des détails de leur vie en général, est frappé par le respect profond qu'ils témoignent pour tout ce qui dépasse leur compréhension, et par leur sentiment merveilleux du beau dans la nature. La simplicité de leurs remarques est délicieuse. On peut facilement s'apercevoir qu'ils sont plus sensibles au charme des fleurs et de la nature qu'à celui des femmes.

De loin en loin le cultivateur se paye un divertissement. Succombant aux tentations qu'offre le jour du marché, à la façon du cultivateur de tous les temps et de tous les pays, il revient à la maison ruiné au physique comme au moral, après s'être livré à l'ivresse et aux désordres qui sont la conséquence fatale de longs mois de morne privation et de bonne conduite. À ces moments-là, il fait preuve d'une énergie inattendue, emmenant de force quelque beauté du voisinage ou frappant un ami à la tête pour donner plus de force à ses arguments. À tous les points de vue possibles, il présente des qualités qui font de lui le simple, sinon l'idéal, enfant de la nature.

Pendant les nombreux mois de mon séjour en Corée, j'ai passé quelques jours dans une ferme au bord de la route, seul logement qu'on puisse trouver dans un village des montagnes. Le peu que je vis ainsi de l'existence des paysans était plein d'intérêt, de charme et de nouveauté. Au courant moi-même des vicissitudes de l'agriculture, je trouvai extrêmement instructif le travail quotidien de ce petit groupe. J'eus de nombreuses occasions d'observer la famille du fermier et ses voisins à l'ouvrage.

Leurs outils agricoles sont primitifs et peu nombreux : ils se composent d'une charrue, avec un fer mobile qui retourne les mottes dans le sens opposé de la nôtre ; d'une bêche, garnie de cordes et tirée par plusieurs hommes ; de fléaux et de râteaux en bambou, et d'une petite houe, tranchante et pesante, dont on se sert, selon les cas, pour moissonner, couper, ou sarcler, pour le gros ouvrage de la ferme ou pour les petits travaux de la maison.

Pendant la moisson, tous les bras disponibles sont employés aux champs. Les femmes coupent la récolte, les hommes lient les gerbes, que les enfants chargent sur des paniers de corde, placés sur un appareil en bois que portent les taureaux. Le grain est battu sans retard ; les hommes vident le contenu des paniers sur la route et se mettent à l'œuvre vigoureusement, gravement et sans interruption. Pendant que les hommes battaient avec leurs fléaux, le vent vannant le grain, six femmes, et parfois huit, faisaient mouvoir avec leurs pieds une lourde pièce de bois, d'où pendait un pilon de fer ou de granit au-dessus d'un profond mortier de granit. Cette méthode primitive et prompte suffit pour écraser le grain servant à la fabrication de la pâte grossière qui leur tient lieu de pain.

En dehors du taureau et du porc, il y a peu d'animaux de ferme dans les districts de l'intérieur. Le poney et l'âne ne sont pas employés aux travaux de la culture aussi souvent que le taureau. Ce dernier est traité avec beaucoup plus d'humanité que le malheureux poney, dont le bon naturel est ruiné par la dureté atroce avec laquelle il est mené. La cruauté grossière du Coréen envers son poney est l'un des traits les plus odieux de la vie nationale.

L'irrigation n'est nécessaire que pour le riz, qui donne des récoltes assez abondantes dans toute la Corée centrale et méridionale. Dans le nord, le riz fait place au millet, le grand complément de nourriture de la Corée. Ailleurs les champs de riz abondent et la population s'est initiée à la science de l'irrigation et de la distribution de l'eau. Le riz est semé en mai, transplanté de la pépinière aux champs en juin, et récolté en octobre. Dans les temps de sécheresse, où il est nécessaire de se tirer de la période de disette, on sème de l'orge, de l'avoine et du seigle, qui, mûrissant en mai et coupés en juin, permettent de faire une récolte supplémentaire. On prépare alors les champs pour le riz. On inonde la terre ; et le paysan et son taureau, dans l'eau jusqu'aux genoux, labourent les champs. On plante des haricots, des pois et des pommes de terre entre les sillons des champs de blé, la terre étant faite pour produire son maximum. Les récoltes sont habituellement excellentes.

Les champs diffèrent de ceux de la Chine, où les paysans, préférant de courts sillons, cultivent par petites sections. Les longs sillons des champs en Corée rappellent les méthodes occidentales, mais l'analogie s'arrête là. Le spectacle de ces terres bien cultivées est une révélation du combat ardent que ces populations opprimées soutiennent contre l'adversité. À beaucoup d'égards néanmoins, elles auraient besoin d'aide et de conseil. S'il était sage d'agir ainsi, je convertirais les missions des districts de l'intérieur en stations d'expériences agricoles, avec un démonstrateur attaché à chaque établissement.

AUX ENVIRONS DE SÉOUL. — VILLAGE ET INDIGÈNES DE LA MONTAGNE

Les Coréens tiennent particulièrement en honneur le riz, leur principale céréale. On dit qu'il est venu d'Haram, en Chine, à une époque aujourd'hui entourée de mystère et de fables — de 2838 à 2698 avant Jésus-Christ. Le nom lui-même, Syang-nong-si, signifie agriculture merveilleuse. Le nom fut sans doute donné plus tard. Le premier riz fut apporté en Corée par Ki-ja, en 1122 avant Jésus-Christ, en même temps que l'orge et les autres céréales. Avant cette époque, le seul grain cultivé en Corée était le millet. Il y a trois espèces de riz en Corée, avec une variété de sous-espèces. D'abord, celui qu'on cultive dans les champs de riz ordinaires. On nomme cette espèce *tap-kok*, ou riz de rizière. On s'en sert presque exclusivement pour faire de la bouillie. Il y a ensuite le *chun-kok*, ou riz de champ. On le surnomme riz des hauteurs. Il est plus sec que le riz de rizière, et on s'en sert beaucoup pour faire de la farine de riz et de la bière. La troisième espèce pousse exclusivement sur les pentes de montagnes ; c'est un riz sauvage. Il est plus petit et plus dur que les autres espèces ; pour cette raison, on s'en sert pour l'approvisionnement des garnisons. Il résiste mieux à la température. Dans les cas favorables, le riz de plaine se conserve cinq ans, tandis que le riz de montagne reste parfaitement bon pendant dix ans.

Après le riz viennent, comme importance, les différentes espèces de légumes à gousse, qui comprennent toutes les plantes légumineuses de la famille des fèves et des pois. On verra que la Corée est bien pourvue de ce précieux et nutritif aliment, à ce seul fait qu'il y a treize espèces de fèves rondes, deux espèces de fèves longues et cinq variétés de fèves mélangées. De toutes ces nombreuses sortes, la féverole est la plus commune. C'est l'espèce qui forme une si grande partie des exportations de la Corée. Les Coréens pensent qu'elle vient de la Chine du nord-ouest et son nom (fève de cheval ou féverole), de ce qu'elle est communément employée comme fourrage. Une seule variété peut être considérée comme indigène, la fève noire, et on ne la trouve nulle part ailleurs dans l'Asie orientale. L'origine des autres est douteuse. La féverole croît en très grande abondance dans la province de Kyöng-syang et dans l'île de Quelpart, quoique naturellement elle soit commune dans tout le pays. La fève noire abonde surtout dans la province de Chyöl-la. La fève verte, la fève à huile, la fève à coiffe blanche poussent dans la province de Kyöng-keui. La fève jaune se trouve dans la province de Hwang-hai ; la fève de la rivière du Sud se rencontre dans la province de Chyung-chyông ; la fève de grand-père (ainsi nommée à cause de ses rides) pousse n'importe où, mais pas en grande quantité.

L'ÉCRASAGE DU GRAIN

On ne pourrait trop estimer l'importance de ces différentes espèces de légumes à gousse pour les Coréens. Ils fournissent les éléments d'huile et d'azote qui manquent dans le riz. Comme nourriture, ils sont fortifiants, les propriétés nutritives du sol tonifiant tout le système. Les façons de préparer les fèves sont aussi nombreuses que les plats dans la composition desquels entre la farine ; il est impossible de les énumérer. En moyenne, les Coréens mangent environ six fois plus de riz que de fèves. Le prix des fèves est moitié de celui du riz, et le prix des deux est sujet à des variations. Il y a des espèces qui coûtent presque autant que le riz.

Le nom ordinaire de l'orge est *po-ri* ; en langage poétique les Coréens l'appellent la Cinquième Lune d'Automne, parce que c'est alors qu'on le récolte. L'orge a de la valeur pour les Coréens en ce sens que c'est le premier grain qui germe au printemps. Il occupe le paysan jusqu'au moment où le millet et le riz sont mûrs. L'orge et le blé sont largement cultivés dans toute la Corée pour faire du vin et de la bière. On peut les considérer comme presque aussi importants que les différentes espèces de légumes à gousse, bien que d'une autre façon. Les usages de l'orge sont nombreux. Lorsqu'il n'est pas employé directement comme nourriture farineuse, il se transforme en malt, en remède, en candi, en sirop et en une foule de petits plats accessoires. Le blé vient pour la plus grande part de la province de Pyöng-an, les autres provinces n'offrent que de petites récoltes. L'orge se récolte au printemps et à l'automne, mais pour le blé il n'y a que la récolte d'hiver. Les pauvres acceptent le blé en remplacement du riz et en font un gruau. On l'emploie comme pâte ; il sert dans la pharmacie indigène et dans les sacrifices qu'on célèbre au solstice d'été.

PROCÉDÉ PRIMITIF DE CULTURE. — UNE CHARRUE IMPROVISÉE

L'avoine, le millet et le sorgho sont d'autres céréales importantes en Corée. Il y a six variétés de millet ; le prix pour la meilleure qualité est le même que celui du riz. À l'origine, une seule de ces six variétés existait dans le pays. Le sorgho croît surtout dans la province de Kyong-syang. Toutefois, dans le sud, il pousse largement ; mais on l'emploie moins en Corée que le blé, le millet ou l'avoine. Il existe une curieuse différence entre le sorgho importé de Chine et le grain du pays. En Chine, le sorgho sert à faire du sucre ; quand ce grain contenant du sucre arrive en Corée, il est impossible d'en extraire le sucre. Deux espèces de sorgho sur les trois existant en Corée sont indigènes, la troisième vient de la Chine centrale. L'avoine compose le fond de la nourriture dans les régions de montagnes, où le riz n'existe pas ; on l'apprête comme ce dernier. Avec sa tige les Coréens font un excellent papier, dont on se sert dans les palais de l'empereur. On la cultive dans les provinces de Kang-won, Ham-kyöng et Pyöng-an.

Le Coréen est omnivore. Les oiseaux de l'air, les bêtes des champs, les poissons de la mer, rien ne lui semble mauvais. La viande de chien est très recherchée à certaines époques ; le porc et le bœuf, dont on n'a pas tiré le sang, volaille et gibier — les oiseaux cuits sans être vidés ni dépouillés des abatis, en leur laissant la tête et les pattes — le poisson séché au soleil et qui empoisonne, tout lui semble bon. La cuisson n'est pas toujours nécessaire ; une espèce de petit poisson est mangée crue, avec une sauce piquante. D'autres friandises sont les algues séchées, les crevettes, le vermicelle, que les femmes font avec de la farine de sarrasin et du blanc d'œuf, les graines de pin, les bulbes de lis, le miel, le blé, l'orge, le millet, le riz, le maïs, les pommes de terre et tous les légumes des potagers occidentaux et orientaux. La liste s'étend bien davantage encore.

SUR LA GRANDE ROUTE. — PAYSAN CORÉEN ET SON TAUREAU

CHAPITRE XI

LE JAPON EN CORÉE. — SOUVENIRS HISTORIQUES. — LE VIEUX FUSAN.

INTÉRÊTS POLITIQUES ET ÉCONOMIQUES. — ABUS DE SUPÉRIORITÉ.

La Corée méridionale porte les traces nombreuses de l'activité guerrière et de l'esprit d'entreprise commerciale des Japonais du temps passé, qui, abandonnant leur île et leur pays, vinrent s'établir sur les rivages de la péninsule voisine. L'existence précaire de ces épaves venues d'un autre État parmi une population profondément hostile aux étrangers, n'arrêta pas le mouvement de leurs compatriotes vers ses ports. Cette migration graduelle du Japon vers le Royaume Ermite continua pendant plusieurs siècles, établissant entre les deux races des relations que le gouvernement n'avait pas le pouvoir d'empêcher. Les historiens japonais se basent sur cette colonisation de la Corée pour déclarer qu'elle a été, depuis le deuxième siècle, un État vassal du Japon par droit de conquête et d'appropriation. Cette opinion, qui prévalut pendant dix-sept siècles, ne fut définitivement écartée que le 7 février 1897, date à laquelle l'ambassadeur du Mikado signa un traité à

Séoul, qui reconnaissait la Corée comme nation indépendante. Depuis le commencement de l'ère chrétienne jusqu'au quinzième siècle, les relations entre le Japon et la Corée furent très intimes. À partir de cette époque, la Corée, tout en maintenant son attitude de complaisante indifférence à l'égard des événements qui se passaient en dehors d'elle, montra des signes de faiblesse dans sa politique d'isolement, quand elle était menacée par les demandes importunes de ses voisines rivales, la Chine et le Japon.

Aux deux points de son empire qui avoisinent les territoires de la Chine et du Japon, la guerre et la paix prévalurent tour à tour. Si parfois les Coréens marchèrent seuls à la rencontre des envahisseurs, le plus souvent les chefs s'unirent à l'un des deux rivaux pour combattre l'autre. De la sorte, il y eut toujours de l'agitation d'un bout à l'autre du royaume. Au sud comme au nord, les vagues de la guerre ont déferlé et reflué avec des succès divers. Les armées chinoises, venues de l'ouest, apparurent et disparurent, longeant le golfe de Liao-tung, pour piller et ravager la péninsule. Des flottes venant de Shan-tung et traversant la mer Jaune, jetèrent l'ancre à l'embouchure des rivières du pays. L'Ouest fut menacé par les hordes venues de Chine, et le Sud fut ravagé par des hommes venus de l'est sur des navires, qui fondirent sur Fusan et s'emparèrent des villes méridionales. Les agressions des Japonais enlevèrent aux Coréens tout espoir, qu'ils avaient pu entretenir, de conserver intacte la frontière sud de leur royaume. Alors que des cordons de sentinelles en armes, des fortifications, la barrière des montagnes, et de vastes étendues de terres ruinées et abandonnées protégeaient jusqu'à un certain point la frontière du nord contre les incursions des soldats chinois, le Sud restait vulnérable.

Fusan était l'écluse par laquelle se déversait, pour inonder le pays, le fleuve japonais ennemi, fait d'un flot ininterrompu d'hommes. Les Japonais envahissaient la Corée comme des ennemis, levant le tribut ; ils venaient comme des alliés contre la Chine ; ils apparaissaient comme les envoyés d'un État ami, et s'en retournaient riches à la cour de leur souverain. Poussés par des sentiments de miséricorde, ils envoyèrent des navires remplis de grain à Fusan, alors que leurs voisins étaient en proie à la famine. Entre le Japon et Fusan, les navires allaient et venaient continuellement. Autour de ce débouché, l'unique porte ouverte sur la partie méridionale du royaume, l'important commerce d'aujourd'hui entre les deux pays est sorti d'un échange intermittent de denrées.

Pendant les années qui suivirent les premières arrivées, le Japon se trouva tellement embarrassé par des troubles intérieurs, que le royaume de Corée jouit d'une paix et d'un isolement qu'il avait toujours préférés, mais qu'il avait été difficile de s'assurer. Cet heureux état de choses dura deux siècles. À la fin de cette période, la cour de Corée n'envoyait plus son ambassade annuelle au Japon. Le royaume en général, bercé d'espérances de paix perpétuelle, n'entretenait plus ses moyens de défense. On négligeait les préparatifs militaires ; l'armée était désorganisée ; l'ancien esprit combatif du peuple se mourait, et la milice ne s'entraînait plus par des exercices. La dissipation et le libertinage régnaient partout. Pendant ce temps, l'ordre était rétabli au Japon, et ses soldats songeaient de nouveau aux conquêtes et aux exploits. On rappela à la Corée son état de vassale ; le roi reçut l'ordre de renouveler son acte d'obéissance. La réponse étant peu satisfaisante, on fit aussitôt des préparatifs pour une invasion. La flotte se réunit et les vaisseaux mirent à la voile. La mobilité qui devait plus tard distinguer les Japonais, caractérisa leurs mouvements dans cette campagne. Dix-huit jours après leur débarquement à Fusan, ils s'étaient emparés de la capitale et ils avaient frappé un coup, qui était de nature à faire comprendre enfin aux Coréens la gravité de leur situation.

Le rôle que Fusan joua dans cette guerre, aida matériellement les envahisseurs japonais. Une colonie établie à Fusan et qui avait été fondée longtemps auparavant par les gens de Daimio, de l'île de Tsu-Shima, aidés de commerçants ambulants et de déserteurs provenant des nombreuses expéditions qui avaient visité ses rives, s'était développée dans de telles proportions que lorsque l'escadre japonaise apparut en face du port, le matin du 25 mai 1592, Fusan était déjà en sa possession. Cette circonstance donna aux troupes des facilités immédiates pour débarquer, et dans les vicissitudes d'une campagne qui dura six ans, facilita la guerre. La position de Fusan fit promptement de cette place une base de ravitaillement pour l'armée d'occupation et un chantier de réparations pour la flotte japonaise après son engagement désastreux avec les vaisseaux coréens, en essayant de coopérer avec les forces victorieuses que

Konischi et Kuroda avaient réunies devant Pyong-yang. Après la première invasion, lorsque les Japonais battant en retraite se furent retirés du nord, devant les forces combinées des Chinois et des Coréens, le 22 mai 1593, Fusan devint un des camps fortifiés de la côte, où l'armée japonaise passa l'hiver en vue des côtes de son pays. Les négociations qui s'ouvrirent l'année suivante, et qui s'engagèrent entre le camp du commandant en chef à Fusan et les cours de Chine et du Japon, échouèrent.

Même à cette époque, le Japon désirait établir sa domination sur la Corée, en s'emparant des provinces méridionales. Trompé dans ses espérances, il renouvela son attaque. Fusan devint à nouveau le siège des conseils de guerre et la base pour une seconde invasion. Les opérations commencèrent par le siège de la forteresse de Nan-on, dans la province de Chyöl-la, le 21 septembre 1597 au matin. Un an plus tard, les Japonais durent se retirer et la guerre finit. Il fallut deux siècles à la Corée pour se relever de l'état de ruine où l'avait plongée cette guerre, qui causa la perte de trois cent mille hommes. De plus, les Japonais gardèrent Fusan, comme témoignage perpétuel de leur victoire.

Cette antique prétention élevée par les Japonais sur les provinces méridionales montre clairement combien leur désir d'annexer la partie sud de la Corée est de vieille date. Dans les temps modernes, ils se sont embarqués dans une guerre dans l'intérêt de la Corée, et aujourd'hui ils sont prêts à entrer en lutte avec la Russie au nom de cette même nation qu'eux-mêmes oppriment constamment. Leur plaidoyer pour la Corée aux Coréens est en étrange contraste avec leur domination arbitraire sur le territoire convoité. Les intérêts que se sont ménagés les Japonais dans toute cette région, ne témoignent pas en vérité d'une grande considération pour le droit des indigènes. Le traité de 1876, qui ouvrit Fusan aux colons japonais, supprima les obstacles à cette immigration qui s'était rapidement accrue au cours des siècles. Une vague de colonisation japonaise couvrit aussitôt les côtes orientale, occidentale et méridionale du Royaume Ermite.

Les indices des incursions antérieures étaient fournis par l'affinité existant entre la langue, les mœurs et les coutumes de ces nouveaux arrivants et celles de la race indigène. Cette affinité contribua puissamment à diminuer l'hostilité de la population envers les colons. Ne pouvant obtenir la cession du territoire qu'ils désiraient tant, des groupes de Japonais s'établirent sur ses bords. Ils s'installèrent partout où il y avait des chances de commerce, jusqu'à ce qu'ils eussent drainé dans tous les sens les ressources du pays et que le contrôle du commerce fût virtuellement entre leurs mains. À mesure que d'autres ports étaient ouverts, à l'instigation persistante de ces opiniâtres trafiquants, la colonisation du Sud se développa moins rapidement. Les relations entre la Corée et les puissances se modifiant, les Japonais gagnèrent du terrain, établissant quelques petites industries à leur avantage partout où ils allaient. Le commerce suivait leur pavillon, soit qu'ils fussent établis dans les limites des ports à traité, soit qu'en forçant la main des fonctionnaires locaux, ils fussent allés au delà des limites fixées par leurs conventions. Le succès de ces efforts fut vite assuré. En dépit des stipulations des traités et de l'opposition de leur propre gouvernement aussi bien que de celle du gouvernement coréen, l'infatigable activité de ces pionniers de la génération précédente prépara inconsciemment cette suprématie à laquelle le commerce du Japon est depuis lors parvenu dans le pays de son ancienne ennemie.

LA GARDE DE LA LÉGATION JAPONAISE À SÉOUL

L'expansion des intérêts du Japon en Corée ne s'est pas accomplie sans intentions politiques. L'intégrité de sa voisine est liée à sa propre existence. La sécurité de la Corée est une garantie de la sûreté de ses propres frontières ; et à mesure que le Japon est peu à peu devenu une puissance de premier ordre, ce désir de voir le royaume respecté a de plus en plus inspiré la politique vers laquelle il a concentré son effort. Il a encouragé le commerce avec la Corée parce qu'il resserrait les liens qui unissent les deux pays.

Il a poussé à l'ouverture des ports, du plus de ports possible, au commerce étranger, parce que sa prépondérance commerciale sur ces marchés ouverts justifie sa prétention d'être le champion légitime de la race. Les progrès de la Corée, depuis que s'exerce la surveillance japonaise, sont évidents, plus évidents que n'importe laquelle des difficultés causées par les Japonais en malmenant et en contraignant les Coréens. Si, à l'occasion, les résultats ont montré que les aveugles ne peuvent conduire les aveugles sans désastre, la rareté des erreurs commises fait honneur au jugement dont les Japonais ont fait preuve. Cette association est naturellement dirigée contre les étrangers. En écartant ces maîtres occidentaux, dont le génie et les talents administratifs le protégèrent au temps de son ignorance, le Japon attend avec impatience le moment où il pourra seul avoir la garde des intérêts de la Corée et approvisionner ses marchés. Pour le moment on peut toutefois se demander si les Coréens auront dominé leurs sentiments d'animosité vis-à-vis des Japonais, au temps où ceux-ci se montreront pleinement animés de l'esprit de progrès dans leur façon d'agir à leur égard. Les Japonais sont plus autoritaires et dominateurs dans leurs méthodes qu'il ne le faudrait.

L'évidence extérieure de la puissance des Japonais irrite les Coréens ; et cela augmente l'invincible aversion que ceux-ci leur ont inspirée à travers les siècles, au point que de toutes les races étrangères actuellement représentées en

Corée, aucune n'est aussi détestée, et à juste titre, que celle qui vient de l'empire du Mikado. Ce préjugé n'a rien d'étonnant, si l'on considère que c'est l'écume de la nation japonaise qui s'est établie en Corée. On peut trouver surprenant, peut-être, que l'animosité des Coréens à l'égard des Japonais ne se soit pas éteinte avec le temps ; mais la faute en est entièrement à ces derniers. Tant de choses ont eu lieu, ces dernières années, qui ont changé la situation du Japon et flatté la vanité des gens de l'île, qu'ils ont perdu le sens de la perspective. Bouffis de vanité, ils se laissent aller aujourd'hui à commettre des excès sociaux et administratifs du genre le plus détestable. Leur arrogance extravagante les empêche de voir les absurdités et les folies de leur conduite, et prouve d'une manière manifeste que leur apparence de civilisation n'est qu'un simple placage. Leur conduite en Corée les montre dépourvus de qualités morales et intellectuelles. Ils sont corrompus en affaires, et l'habitude des pratiques peu honorables dans la vie publique les rend indifférents aux vertus privées. Leur interprétation des lois de leurs colonies, comme s'il s'agissait de leur propre pays, est abusive. La force est le droit pour eux ; le sentiment du pouvoir n'est tempéré ni par la raison, ni par la justice, ni par la générosité. Leur existence au jour le jour, leurs habitudes et leurs mœurs, leur corruption commerciale et sociale, constituent comme une caricature de la civilisation qu'ils se vantent d'avoir étudiée. Il est intolérable qu'un gouvernement qui prétend à la dignité d'une puissance de premier ordre, permette à ses nationaux établis dans un pays étranger et ami, de souiller ainsi son prestige, et d'être une honte pour le pays qui leur donne asile.

CONSULAT DU JAPON À SÉOUL

Il y a vingt-cinq mille Japonais en Corée et ils sont la plaie de tous les ports à traité. Leurs colonies sont à la fois des centres d'affaires, de tumulte, d'émeute et de troubles. On ne retrouve rien de la culture délicate du Japon dans ces femmes débraillées, ces boutiquiers bruyants et violents, ces rues mal tenues. La modestie, la propreté et la politesse, qui caractérisent à un si haut point les Japonais, sont ici totalement absentes. C'est la transplantation qui les a ainsi métamorphosés. Le marchand s'est changé en une brute tapageuse ; l'homme de peine est impudent, violent, et en général un rebut de la société, plus disposé à voler qu'à travailler. Patrons et ouvriers terrorisent également les Coréens, qui craignent pour leur vie chaque fois qu'ils ont affaire à des Japonais. Avant la guerre sino-japonaise, cet esprit n'était pas aussi visible dans la capitale du Royaume Ermite. À la suite des succès remportés dans cette campagne, les Japonais devinrent tellement agressifs à l'égard du peuple, que si les Coréens avaient eu le choix entre deux maux, ils auraient préféré la domination chinoise à l'état de choses dont ils souffraient. L'admiration universelle que valut aux troupes japonaises leur conduite dans la campagne de 1900-1901 au nord de la Chine, a encore accru la vanité et l'égoïsme de ces Japonais de Corée. Convaincus de leur supériorité innée, leur violence vis-à-vis des Coréens s'exerce sans frein. Elle menace aujourd'hui de prendre des proportions inusitées. Si les relations entre les puissances doivent continuer sur un pied satisfaisant en Corée, il faudra bien que le gouvernement japonais se décide à mettre un terme à des abus, qu'à l'unanimité, les étrangers, les Coréens, voire des Japonais même, ont dénoncés.

CHAPITRE XII

INTÉRÊTS ANGLAIS, AMÉRICAINS, JAPONAIS, FRANÇAIS,
ALLEMANDS ET BELGES.

CHEMINS DE FER FICTIFS ET MINES. — CONTREFAÇONS IMPORTÉES.

À l'exception de la Grande-Bretagne, l'exemple des Japonais en Corée a suscité une activité correspondante de la part des nations occidentales. Tout visage nouveau provoque à Séoul des bruits et des commentaires. Tant que le nouvel arrivant n'a pas prouvé qu'il n'était qu'un inoffensif correspondant, il règne un véritable émoi dans le colombier ministériel. Les conjectures vont leur train, quant aux chances qu'il a d'obtenir la concession particulière pour laquelle on sait, naturellement, qu'il vient d'Europe, d'Asie, d'Afrique ou d Amérique. La première place parmi les concessionnaires est très également partagée entre le Japon et l'Amérique. En mettant à part les intérêts du Japon, ceux de l'Amérique sont certainement les premiers. L'Allemagne et la Russie s'emploient activement à créer des moyens de développer leurs relations avec les industries du pays ; l'Italie et la Belgique se sont assuré une place ; seule la

Grande-Bretagne considère avec indifférence les marchés de la Corée.

Je me propose, en ce chapitre, de décrire brièvement la situation exacte qu'occupent en Corée les intérêts manufacturiers et industriels des pays étrangers ; j'ajoute un tableau qui, j'espère, attirera l'attention des fabricants anglais sur les moyens qu'emploient les maisons japonaises pour réussir à satisfaire aux demandes du marché coréen. Les Japonais ont un avantage dans la proximité de leurs centres de production ; un autre facteur de leur suprématie est l'entente qui règne parmi tous les établissements japonais pour boycotter les produits étrangers.

VUE GÉNÉRALE DE SÉOUL ET DU QUARTIER JAPONAIS

Un fait procurera peut-être une légère consolation aux fabricants anglais, c'est qu'il reste beaucoup d'articles qui défient les facultés d'imitation des Japonais. Ce sont surtout les produits de Manchester qui se démontrent supérieurs à tout ce qu'on peut leur opposer. On a vu, par exemple, qu'il était impossible d'imiter les tissus teints de Manchester, et la concurrence japonaise ne peut diminuer le succès de ce produit particulier. Les *glass-cloth* chinois ont néanmoins fait beaucoup tomber les linons anglais. Le fabricant chinois, qui n'est gêné par aucune élévation du coût de la production et du transport, peut offrir un produit supérieur et d'un meilleur usage, à un prix moins élevé. En outre, malgré la prétendue supériorité des locomotives américaines sur les locomotives anglaises, le matériel roulant, de fabrication anglaise, sur les chemins de fer japonais en Corée, a conservé sa situation. Il est agréable d'apprendre qu'une certaine partie du matériel de l'ancienne ligne de Chemulpo à Séoul, et du nouveau prolongement sur Fusan, a été acheté en Angleterre. M. Bennett, directeur de la maison Holme Ringer et Cie, la seule maison anglaise existant en Corée, à qui fut confiée la commande de la compagnie japonaise, m'a dit que les rails d'acier et les éclisses importés viennent de Cammel et Cie, les roues et les essieux, de Vickers, et qu'une forte commande de hangars à marchandises en tôle tuyautée a été adressée a Wolverhampton. Les locomotives viennent de Sheffield. La compagnie japonaise a stipulé expressément que les matériaux seraient de fabrication anglaise ; ce fut uniquement par suite de l'extrême retard mis par certaines maisons anglaises à envoyer leurs catalogues et leurs devis qu'une commande, comprenant un fort envoi de fil de fer, de clous et de fil télégraphique en acier galvanisé fut adressée en Amérique. Cette lenteur a un effet désastreux sur les industries anglaises. L'empereur de Corée chargea M. Bennett de commander quarante téléphones, des tableaux pour les changements, de lignes, des claviers et des instruments, enfin le matériel complet. La maison Ericson, de Stockholm, envoya, en triple, des prix de câble, et expédia par colis express des catalogues, des photographies et des caisses contenant des modèles de leurs différents genres, ainsi que des échantillons de câbles marins et terrestres. L'une des deux maisons anglaises, à qui la commande avait été soumise, ne répondit pas. L'autre, après deux mois, se décida à écrire une lettre pour s'enquérir des propriétés chimiques du sol et des influences climatériques auxquelles les fils, les tableaux et les instruments seraient soumis !

Le rôle que joue la Grande-Bretagne en Corée est dépourvu de toute grande signification commerciale ou politique. Une incompréhensible inaction caractérise la politique anglaise, là comme ailleurs. Je me plais cependant à citer une entreprise, de formation anglo-chinoise : la Compagnie anonyme de cigarettes et de tabac d'Orient. Le capital de la Compagnie est déposé à Hong-Kong. Depuis le mois de mai 1902, la compagnie s'est occupée, à Chemulpo, de la manufacture de cigarettes de trois sortes, en tabac de Richmond et de Corée. Actuellement elle possède des machines capables de débiter chaque jour un million de cigarettes. Dans ses débuts, la compagnie était réduite à une existence assez précaire, les premières semaines n'amenant aucun profit. Maintenant l'aube de temps meilleurs a lui, et un brillant avenir n'est pas impossible. Les transactions au comptant, pour la vente des cigarettes fabriquées par la compagnie, ont commencé en juillet 1902, produisant à la fin de février 1903 une somme de 1.515 livres sterling ; il faut ajouter à cela la vente à crédit s'élevant à 896 livres sterling ; ce qui fait un total de 2.411 livres sterling pour ses premiers mois d'existence. Un nombreux personnel d'ouvriers indigènes y est constamment occupé.

En dehors de cette compagnie et de la société minière, l'activité industrielle anglaise se réduit presque exclusivement à l'agence que M. Bennett dirige si habilement à Chemulpo et dont une succursale est établie dans la capitale, et à

L'« ASTREA » DE LA MARINE ANGLAISE

l'Hôtel de la Gare que M. Emberley dirige à Séoul. M. Jordan, le ministre anglais en Corée, a demandé, en juin 1903, la concession d'une mine d'or de cinq milles carrés dans la province de Hwang-haï. À part cela, l'apathie des négociants anglais ne peut être considérée comme étrange, lorsque des maisons de Londres envoient des catalogues, destinés à Chemulpo, avec cette adresse : Le Vice-Consul anglais, : Corée, *Afrique*. La Corée, soit dit en passant, ne fait pas non plus partie de la Chine.

M. Emberley a établi dans la capitale un hôtel confortable et très prospère et, à Chemulpo, M. Bennett a frayé la voie à tout ce qui existe de commerce anglais en Corée. Les intérêts anglais sont admirablement sauvegardés entre ses mains, et si les négociants voulaient coopérer à son effort, on pourrait créer d'excellentes affaires, en dépit de la concurrence et de la contrefaçon japonaises. À cet égard, il serait déraisonnable d'attendre des commerçants anglais qu'ils se conforment à la coutume, qui règne parmi les marchands chinois, d'accorder un crédit à long terme aux maisons coréennes. Les banques étrangères en Extrême-Orient prennent 7 ou 8 % par an et les banques du pays de 10 à 14 %, taux beaucoup plus élevées que ceux de la métropole. Dans l'opinion de M. Bennett qui est, sans nul doute, l'un des hommes d'affaires les plus fins en Extrême-Orient, il y aurait un grand relèvement du chiffre des douanes se rapportant aux importations anglaises, si les commerçants de la métropole envoyaient les marchandises en dépôt aux maisons de commerce coréennes dont la situation et les garanties à la banque sont au-dessus de tout soupçon, et ne leur faisaient payer les intérêts qu'aux taux ordinaires de la métropole. Une compagnie américaine, qui fait de grosses affaires avec la Corée, ne fait jamais traite avec ses envois, et retire de là de grands avantages sur ses concurrents.

LA LÉGATION D'ANGLETERRE

J'attire l'attention des expéditeurs anglais sur cette méthode, spécialement parce que le commerce en Corée dépend étroitement de la récolte de riz. À la suite d'une mauvaise récolte, une baisse des prix se produit. Alors les importateurs, qui ont fait leurs commandes à l'avance, se trouvent dans un terrible embarras. Les marchandises leur restent entre les mains — quelquefois pendant un an ou même plus — et ils sont acculés à la nécessité de faire face aux taux excessifs d'intérêts communs en Extrême-Orient. Si le fabricant pouvait satisfaire le marchand en ne lui faisant payer que l'intérêt conforme au taux de la métropole, l'importateur de produits anglais serait plus porté à faire des affaires et à aller de l'avant. Actuellement le marchand doit courir le risque de faire sa commande au printemps pour qu'elle lui parvienne en automne, et vice versa ; d'autre part, la Chine et le Japon n'étant qu'à quelques jours de distance de la Corée, l'importateur préfère attendre l'achèvement de la récolte du riz, et alors, comme l'occasion se présente, il câble à Shanghaï, à Osaka ou ailleurs, pour commander ce dont il a besoin.

Parmi la colonie anglaise en Corée, qui comprend cent quarante et un individus, il y a le contingent habituel d'ecclésiastiques et de sœurs infirmières, sous là direction de l'évêque Corfe, chef de la mission anglaise à Séoul. Mlle Cooke, une doctoresse distinguée, très aimée dans la colonie anglaise, est établie à Séoul. Un grand nombre d'Anglais sont employés aux Douanes coréennes. Par les services qu'ils rendent, ils collaborent à la magnifique entreprise qu'a créée M. McLeavy Brown, et ils sont au-dessus de toute critique. M. McLeavy Brown est le premier à reconnaître combien le dévouement de son personnel a contribué au succès qu'il obtient.

CABINET DE CONSULTATION DE LA DOCTORESSE ANGLAISE MISS COOKE, MÉDECIN DE LA MAISON IMPÉRIALE

L'importance du commerce américain en Corée est indéniable. Il est de caractère complexe, étudié de près et à fond, protégé par le ministre, soutenu énergiquement par les missionnaires américains, et dirigé par deux maisons de commerce, qui connaissent toujours les besoins de la Corée, avant que les Coréens eux-mêmes s'en soient rendu compte. C'est là, je pense, justement ce qu'il faut. Les témoignages de l'activité américaine, rien que dans la capitale, sont de toutes parts évidents. À Séoul, la compagnie des Tramways électriques, la compagnie d'Éclairage électrique et la compagnie des Eaux de source ont été créées par l'activité américaine, soutenue par la vivacité et l'acuité d'intelligence des deux concessionnaires dont je viens de parler, et renforcée des petits moyens diplomatiques mis en œuvre par le ministre américain. La concession du Chemin de fer Séoul-Chemulpo a également été obtenue par un Américain, M. Morse, l'agent de la Compagnie Commerciale américaine, et cédée par la suite à la Compagnie japonaise qui la possède aujourd'hui. Le privilège de la Banque nationale de Corée a de même été accordé aux Américains, et elle est à présent envoie de formation. La seule mine, en Corée, qui offre un rendement, est aux mains d'un syndicat américain ; et il faut dire en passant que le Dr Allen, le ministre américain, possède une suffisante connaissance de la langue coréenne.

Il y a une forte colonie américaine en Corée, s'élevant au chiffre de deux cent quarante individus. Une centaine vivent à Séoul ; soixante-cinq sont employés à la mine américaine de Un-San ; trente-quatre habitent Pyong-yang ; cinq sont au service du gouvernement coréen ; dix travaillent au chemin de fer ; deux dont j'ai parlé, sont dans les affaires, et le reste comprend le personnel de la Légation, celui du Consulat et une variété de missionnaires. Le commerce américain avec la Corée comprend : la cérosine, la farine, les machines pour les mines, les fournitures pour les chemins de fer et les mines, les produits de ménage et les instruments agricoles, les vêtements et les comestibles, les coutils, les toiles à draps, les cotons, et le fil de coton. La mine américaine de Un-San occupe dix-sept Japonais, cent trente-trois Chinois, cent Européens, dont trente-cinq sont des Américains, et quatre mille indigènes, dont les salaires sont de 80 centimes à 1 fr. 45 par jour. La société qui a acquis cette concession possède cinq autres mines qui fonctionnent avec un très grand succès ; quatre usines, deux de quarante bocards, et deux de vingt-deux, sont de vieille date. Une usine supplémentaire de quatre-vingts bocards est de construction plus récente.

En 1901, la Compagnie a exporté de l'or pour la somme de 150.000 livres sterling, et, l'année suivante, cette somme a été très fortement dépassée. La concession a une étendue de huit cent milles carrés.

UN CAVALIER JAPONAIS

L'avenir seul prouvera si la Corée doit être absorbée par les Japonais. Pour le moment, la population japonaise dépasse vingt mille âmes ; l'estimation réelle est de moins de vingt-cinq mille âmes. Les Japonais ont la direction du chemin de fer de Chemulpo à Séoul, de même que l'importante grande ligne de Fusan, dont les travaux sont actuellement en cours, et qui est sous la surveillance immédiate du gouvernement japonais. Le capital de la compagnie est de 25 millions de yens (2.500.000 liv. st.), et doit être prélevé au moyen de versements annuels de 5 millions de yens, à compter du moment où un dixième du premier versement de cinq millions de yens a été fourni. On a donné les premiers coups de pioche à Fusan, le 21 septembre, et à Yong-ton-po, le 20 août, de l'année 1901. Depuis lors, le gouvernement japonais s'est déclaré responsable du paiement des obligations, et a garanti 6 % sur le capital souscrit de la compagnie, pour une période de quinze ans[1], L'action vaut 5 livres sterling, le paiement est exigible sur demande, et chaque versement est de dix shillings par action. Les 400.000 actions qui formaient la première répartition, furent immédiatement souscrites ; seuls les Japonais et les Coréens avaient le droit d'être actionnaires. Le coût de là ligne est de 9.000 livres sterling par mille, Le travail est achevé jusqu'à Syu-won, sur une distance de vingt-six milles, que parcourent déjà les trains. La construction est, naturellement, poussée avec une grande rapidité, et les équipes d'ouvriers sont distribuées sur un grand nombre de points le long de la ligne.

La longueur de la voie ferrée Séoul-Fusan, sera de 287 milles. On espère bien que le travail sera achevé en six ans. Il y aura une quarantaine de stations, en comprenant les deux terminus et on compte, peut-être avec un peu d'optimisme, qu'on accomplira en douze heures le voyage de Fusan à Séoul, ce qui fait une moyenne de vingt-quatre milles à l'heure, y compris les arrêts, la vitesse réelle étant d'une trentaine de milles à l'heure environ. Comme actuellement on met un peu moins de deux heures pour aller de Séoul à Chemulpo, distants l'un de l'autre de vingt-cinq milles, on voit qu'il faudra faire un progrès considérable pour franchir en douze heures la distance de Séoul à Fusan.

MARCHANDS AMBULANTS AU BORD DE LA VOIE FERRÉE

Pendant les premiers kilomètres, la ligne empruntera celle de Séoul à Chemulpo. On partira de la gare qui est auprès de la porte sud de la capitale ; le premier arrêt aura lieu à Yong-san, et le troisième à No-dol. À partir de la station suivante, Yong-tong-po, le chemin de fer abandonne la ligne Séoul-Chemulpo pour se diriger droit vers le sud jusqu'à Si-heung, après quoi il s'incline légèrement vers l'est jusqu'à An-yang et Syu-won, qui est à environ trente-six milles de Séoul. À cet endroit, le chemin de fer se dirige à nouveau vers le sud, traverse Tai-hoang-kyo, O-san-tong et Chin-eui, où il franchit la limite qui sépare la province de Kyöng-keui de celle de Chyung-chyöng, et atteint la ville de Pyöng-tak. La voie suit alors la côte, se dirigeant droit au sud vers Tun-po, où elle touche la mer, et, continuant vers le sud, atteint On-yang, qui est à soixante-neuf milles de Séoul. Elle s'incline ensuite vers le sud-est jusqu'à Chyön-eui et, reprenant aussitôt la direction sud, traverse la Keum, une rivière fameuse, et atteint la ville importante de Kong-chyu. De Kong-chyu, qui est à quatre-vingt-seize milles de Séoul et qui, par les facilités qu'il offre au transport par eau, est destiné à devenir le centre d'un transit important, la ligne suit la direction sud vers Sin-gyo, où on construira, vers le sud-ouest, un important embranchement pour relier Kang-kyöng, le principal centre commercial de la province, à la grande ligne. Il est également probable qu'on prolongera la ligne partant de Sin-gyo vers le sud-ouest, afin d'établir des communications avec Mok-po, le port de la côte par lequel passe le commerce de grains des provinces de Chyöl-la et de Kyöng-syang.

La voie ferrée touche la ville de Sin-gyo, à cent vingt-cinq milles de Séoul ; à partir de là, elle se dirige brusquement vers l'est, passe à Ryon-san, traverse un contrefort occidental de la grande chaîne de montagnes de la péninsule et atteint Rhin-san. Le chemin de fer suit la direction est jusqu'à Keum-san, traverse le bras sud de la rivière Yang dans son cours supérieur, et, après avoir suivi pendant quelque temps la rivière dans la direction du nord-est, utilise une brèche dans les montagnes, par où passe la rivière Yang, traverse le cours d'eau et se dirige en droite ligne vers l'est, par Yang-san, jusqu'à Yong-dong, à cent quarante et un milles de Séoul. De Yong-dong, il se dirige au nord-est vers Whan-gan, qui est à cent cinquante-trois milles de Séoul, endroit situé tout près de la chaîne de montagnes à quelques milles de la passe de Ghyu-pung — qui exigera beaucoup d'habileté de la part des ingénieurs, pour pouvoir être franchie. À la sortie de la passe, s'inclinant un peu vers le sud-est, il se dirige vers la rivière Nag-tong, en passant par Keum-san, franchit la rivière à Wai-koan, à quelques milles au nord-est de Tai-ku, une ville d'importance historique à environ deux cents milles de Séoul. Il suit alors la vallée de Nak-tong, à l'est de la rivière, passe par Hyon-pung, Chyang-pyong, Ryong-san, Syok-kyo-chyon, Ryang-san, Mun-chyon, Tong-lai, où il rejoint le Nak-tong. Depuis Tai-ku, la voie suit la direction sud-est jusqu'à Fusan, d'où elle côtoie la rivière. À Kwipo, elle la franchit pour gagner la ville indigène du Vieux Fusan, et de là contourne la baie jusqu'au terminus sur le port.

Ce chemin de fer, pour lequel sont exécutés de vastes travaux d'amendement dans le port de Fusan, est déjà à l'heure actuelle un facteur économique de très grande importance. Cela est plus particulièrement évident si on se souvient que la contrée qu'il traverse est comme le grenier de la. Corée. Des développements importants suivront l'achèvement de l'entreprise, et la position du Japon en Corée sera plus solidement affermie par cette œuvre que par tout ce qu'il a pu faire auparavant pour établir sa domination sur le pays. Elle provoquera le développement rapide des ressources agricoles et minières de la Corée méridionale, et ces pays devenant accessibles par chemin de fer, on ne voit pas trop comment un afflux d'immigrants et de colons japonais dans le sud du royaume pourra être évité. La situation présente déjà un côté sérieux pour le gouvernement, car la plupart des ouvriers qui travaillent à la construction du chemin de fer Séoul-Fusan ont manifesté l'intention de s'établir définitivement dans le pays. La compagnie, qui possède une bande de terre de chaque côté de la ligne, a accordé à chacun de ces nouveaux colons un terrain pour qu'il s'y établisse. Pendant que l'homme travaille à la ligne, sa famille bâtit la maison et commence à retourner la terre. Que la compagnie ait été fondée ou non à prendre cette mesure dans de telles proportions, il n'en résulte pas moins qu'une ligné continue de colons japonais s'étend à travers le cœur même de la Corée méridionale, de Séoul à Fusan.

DÉTACHEMENT DE POLICE ENTRETENUE À FUSAN PAR LE GOUVERNEMENT JAPONAIS

De temps à autre, le gouvernement japonais s'est lui-même efforcé de refouler le torrent de l'émigration japonaise en Corée. Mais le succès des colonies qui y sont déjà établies rend cette tâche difficile, et dans l'avenir le gouvernement devra probablement y renoncer. Une fois le chemin de fer achevé, le grand élan qu'il communiquera à l'agriculture dans la partie sud de l'Empire, provoquera la venue de milliers de nouveaux colons. Quelque opposition que le gouvernement coréen tente contre cette invasion, il est absolument certain que, le cœur même de la région agricole s'offrant à découvert, la Corée doit s'attendre à voir une augmentation rapide de sa population japonaise déjà nombreuse. L'influence du Japon est déjà prépondérante en Corée. Elle prédomine au palais, et elle est soutenue par des colonies sur tous les points du royaume. Dans la capitale même, il y a une florissante colonie composée de quatre mille adultes. Le Japon a établi sa propre police, a créé son propre service des postes, ses téléphones, son réseau de télégraphes avec et sans fil. Il a ouvert des mines — la principale est à Chik-san — et introduit de nombreuses réformes sociales et politiques, tout en étant d'ailleurs le plus grand facteur économique dans le commerce de l'empire.

Les concessions obtenues par les Français en Corée se sont peu développées. Une concession de chemin de fer a été délaissée il y a quelques années ; et un privilège, comprenant certains droits miniers, est presque expiré. M. Colin de Plancy, l'aimable et énergique ministre français en Corée, à réussi toutefois à régler à nouveau les conditions de la concession abandonnée. De plus, il a demandé une nouvelle concession de mine d'or dans la province de Chyung-Chyong. La concession, qui a été renouvelée, avait été accordée en 1896 ; mais le terme convenu était expiré depuis longtemps et elle n'avait été retirée que récemment. Par l'ancienne convention, un syndicat français, la compagnie de

Fives-Lille, reçut un privilège pour construire une ligne de chemin de fer entre Séoul et Wi-ju, l'important port frontière à l'embouchure du Yalu. La construction de cette ligne, qui formera, avec le chemin de fer Séoul-Fusan, la principale grande ligne du royaume, ne sera plus désormais l'entreprise particulière d'un syndicat français, car le gouvernement impérial a résolu de construire cette voie lui-même. Il y a deux ans, le ministre français a réussi à intéresser à nouveau le gouvernement coréen au projet ; il a stipulé qu'on n'emploierait que des ingénieurs français, et que le matériel de l'œuvre nouvelle serait fourni par des maisons françaises. À la suite de ce succès diplomatique, M. Colin de Plancy provoqua, un peu plus tard, la création du bureau du chemin de fer du Nord-Ouest, dont le premier secrétaire de la Légation française, M. G. Lefèvre, a été nommé directeur, avec Yi Yong-ik comme président. M. de Lapeyrière fut nommé ingénieur en chef du chemin de fer ; M. Bourdaret et une petite armée d'ingénieurs français, de chefs d'ateliers, de contremaîtres et d'habiles ouvriers furent inscrits sur les contrôles de la compagnie.

Le gouvernement coréen garantit un versement annuel de cent mille yens (10.000 liv. st.) pour le chemin de fer, et les travaux commencèrent au printemps de l'année 1902. Ils furent toutefois interrompus pendant la saison des pluies. Le travail fut repris en automne et, après une courte période d'activité, s'arrêta de nouveau. Le manque de fonds fut probablement la raison de cette interruption ; cependant le gouvernement refusa une offre, venant d'un financier russe, qui sollicitait le droit de construire la ligne. La première portion de la ligne traverse des districts renommés pour leurs richesses minérales et agricoles, et réunit la capitale d'aujourd'hui, Séoul, à deux villes qui furent autrefois le siège du gouvernement, et qui sont encore, à l'heure actuelle, riches et populeuses, Song-do et Pyong-Yang. On se propose d'achever tout de suite la ligne jusqu'à Song-do et de la pousser vers Wi-ju, dans l'espoir de rejoindre le réseau du Transsibérien, quand le gouvernement pourra fournir les fonds. La distance de Séoul a Song-do, par la voie ferrée, est de quatre-vingts kilomètres. En chiffres ronds, le coût de la construction s'élève à environ 260.000 livres sterling ; les recettes sont évaluées à 12.000 livres sterling, dont 10.000 produites par les voyageurs. Les frais annuels de l'entreprise s'élèvent à 8.000 livres sterling, et on ce espère » que le chemin de fer Séoul à Song-do pourra être inauguré dans deux ans. Ces chiffres auraient peut-être besoin d'être vérifiés.

L'examen du terrain de la ligne entre Séoul et Song-do montre, jusqu'à un certain point, quel travail attend les ingénieurs français. Les pentes sont d'environ 6 m. 13 par mille ; les remblais et le terrassement donnent environ 13.000 mètres cubes par kilomètre ; vingt-six pour cent de la ligne sera en courbe, le rayon de la courbe la plus accentuée étant d'environ 200 mètres ; vingt-cinq ponts de dimension moyenne et cent cinquante petits ponts et ponceaux figurent dans la construction.

On traversera, dans les premiers temps, la rivière Im-chin, au moyen d'un bac ; plus tard, toutefois, un pont d'une longueur de 150 mètres joindra les deux rives. La largeur de la voie sera de 1 m. 43 ; les traverses auront 2 m. 50 de long, 30 centimètres de large, et 125 millimètres d'épaisseur. Il y aura 1.700 mètres de voie de garage, et une ligne détachée, de 1.300 mètres, ira rejoindre Han-chu, sur la rivière Han. Entre Séoul et Song-do, il y aura six stations et quatre postes de signaux ; le matériel roulant se composera de cinq locomotives du type Mallet, cinq voitures comprenant des premières et des deuxièmes classes, huit voitures de troisième classe, cinq fourgons à bagages, et vingt-cinq wagons de marchandises. Telles sont les conditions générales de la nouvelle ligne, que l'intelligent et actif ministre français a su créer, en tirant parti d'une concession abandonnée.

La ligne partira de la porte ouest de Séoul, où la gare sera à 48 m. 50 au-dessus du niveau de la mer, et se dirigera sur Yang-wha-chin, en franchissant la passe de A-o-ya, à une hauteur de 59 m. 50. Elle descendra ensuite vers la vallée de la rivière Han, à 17 mètres au-dessus du niveau de la mer, traversera le district de Han-ju et l'ouest du district de Ko-yang, quittant la vallée du Han à 31 kilomètres de Séoul. Elle coupera ensuite la vallée de Kyo-wha à une altitude de 15 mètres, et, à 42 kilomètres de Séoul, franchira un affluent de la rivière Im-chin, à Mun-san-po. À 51 kilomètres de Séoul, le chemin de fer rejoint le bac de la rivière Im-chin ; là, provisoirement, les voyageurs et les marchandises seront transportés sur l'autre bord, où un deuxième train les attendra. La ligne traverse alors le district de Chang-dan et, après avoir suivi la voilée de Song-do, atteint la gare terminus de Song-do, à une altitude de 40 mètres. La distance par la voie ferrée est plus courte que par la route et on a rencontré peu d'obstacles dans le cours des travaux. On a levé un plan sommaire de la ligne au delà de Song-do, d'où le chemin de fer se dirige droit vers l'ouest jusqu'à Hari-chu, ensuite en droite ligne vers le nord jusqu'à Pyong-yang, en passant par Sin-Chyon et-An-ak. Au delà de ce point jusqu'à Wi-ju, aucun plan n'a été levé.

Il est douteux que la ligne française donne d'aussi bons résultats que ceux qu'on peut attendre du chemin de fer du midi. Quand les deux lignes seront achevées et que Fusan sera en relation directe avec le Transsibérien, on peut prévoir un développement de la région septentrionale du royaume, et le chemin de fer pourra faire concurrence aux jonques du fleuve Yalu. Mais, en dehors du commerce riverain, il y a peu d'industries sur lesquelles on puisse compter pour alimenter le trafic de la ligne ; il n'est pas non plus probable que les mines, dont les concessions sont en quelque sorte contiguës à la ligne du chemin de fer, s'en servent comme moyen de transport, tant qu'elles pourront avoir recours à la voie fluviale existante, qu'utilisent les mines américaines et anglaises. Il est naturellement impossible de prévoir le développement minier et agricole auquel peut parvenir le nord de la Corée. On sait que cette région renferme de l'or et du charbon, du cuivre et du fer. Il se peut que le développement de cette richesse minérale entraîne l'expansion du pays, et que la présence des mines favorise la production locale, par la demande de certains produits alimentaires. Mais ces sources de revenus sont grandement problématiques. Dans l'absence de toute assurance quant à l'avenir du chemin de fer français, si on compare les deux entreprises, on voit que celles des Japonais est de beaucoup supérieure. L'importance, aussi bien stratégique que commerciale, de la grande ligne du midi, convaincra forcément les Coréens de sa valeur très réelle.

Il y a environ quatre-vingts Français en Corée, dont quarante prêtres et un évêque. Trois dépendent du bureau du chemin de fer du Nord-Ouest ; deux sont aux Douanes coréennes ; deux ont des emplois aux mines impériales, et un est devenu conseiller juridique du gouvernement impérial. Un autre est attaché à l'École française ; un troisième dirige, admirablement et avec succès, les Postes coréennes impériales. Deux autres travaillent à l'Arsenal coréen, et la direction de l'Hôtel du Palais en occupe trois. La colonie française s'est récemment accrue d'un certain nombre d'ingénieurs, qui se sont adressés au gouvernement coréen dans l'espoir de trouver un emploi dans les bureaux du chemin de fer. Je n'ai pas compris ces visiteurs de passage dans mes chiffres.

La colonie allemande est peu nombreuse et insignifiante. Les Allemands ont toutefois obtenu la concession d'un chemin de fer de Séoul à Won-san. Une mine, concédée à un syndicat allemand, et située à Tong-ko-kai, a été abandonnée, avec une perte de milliers de livres sterling dépensées en machines et en outillage de mine. Les Allemands n'ont pas d'autre concession. Ils possèdent à Chemulpo une maison de commerce importante, qui a établi une succursale à Séoul. Ce qui distingue cette entreprise, c'est qu'il y a des Allemands, dans les deux maisons de Séoul et de Chemulpo, qui connaissent à fond la langue coréenne. Ceci, à mesure que le pays se développe, est un avantage ; et ce fait semble résumer admirablement la méthode sur laquelle le commerce allemand en Extrême-Orient est basé. L'orchestre de la cour est sous la direction d'un maître allemand. L'effet obtenu a été très grand, et cela explique sans doute l'introduction récente d'un médecin allemand à la cour. Miss Cooke, dont la position se trouve ainsi menacée, l'a conquise par son caractère particulièrement sympathique et sa très grande habileté professionnelle. La doctoresse anglaise est depuis nombre d'années, médecin en titre de la maison impériale, et possède l'entière confiance de la cour. Miss Gooke est, de tous les étrangers, la seule personne qui soit parvenue à vaincre entièrement les préjugés et la défiance des gens du pays.

La bataille pour les concessions est aussi aiguë en Corée qu'en Chine. La dernière en date des puissances qui se sont intéressées à l'exploitation des gisements de minerais de la Corée est la Belgique, qui, jusque-là, n'avait pas pris part au développement de l'industrie minière de l'Empire. La Belgique s'est mise aujourd'hui sur les rangs, et l'on sait qu'une concession de 900 *li*[2] carrés de superficie vient d'être accordée à ses nationaux. Les Belges ont prêté 4 millions de yens au gouvernement coréen, en échange de la location à bail des mines pendant vingt-cinq ans. La concession est située dans la montagne de Ta-bak, à l'endroit où se confond la limite des provinces de Chyung-Chyong,

Kyong-syang et Kang-won. Il est impossible de connaître pour le moment la valeur de cette nouvelle concession ; mais les Belges sont des gens malins et durs à la détente. Il n'est donc pas probable que leur entreprise échoue aussi malheureusement que la nôtre, ou celle des Allemands.

Pour en revenir au commerce extérieur de la Corée, les marchands étrangers ont un grief très sérieux contre les fabricants japonais qui approvisionnent le marché coréen. Après m'être livré à une enquête très approfondie, je puis bien affirmer que, parmi les articles vendus comme de fabrication étrangère et exposés aux boutiques des quartiers japonais, dans tous les ports ouverts de Corée, il y en a très peu qui ne soient pas des imitations éhontées. Ils sont pour la plupart fabriqués au Japon, et ornés des dessins et des marques de fabrique nécessaires, avec d'imperceptibles différences. L'illégalité de ce commerce est indiscutable. Dans l'absence de toute surveillance de la part des Douanes coréennes ou des représentants des marchands auxquels ces supercheries sont préjudiciables, il est difficile de trouver un remède à cet état de choses. Voici un tableau énumérant les divers articles, imités par les fabricants japonais, que je connais personnellement et qui sont mis en vente sous de fausses désignations. Pour tous ces articles, la contrefaçon est japonaise.

AMÉRIQUE :

Kerosene, Standard oil Co.
Cigarettes *Richmond Gem.*

Viandes de conserves Armour.

Conserves de fruits de Californie.

Vins : vin du Rhin, bordeaux de Californie.

Lait de la marque *Eagle*.

Droguerie.

GRANDE-BRETAGNE :

Savon Pears.

Allumettes Bryant et May.

Sauces Lea et Perrin.

Aiguilles et cotons.

Alcalis Brunner, Mond et Cie.

Confitures Crosse et Blackwell

Tissus rouges de John Orr-Ewing et Cie.

FRANCE :

Vins : bordeaux et vin du Rhin.

Produits photographiques.

ALLEMAGNE :

Quinine de MM. A.-C. Boehringer.

Qunicaillerie.

Aiguilles.

Pianos de Berlin

Suède :

Allumettes.

Hollande :

Beurre.
Liqueurs et spiritueux.

Danemark :

Beurre.

Inde :

Tissus et fils de coton.

Suisse :

Lait suisse Nestlé.

    L'huile cérosine japonaise est expédiée en bidons qui reproduisent absolument le modèle de la Standard Oil Company.

    Les tissus rouges de John Orr-Ewing et Cie, de 27 pouces de large sur 40 yards de long, grand teint, deviennent de 27 pouces de large sur 37 yards et demi de long, mauvais teint ; le tissu rétrécit et il manque 5 livres sur le poids.

La marque de fabrique de la maison « Marque Perroquet », avec un dessin de l'oiseau, est la plus parfaite imitation qu'on puisse imaginer.

Les contrefaçons du lait Nestlé, des allumettes Bryant et May, de la quinine Boehringer et de bien d'autres articles ont été dénoncées nombre de fois par les fabricants de ces produits.

1. ↑ Le gouvernement japonais a décidé, le 22 décembre 1903, de réunir les capitaux nécessaires à l'achèvement immédiat du chemin de fer. Un million de livres sterling a été réparti dans ce but, et la ligne sera terminée dans l'année 1904.
2. ↑ Un *Li* vaut 482 mètres.

CHAPITRE XIII

LES PORTS À TRAITÉ : WON-SAN, FUSAN, MOK-PO. — NATURE DES EXPORTATIONS

ET DES IMPORTATIONS. — INDUSTRIES LOCALES.

La plus ancienne colonie en Corée est le port de Won-san, situé sûr la côte est de l'empire, à mi-chemin entre Fusan et Vladivostok.

La situation pittoresque, le port spacieux de cette ville animée et populeuse en font l'agréable terme de tout voyage à travers le paysage admirable des Montagnes de Diamant. Rien ne vient troubler vraiment la calme jouissance de la vie parmi les falaises couvertes de pins et les hauts promontoires qui entourent la vaste baie. Le fait de sortir de la solitude des vallées sauvages et des âpres cimes, qui n'abritent que les monastères de Bouddha, pour entrer dans l'atmosphère vivante et gaie d'un port à traité, ne détruit pas les impressions éprouvées dans les hautes régions des Douze mille Pics.

La ville est entourée de falaises boisées, qui surplombent la bordure argentée du rivage. La vue s'étend sur un port de quarante milles carrés de superficie, avec les montagnes qui encerclent l'horizon de toutes parts, et la mer de saphir parsemée d'ilots rocheux et verdoyants. C'est un havre où les flottes du monde entier pourraient mouiller en parfaite sûreté, dans un isolement parfait. Le port est absolument merveilleux ; et l'on comprend l'émotion qu'a pu faire naître le désir nourri par la Russie de s'en emparer. Les splendides avantages qu'il possède en font un objet d'envie pour les puissances. Si, en plus de Vladivostok et de Port-Arthur, la Russie le possédait, sa flotte aurait l'empire de ces mers du nord. À part cela, c'est un endroit paisible qui ne suggère pas l'agitation politique dont il est le motif.

Won-san, le port à traité, est situé dans la partie sud-ouest de la rade. La pointe septentrionale de la rade s'appelle Port-Lazareff ; la partie sud-est est la baie de Broughton, nom qui est ordinairement donné au golfe tout entier. Le capitaine W.-R. Broughton, navigateur anglais, y entra le 4 octobre 1497, avec sa corvette de 16 canons, *Providence*. Port-Lazareff est à environ seize milles de Won-san, de l'autre côté de la baie vers l'ouest, à l'embouchure de la rivière Dun. C'est là le point que les Russes, croyait-on, avaient l'intention de choisir comme terminus du chemin de fer transsibérien. Il y a deux entrées de la baie de Broughton et l'une donne directement accès à Port-Lazareff. Les navires de guerre russes profitent de cet avantage en fréquentant la rade, car cela leur permet d'entrer sans révéler leur présence aux autorités de la côte. Une fois, me promenant dans ces parages, j'ai surpris des gens qui faisaient partie de l'équipage de deux navires de guerre russes, occupés à lever le plan des collines et à faire des sondages ; le consul japonais et le commissaire des Douanes ne soupçonnaient aucunement leur présence.

La baie est protégée par les montagnes, et ses avantages naturels, à cet égard, lui donnent une valeur spéciale comme base d'opérations navales. Le chenal qui mène au port est large, profond et libre d'obstacles. Les îles nombreuses situées autour de l'embouchure permettraient d'en fortifier solidement les approches. En plus de la facilité d'accès, il y a une profondeur moyenne d'environ neuf brasses et le fond du port ne s'envase pas. La mer est libre de glaces en hiver, malgré le froid très rude de cette région. L'eau de source qu'on y trouve est inépuisable ; et, dans la saison, il y a les plaisirs très variés qu'apportent la chasse et la pêche. Mais ce sont là des qualités accessoires. Si ce port était fortifié et converti en station navale de premier ordre, il serait égal à Vladivostok et supérieur à toutes les autres stations, de l'Extrême-Orient.

Entre Hong-Kong et Dalny, le port de commerce de Port-Arthur, que la Russie a fait beaucoup d'efforts pour développer, depuis le temps où il appartenait à la Chine, aucun mouillage n'existe qui pourrait être, aussi facilement et à si peu de frais, adapté aux besoins d'une station pour une puissance navale de premier ordre. Aujourd'hui la rade de Won-san n'est fréquentée que par les escadres qu'entretiennent en ces parages la Russie et le Japon. Quoiqu'il y ait sur cette côte une importante colonie japonaise, le Japon n'a détaché jusqu'ici aucune canonnière pour le service de garde du port. À Fusan et à Chemulpo, c'est une règle rigoureusement observée par le Japon d'affecter des navires à la garde du port, car il ne perd aucune occasion de prouver à sa voisine en particulier, et au monde en général, l'importance de ses intérêts en Corée.

CAMPEMENT D'OUVRIERS CHINOIS EMPLOYÉS AUX MINES

Won-san fut ouvert au commerce japonais en 1880, et le 5 novembre 1883, à la colonisation étrangère en général. Bien que son développement postérieur soit dû entièrement à l'industrie et à l'incontestable intelligence commerciale des Japonais, les importations étrangères de ces dernières années ont contribué à créer la position qu'il occupe actuellement dans le mouvement commercial du pays. L'expansion économique du port a été provoquée toutefois par le mouvement d'affaires qui a résulté de l'immigration japonaise, et par l'accroissement de sa population qui a doublé. Les tissus pour vêtements, les cotons, le *grass-cloth* et la soie tiennent la première place dans les demandes locales. Les statistiques annuelles établissent les progrès constants de ce port, et l'influence prépondérante qu'exercent les Japonais sur son mouvement d'affaires fait que le commerce étranger se restreint aux articles qui ne peuvent pas être importés du Japon. Le chiffre d'affaires a doublé en six ans ; mais l'augmentation des importations n'est pas en faveur des marchandises anglaises. L'application à Vladivostok des tarifs de la Russie d'Europe est la raison de l'accroissement général des importations étrangères à Won-san en 1901. L'année suivante, les importations dépassèrent encore les exportations ; les chiffres furent : importation, 191.535 livres sterling ; exportation, 102.205 livres sterling. L'administration municipale du port est calquée sur le modèle japonais. Les rues sont larges, bien empierrées, avec une bordure d'arbres irrégulièrement plantés. Après les ruelles sales et étroites de la ville coréenne, à travers lesquelles il faut chercher son chemin, pour parvenir à la colonie, l'aspect en est réconfortant et attirant.

Won-san, la ville indigène qui a donné son nom au port, est à deux milles du centre de la colonie et se compose d'un pittoresque assemblage de maisons couvertes de chaume et de tuiles, entassées le long des ruelles étroites et malsaines. La grande route de Séoul à la frontière, l'une des six grandes routes du pays, passe au centre de la ville. Les groupes de maisonnettes qui se pressent de chaque côté de la route, indiquent que les seuls emplacements avantageux sont ceux qui donnent sur cette large voie.

À travers les intervalles des maisons, des échappées de vue laissent apercevoir la baie. L'odeur de la mer se perd parmi les exhalaisons du poisson qui sèche et des détritus qui pourrissent, puanteur qui flotte lourdement dans l'atmosphère, imprégnant toute chose et répandue partout, sauf sur les sommets ventilés qui ceinturent la baie. Une population de 15.000 âmes se presse dans ces boutiques couvertes de chaume et ces cabanes en ruines.

La ville indigène s'arrête brusquement à un mille environ de la Colonie. Des champs de légumes bordent la route. Le ruban de baie contigu à la ville est couvert d'amas de poissons séchant au soleil, de monceaux de filets de pêche, de barques de pêche et de jonques en mauvais état. Il disparaît, un peu plus loin, en contournant les falaises, aux sommets parfumés de pins et de sapins. Des vallées tortueuses, où on aperçoit de riants villages qui se détachent sur un fond de pics majestueux et de chaînes de collines, des pointes et des promontoires boisés sur lesquels sont situées les maisons des missionnaires, contribuent, avec la vaste étendue de la baie et la vue de la pleine mer au delà, à former un paysage d'un pittoresque et d'un attrait suprêmes. Il y a environ trois mille Japonais résidant à Won-san, quelques marchands chinois, une petite colonie étrangère, comprenant le commissaire des Douanes et Mme Wakefield, et le personnel des Douanes. Les autres sont des missionnaires sans grande importance.

Le climat de Won-san est sec et salubre. La chaleur est tempérée par la brise de mer, et les nuits sont fraîches. La température moyenne en été est de soixante-treize degrés, et en hiver de vingt-neuf degrés (Fahrenheit) ; la quantité de pluie est de quarante-quatre pouces, un peu supérieure à celle de la côte occidentale. L'épaisseur de la neige tombée est de quatre pieds, et elle couvre les montagnes d'octobre à mai. Ce port est toutefois un peu plus frais que Chemulpo en été et un peu plus chaud en hiver, car la sécheresse de l'atmosphère tempère beaucoup le froid. Les ciels d'automne se prolongent splendides pendant tout l'hiver.

OUVRIERS INDIGÈNES TRAVAILLANT À LA FABRICATION DE LA BRIQUE

Un grand nombre des plus beaux endroits de la région sont empreints d'un haut intérêt historique. C'est de ce pays que les rois de l'antique Ko-ryo tiraient leur origine ; et il a donné naissance également à la maison régnante de Cho-syôn. C'est, en effet, au monastère de Sok-wan, à vingt-deux milles de là, que A Tai-cho, le premier roi de la dynastie actuelle, fut élevé et qu'il vécut. Le monastère lui-même, avec ses temples, fut élevé par le roi pour marquer la place où, il y a 509 ans, il reçut cet ordre surnaturel de régner, en vertu duquel ses descendants occupent aujourd'hui le trône. Au milieu de cette solitude admirable, A Tai-cho passa ses premières années dans la méditation, l'étude et l'apprentissage de sa future royauté. Quelques-uns des arbres qui se dressent majestueusement dans la crevasse des montagnes où est situé le monastère, furent, dit-on, plantés de ses mains. Dans un édifice à l'écart, où personne n'a le droit d'entrer, sauf le moine qui a la garde des reliques, on a conservé jusqu'à ce jour ses insignes et ses vêtements royaux.

Won-san est situé à l'extrémité sud de la province de Ham-kyong. Son commerce le plus considérable est avec les deux provinces voisines de Pyong-an et de Kang-won, qui forment la moitié septentrionale du royaume. La population des trois provinces est, selon les estimations, de trois à cinq millions d'habitants. Les montagnes prédominent dans ces régions. L'œil est confondu par l'enchevêtrement des collines boisées et des pics dénudés qui se mêlent et se heurtent de tous côtés, jusqu'à ne plus laisser voir qu'un chaos de montagnes et de chaînes coupées de mille petites vallées. C'est l'aspect que présentent surtout les provinces de Ham-kyong et de Kang-won ; dans celle de Pyong-an, les vallées sont plus larges, et les collines s'abaissent et descendent vers la rivière Ta-dong, et vers de larges espaces utilisés par l'agriculture. Il y a beaucoup de gibier dans les montagnes aux environs de Won-san, et dans l'intérieur. On prend des martres, des hermines et des loutres dans la partie nord de la province de Ham-kyong ; les tigres, les léopards, les ours, les loups et les renards sont rares en fait, bien qu'ils abondent en imagination. Les sangliers, les cerfs et les lièvres sont assez communs ; les faisans sont moins nombreux qu'autrefois. La bécassine paraît en août, le canard en septembre, les oies et les oiseaux sauvages en hiver, sur les marais et les lagunes. La mer est aussi poissonneuse que la terre est giboyeuse. Les baleines, les requins, les phoques, les saumons et d'innombrables espèces moindres, attendent d'être capturés ; de sorte que cette région est un vrai paradis pour le fervent de la chasse et de la pêche.

Une baie semée d'îles verdoyantes et enserrée par de hautes falaises donne accès au port à traité de Fusan. Un chemin étroit, bordant le rivage et escaladant les falaises, mène au Vieux Fusan, une très ancienne ville entourée de murailles, située à l'extrémité d'une langue de terre de dix milles, qui forme l'une des deux pointes de la baie. Le nouveau Fusan ressemble à tous les autres ports à traité. Je me souviens bien, toutefois, que les odeurs de la ville japonaise sont pires infiniment que celles qu'exhalent les égouts et les ruelles embourbées de la vieille ville. Le Vieux

Fusan se dresse solitaire à l'entrée de la baie, regardant la mer du haut de ses murailles croulantes, rêvant dans l'isolement et la ruine aux gloires enfuies. Le nouveau Fusan est très bruyant, très sale, et très déplaisant. Les boutiquiers japonais ne se donnent pas la peine de songer aux étrangers ; un hôtel misérable fait des difficultés pour recevoir ces derniers. C'est un endroit absolument japonais, prospère, plein d'activité, où l'on travaille dur. C'est de là que partent les vapeurs à l'aménagement pitoyable, qui font le service entre les ports de Corée et le Japon, et qui parfois s'aventurent jusqu'à Takou, Port-Arthur et Vladivostok. De tous côtés apparaissent les signes de l'industrie et du commerce, inséparables de toute société japonaise. Un vaste projet d'amendement du port, en rapport avec le chemin de fer Séoul-Fusan, est en voie de réalisation. Les autorités japonaises se sont déjà occupées de la construction de chaussées, de l'installation de la lumière électrique, de la création de grands réservoirs. Il y a un consul général à Fusan, qui a sous sa juridiction quatorze mille environ de ses compatriotes. La population flottante, dont la seule occupation est la pêche, en compose la moitié. Les pêcheries importantes situées le long de la côte et dans l'archipel voisin donnent chaque année dix millions de harengs et un demi-million de morues. Par son mouvement et son activité, cet endroit justifie tout à fait sa prétention d'être le plus important des ports à traité de la Corée, en dépit du dédain des marchands anglais. La population japonaise réelle de la colonie de Fusan était, en 1901, de sept mille quatorze individus, représentant une augmentation de plus d'un millier sur l'année précédente, dont le chiffre était de six mille quatre. La population s'est encore accrue depuis et actuellement elle n'est pas loin d'atteindre neuf mille.

FUSAN : UNE RUE DU QUARTIER NEUF

L'activité des Japonais dans les ports ouverts de Corée ne correspond nullement à l'importance du port. Que celui-ci ait été établi il y a dix ans, il y a vingt ans, ou seulement depuis un an, leur énergie commerciale se manifeste avec la même vigueur. Lorsqu'on connaît les établissements de Won-san, Fusan et Chemulpo, une visite au port de Mok-po, qui fut ouvert dans l'automne de l'année 1897, n'apprend pas grand'chose de nouveau ni d'important. Mok-po est très petit. Pour ceux que le sujet intéresse, il offre un exemple excellent du sang-froid et de la résolution avec lesquels les

Japonais fondent une colonie. On n'entre à Mok-po qu'à travers un réseau d'îles et de chenaux parsemés de rocs, dont le principal est large de six cents mètres. Le port est à l'embouchure de la rivière Ru-yong-san, le principal cours d'eau de la province, qui a quatre-vingt-six milles de long. Il peut contenir quarante vaisseaux de fort tonnage. Le meilleur passage est le détroit de Lyne, mais le golfe de Washington fournit un accès facile, quand on vient du Sud. Le port a un peu moins de deux milles de largeur, avec une profondeur de onze brasses à marée basse, qui atteint dix-neuf brasses à marée haute.

CHEMULPO. — VUE DE LA VILLE ET DE LA BAIE

Mok-po est situé à l'extrémité sud-ouest de la province de Chyol-la, surnommée le grenier de la Corée. Le port emprunte son nom à une grande île, qui lui fait face, au Nord, et qui ferme l'entrée de la rivière. Il est pittoresque et assez remarquable pour rompre la monotonie du pays environnant. Primitif d'aspect, il n'est encore que la promesse de ce qu'il deviendra plus tard, à mesure que le commerce s'y développera : une importante colonie. Les édifices du consulat japonais et des Douanes sont actuellement les plus imposants de la ville ; Le consulat anglais s'élève sur une roche escarpée, nue et sauvage, entourée de marécages bourbeux qui n'ajoutent rien à la beauté du lieu. Une digue solide, à l'abri de laquelle des étendues de terrain marécageux ont été fertilisées, indique de quelle façon les Japonais procèdent pour améliorer leurs concessions.

Un commerce fait d'éléments variés se centralise à Mok-po, dépassant le chiffre de cent mille livres sterling. Les importations étrangères entrent dans ce total pour quatre-vingt mille livres. Il est peut-être inutile de faire remarquer que pas un navire anglais n'a pénétré dans le port depuis six ans qu'il existe. Des vapeurs allemands et américains ont néanmoins amené des marchandises à Mok-po ; les vapeurs japonais y touchent régulièrement. Le commerce est celui d'un marché indigène, aux demandes duquel le Japon peut suffire ; naturellement il ne mérite pas l'attention de l'exportateur anglais. Les tissus en pièces, les cigarettes japonaises et américaines, les allumettes, le fil, les articles dont les classes pauvres ont besoin, et qui seront beaucoup plus demandés à l'avenir, à cause de l'accroissement rapide de la population indigène, en sont les produits principaux.

Il est possible que ce port, méprisé par le commerçant anglais, comme tous les autres ports de Corée, soit un jour à la tête de tous les centres commerciaux de l'empire. Aujourd'hui déjà il attire des marchandises du Japon, d'Amérique et d'Allemagne. On cultive en Corée les céréales en grande quantité ; les nattes de paille, le *grass-cloth*, le papier et les éventails sont les autres articles indigènes. On a découvert à peu de distance du port une veine de charbon bitumineux. Deux industries — la fabrication du papier et le tissage du *grass-cloth* — pourraient se développer, si un homme entreprenant et intelligent y introduisait des produits chimiques et des instruments à bon marché. Dans l'industrie du papier seule, il y aurait de gros profits à réaliser pour la maison qui consacrerait du temps, de l'énergie et de la patience à la création d'une entreprise d'alcalis. Cette industrie s'exerce déjà dans quelques villages et donne d'excellents résultats.

CHAPITRE XIV

LES PORTS À TRAITÉ (*suite*). — WI-JU. — SYON-CHYON-PO. — CHIN-AM-PO.

PYONG-YANG. — KUN-SAN. — SYONG-CHIN.

Les ports dont il me reste à parler n'ont pas encore acquis une importance commerciale qui permette d'en faire grand cas. Ils prouvent néanmoins avec quel esprit d'initiative les Coréens ont eu réponse aux demandes qui leur furent faites.

Jusqu'ici, le commerce de la Corée, grâce à des ports francs plus nombreux, a été plus prospère dans le nord de la presqu'île que dans le sud. Mais, en ajoutant à la liste des ports à traité Syong-chin sur la côte nord-est, et, sur la côte ouest, Chin-am-po (avec Pyong-yang, naguère capitale de la Corée, aujourd'hui la troisième ville de l'empire) on a grandement favorisé le développement commercial des marchés presque inconnus de la Corée septentrionale. Dans l'intérêt du commerce des provinces méridionales de l'empire, on a créé cependant sur la côte ouest le port de Kunsan, en même temps qu'on ouvrait, en 1899, Syong-chin, sur la côte nord-est. Ce port est situé entre Chemulpo et Mok-po, à l'embouchure de la rivière Keum, limite naturelle qui sépare les deux provinces de Chyol-la et de Chyung-Chyong.

C'est néanmoins dans la région du nord et du nord-est que le commerce étranger doit chercher cet élan d'activité industrielle que fait naître l'ouverture de marchés nouveaux. Il existe déjà un centre commercial important à Wi-ju, à l'embouchure de la rivière Yalu. Cette ville demande à être ouverte ; sa situation à la frontière de Mandchourie lui attire un commerce direct, varié et important. De plus, si Wi-ju était déclaré port ouvert et soumis au contrôle des Douanes maritimes coréennes, on pourrait plus facilement surveiller les contrebandiers, qui en ont fait le centre de leur commerce frauduleux.

Syon-chyon-po, le plus récent des ports ouverts, est tout à fait à ses débuts. Il est situé à environ quarante milles au sud de Wi-ju. Sa prospérité future est incertaine, mais d'après sa position, à mi-chemin entre Chin-am-po et Wi-ju, il doit devenir une escale importante pour la navigation du pays. Aujourd'hui, Syon-chyon-po est administré de Chin-am-po, mais les plans de sa future colonisation sont tracés, et il deviendra sûrement une florissante ville japonaise. Pour l'instant, il y a peu de commerce.

La rivière Ta-dong, à l'estuaire de laquelle Chin-am-po est situé, est l'un des cours d'eau les plus pittoresques et les plus importants du pays. Il draine les districts sud et sud-est de la province de Pyong-an ; c'est sur ses bords qu'est situé, à soixante-sept milles de la mer, Pyong-yang, l'ancienne capitale et la plus vieille ville de l'empire. Autour de Pyong-yang, une foule de souvenirs historiques et légendaires se trouvent rassemblés. Des villes et des villages s'élèvent sur les bords du Ta-dong ; le paysage est d'une âpre beauté et le pays environnant est extrêmement intéressant, tant au point de vue géographique qu'au point de vue historique. La vitesse du courant pendant les grandes marées est d'une moyenne de trois nœuds et quart. Au jusant, vis-à-vis de la rive où s'élève Chin-am-po, la vitesse augmente de deux nœuds à cause d'une saillie que forme le rivage sur le bord opposé. L'embouchure du Ta-dong est de formation irrégulière ; de nombreuses dentelures, qui marquent la limite du mouillage, se transforment en marécages à marée basse. Avant qu'on ait désigné Chin-am-po comme port à traité, le village indigène se composait de quelques huttes éparpillées, donnant asile à moins d'un millier d'habitants. Un nouvel ordre de choses s'est maintenant établi. Les étendues marécageuses ont été défrichées et tant d'améliorations ont été apportées à l'état général du port, qu'on peut lui prédire avec confiance un brillant avenir.

Chin-am-po, la colonie, est situé sur le bord septentrional de l'embouchure du Ta-dong, à environ quinze milles du point ou il pénètre dans la province de Pyong-an, à l'extrémité sud-ouest de celle-ci. Le port a été ouvert au commerce étranger en octobre 1897. Depuis lors, Chin-am-po s'est beaucoup développé. Il promet aujourd'hui de devenir un centre commercial extrêmement important. L'accroissement du commerce étranger et l'état florissant du marché indigène ont attiré l'attention des. Japonais, qui y forment déjà une importante colonie. Le chiffre de la population indigène varie suivant les estimations, de quinze à quarante mille âmes, mais le premier de ces deux chiffres est le plus près de la vérité. Le commerce lutte avantageusement, au point de vue de la valeur et de la quantité, avec celui des ports d'égale importance et pareillement situés. Il se restreint à deux grandes classes de produits : les produits agricoles et ceux des mines. Quand les concessions des compagnies minières américaines et anglaises furent accordées, Chin-am-po est devenu le port d'expédition d'une grande partie de leurs produits.

Ces possibilités commerciales de la région située entre la rivière Ta-dong et le versant du Yalu sont encore aux premiers degrés de leur développement. On peut prédire que ces terres nouvelles rapporteront de gros bénéfices à ceux qui sauront les exploiter avec intelligence. Séparée de la portion orientale de l'empire par une chaîne de montagnes et s'étendant du sud de Po-reup-san, près de Chin-am-po, jusqu'à la forteresse des montagnes qui forme la frontière septentrionale de l'empire, une contrée s'étend, qui est presque inhabitée. Des bandes de pillards coréens et de brigands chinois la fréquentent ; les indigènes y exploitent des mines et la guerre de frontière y est perpétuelle. Parcourue par les fauves, stérile et presque impénétrable, cette région n'a presque pas été touchée par la civilisation occidentale. Ses bouquets de pins et de sapins, ses étendues boisées rappellent le temps où la Corée n'était qu'une vaste forêt. Jusqu'à ces derniers temps, deux ports ouverts desservaient seuls cette contrée : Chin-am-po et Pyong-yang. Le troisième, Syon-chyon-po, à l'extrémité nord, est encore fermé aux Européens. Les ressources naturelles comprennent l'or et la houille, le fer et le cuivre. Le sol est riche, et le moment est venu d'y établir des industries. De plus, un commerce actif pacifierait ces terres demeurées à l'écart.

Pyong-yang est situé à la limite d'un vaste district riche en anthracite et en charbon bitumineux. On peut facilement suivre à la trace les affleurements, qui, à vrai dire, n'indiquent pas jusqu'ici une très bonne qualité de combustible. Il y a, toutefois, d'autres minerais que la houille. La province possède de nombreuses carrières de pierre et le bois de construction y est abondant.

Les annales de Pyong-yang remontent à trois mille ans, et la fondation de la cité coïncide avec celle du royaume d'Israël. Saül, David et Salomon furent les contemporains de Ki-ja et de ses successeurs. En des temps plus modernes, les événements les plus saillants sont le massacre de l'équipage du *Général Sherman*, en 1866, et le long chapitre des misères qui accablèrent la ville pendant la campagne sino-japonaise. Les ravages de la guerre et de la peste, en 1895, firent de la cité un désert et une ruine. Cependant, comme pour rappeler aux habitants la gloire ancienne de leur ville, la fortune changea et une certaine prospérité réapparut. En même temps le commerce a repris ; une petite colonie étrangère s'y est établie et on espère que les mauvais jours sont maintenant aussi loin d'elle que le sont les temps où cette capitale du vieux monde s'entourait pour la première fois de murailles. Les progrès ont été énormes dans le commerce et l'industrie ; et, comme signe des temps, on peut mentionner le fait que la population indigène a établi une école particulière pour l'enseignement de l'anglais. Pyong-yang et Chin-am-po sont si entièrement associés, que le sort de l'une des deux villes apparait inséparablement lié à celui de l'autre. Il n'est pas certain, toutefois, que Pyong-yang continue à demeurer un port ouvert, car le gouvernement a manifesté l'intention de le fermer, s'il est contraint d'ouvrir Wi-ju. Les représentants, anglais, américains et japonais se sont fortement opposés à cette fermeture.

Le port de Kun-san, qui fut ouvert, en mai 1899, au commerce et à la colonisation du dehors, est un débouché analogue à Mok-po, quant aux produits qui l'alimentent. Il dépend pour la plus grande partie des ressources agricoles des provinces de Chyol-la et de Chyung-Chyong, et il exporte des céréales, telles que le riz, le blé et les fèves, du *grass-cloth*, du papier et des articles en bambou, divers poissons et algues. Quand le chemin de fer entre Séoul et Fusan sera terminé, le développement des ressources agricoles de ces régions influera sur la destinée de ce port. En attendant ce jour, il s'enrichit tranquillement, satisfait d'occuper une place prépondérante dans le commerce de la côte plutôt que de figurer comme une escale importante, dans l'échange de produits avec la Chine et le Japon. Naguère, le port était connu comme le point d'exportation du riz de l'impôt, quand les taxes du gouvernement étaient payées en grain. Aujourd'hui, cette coutume a disparu. À Kunsan, il y a une colonie croissante de Japonais, une forte population indigène et un petit groupe de Chinois. Les importations ne comprennent que des produits japonais — en général, ces contrefaçons des produits étrangers, tels que les toiles à chemises de Manchester, les linons chinois, les fils indiens, la cérosine américaine, les allumettes anglaises et suédoises, dans la fabrication desquels nos hardis imitateurs ont atteint un degré extraordinaire de perfection.

Le plus isolé de tous les ports ouverts est Syong-Chin, situé sur la côte nord-est, dans la province de Ham-kyong, à environ cent vingt milles de Won-san. Il a été ouvert en mai 1899 ; le commerce, qui se fait surtout avec Won-san et qui est aux mains des Japonais, est peu important. Il peut se développer, car il y a de l'or, du cuivre et de la houille à peu de distance de la ville. Il y a également des carrières de granit blanc dans les environs. La pêche, le long de la côte, nourrit une colonie de Japonais ; dans la province, on élève un grand nombre de bestiaux pour le marché, et on cultive la fève dans le pays d'alentour. Les exportations comprennent les fèves, les peaux et le poisson ; les importations sont la cérosine, les allumettes et les cotons. Il n'y a aucun commerce indigène direct avec le Japon. L'état actuel de Syong-chin indique qu'il a été autrefois une importante

ville fortifiée. On y voit les ruines d'une haute muraille, surmontée de tourelles et de créneaux. Le temps, la pauvreté et l'incurie l'ont réduit à sa situation présente. La population indigène est peu nombreuse. Le mouillage n'est guère autre chose qu'une rade ouverte. Il est facile d'accès, bien creusé, et de fond excellent. Les navires tirant dix pieds peuvent mouiller à très peu de distance du rivage. Les brouillards et les grands vents règnent au printemps, mais, en somme, le climat est plus tempéré, en toutes saisons, que celui de Won-san.

VUE DU PARC D'UN NOTABLE CORÉEN AUX ENVIRONS DE SÉOUL

Le port est situé près du quarante et unième parallèle, faisant presque face au nord-est, à mi-chemin entre Won-san et Vladivostok. Le vent qui domine, hiver comme été, souffle du sud-ouest. C'est seulement dans les moments de troubles atmosphériques, peu fréquents dans ces parages, qu'un vent du nord-est rend le mouillage peu sûr, et force les navires à changer leurs amarres et à se porter à l'extrémité nord-est de la baie, où la pointe de Sarako leur offre un abri.

À deux cents mètres du rivage, on a cinq brasses d'eau. La hauteur des grandes marées est d'environ deux pieds. Il n'existe aucun obstacle à la construction d'un débarcadère et d'un port. Quand le port fut ouvert, la ville indigène se composait de quelques huttes. Depuis, on a bâti environ 250 maisons, et d'autres sont en construction. Il est probable que, dans un court laps de temps, Syong-chin supplantera la ville voisine de Im-myong, comme marché. La colonie étrangère est représentée par un consul japonais et son personnel, une force de police et des employés de poste, un maître d'école, un expéditeur et des ouvriers, tous Japonais. Un médecin anglais, appartenant a la Mission canadienne, y réside avec sa famille. La seule maison étrangère construite dans les limites de la colonie est celle occupée par le consul japonais.

CHAPITRE XV

LES INTÉRÊTS RUSSES. — RUSSIE ET JAPON. — MA-SAN-PO.

CHING-KAI-WAN. — YONG-AN-PO.

L'activité industrielle de la Russie en Corée n'est que le voile qui couvre des projets politiques. Depuis le moment où l'empereur se mit sous la protection de la Légation russe, l'influence de la Russie en Corée s'est affirmée. Une compagnie russe, soutenue par des capitaux français, a établi récemment une entreprise d'élevage de bestiaux et de moutons, à A-ya-chin, sur la côte de la province de Kang-won, avec l'intention de fonder une fabrique de conserves, qui est actuellement en construction. Elle a également établi une verrerie à Séoul. Elle a favorisé la création de la Compagnie de pêche à la baleine, du Pacifique, qui se livre à la pêche le long des côtes de la Corée, recueille des renseignements précieux sur les baies dont on n'a pas encore levé les plans, les mouillages qui n'ont pas encore été sondés, les trous d'eau et les courants — et de temps à autre prend une baleine. Elle possède douze navires. La Russie n'a la surveillance d'aucune ligne de chemin de fer en Corée, bien qu'elle soit intéressée dans la ligne que les Français sont en train de construire ; elle n'a pas non plus de mine d'or, mais une commission composée d'officiers de marine est occupée depuis plusieurs années à lever les plans de la région du Yalu. Certains droits lui ont été accordés à Ma-san-po ; elle s'efforce de se faire donner un emplacement où elle puisse établir une station navale, et, par le moyen d'une concession sur le Yalu pour l'abatage des arbres, elle, s'est fixée à Yong-an-po. En mai 1903 une mission commerciale s'est rendue de Séoul à Wi-ju par terre.

Aussi rapidement que les circonstances le permettent, la Russie relie son système télégraphique mandchourien aux principales lignes coréennes, et on est en train d'établir des communications télégraphiques entre Moukden et Wi-ju, Vladivostok et Won-san. L'action de la Russie à cet égard a rencontré de l'opposition en Corée. Quand le cabinet coréen refusa d'accorder la permission d'ériger les poteaux, permission que les ingénieurs russes, n'avaient pas attendue, M. Pavloff, le ministre de Russie fit délicatement comprendre que l'enlèvement des poteaux télégraphiques serait regardé comme un acte non amical, susceptible de créer des difficultés entre les deux gouvernements. Le cabinet coréen toutefois eut le courage de résister, et les fonctionnaires s'employèrent pendant des mois à jeter par terre tous les poteaux dressés par les Russes. La Russie se propose également de reconstruire la ligne télégraphique de Pékin à Séoul par Wi-ju, et, d'autre part, c'est son intention avouée de détacher de son chemin de fer, un embranchement sur An-tung, au bord du Yalu.

LA LÉGATION DE RUSSIE À SÉOUL

La Russie s'est également occupée de l'armée coréenne, les autorités militaires russes ayant envoyé un certain nombre d'instructeurs, qui, aujourd'hui, ont été retirés. La direction de la résidence, où se trouvent des appartements pour les hôtes de la cour, a été confiée à une dame russe, Mlle Sontag. Il y a très peu de résidents russes à Séoul. Il y a le personnel et la garde de la Légation, des prêtres de l'église grecque, et quelques boutiquiers. La colonie est très petite, mais elle parvient, à l'aide d'un stationnaire mouillé dans le port de Chemulpo, et grâce à des visites constantes de l'escadre du Pacifique, à l'occasion desquelles la musique du stationnaire joue pour le plaisir de la cour, à soutenir avec beaucoup d'éclat la majesté et la dignité du gouvernement russe. La Russie a récemment proposé d'établir des consulats dans les ports ouverts de l'empire (le consulat de la capitale est maintenant établi à Chemulpo) ; de rendre plus fréquents les services des vapeurs du chemin de fer mandchourien entre les ports ouverts de Corée et la Mandchourie ; de fonder une succursale de la Banque russo-chinoise à Chemulpo ; enfin de se servir plus souvent des ports coréens pour les besoins de l'escadre russe du Pacifique.

Depuis des années, la Russie s'avance lentement en Corée. Avant 1885, il y avait plus de vingt mille Coréens établis sur son territoire extrême-oriental, et en 1888, la Russie conclut un accord commercial avec la Corée, qui ouvrait la frontière coréenne aux commerçants russes.

En 1893, des communications télégraphiques avaient été établies entre les deux pays, lorsque soudain, au moment même où la politique russe vis-à-vis de la Corée commençait à prendre forme, la guerre fut déclarée entre la Chine et le Japon. Quelles qu'aient pu être les prévisions quant au résultat de cette guerre, on ne peut douter qu'elle eut une influence prédominante sur les destinées actuelles de la Russie en Extrême-Orient. La politique de la Russie à l'égard de la Chine subit un changement, et la Corée devient l'objectif commun des deux puissances rivales. La Russie néanmoins ne put tirer parti à ce moment de la défaite chinoise et le Japon n'était pas assez fort pour retenir la péninsule de Liao-tung, ni assez hardi pour s'emparer de la Corée. Chassé de la péninsule de Liao-tung grâce à l'action combinée de la Russie, de la France et de l'Allemagne, le Japon aurait pu toutefois s'assurer une prépondérance absolue, matérielle et politique en Corée. Si telle avait été sa politique, il aurait pu, à un moment donné occuper le royaume en s'armant du même argument que l'Angleterre en Égypte et la Russie en Mandchourie. Malheureusement, pendant que la Russie, d'une manière délibérée et magistrale, s'emparait de la Mandchourie, le Japon, qui y allait de tout cœur, mais qui ignorait les pièges de l'expansion coloniale, se créait des difficultés sans fin en Corée, sans parler de sérieuses complications avec les puissances du dehors. Avant d'avoir réalisé les bénéfices de sa position, il avait conçu un projet pour s'assurer des personnes de l'empereur et de l'impératrice et pour s'emparer du gouvernement. Mais ce coup d'État devait retomber, aussitôt et lamentablement, sur sa propre tête. L'Impératrice mourut victime du complot, et bien que l'empereur fût mis en prison, il parvint, au bout de peu de temps, à se réfugier à la Légation russe, avec le prince héritier. L'empereur ayant échappé au complot, cela ne faisait qu'accentuer l'échec du Japon, et, en dépit de ses traités postérieurs avec la Russie concernant la Corée, il ne s'est jamais complètement relevé du coup qu'il s'est porté lui-même en cette occasion.

Le Japon conserve encore une haute influence en Corée. Mais, quelque prédominante que soit sa position, les menées de sa puissante rivale tendent insidieusement à la détruire. La situation que la Russie occupe aujourd'hui est beaucoup moins prépondérante que celle qu'elle occupait en 1896, et pourtant son influence, si elle est moins visiblement agressive, est plus efficace qu'autrefois. Le Japon n'a pas su

UN JEUNE PRINCE DU SANG

employer les moyens politiques que l'occasion lui offrait pour développer ses intérêts commerciaux. Pendant ce temps la Russie poursuivait sans fléchir sa politique. Après la défaite de la Chine, la Mandchourie était dans sa main, et la Corée était son héritage.

L'action de la Russie sur le Yalu, de nos jours, son attitude à l'égard de Won-san, autrefois, sont l'une et l'autre déterminées par le même motif. La Russie considère la Corée comme le complément de ses possessions d'Extrême-Orient, tandis que le Japon, d'autre part, envisage le petit royaume comme le corollaire de l'expansion qui est indispensable à son existence. La Russie occupant la Mandchourie et la Corée, et projetant son ombre sur la Chine, c'est, pour le Japon, la condamnation à une infériorité perpétuelle. Réciproquement, la Russie doit considérer, de Vladivostok et de Port-Arthur, l'occupation de la Corée par les Japonais comme un coin enfoncé dans le centre de ses communications mandchouriennes. C'est donc la crainte d'une descente des Russes en Corée qui a excité le Japon et qui engendrera la crise entre les deux pays. Des arrangements particuliers et des ouvertures secrètes ont préparé la voie au dénouement, qui depuis longtemps est visible. En s'efforçant d'obtenir le port de Ma-san-po pour les besoins de son escadre du

Pacifique, la Russie indiquait qu'elle ne dissimulerait plus longtemps ses intentions sur la Corée. Ma-san-po est devenu depuis un port ouvert. Le gouvernement japonais avait aussitôt formulé ses objections à l'égard du projet russe, et en même temps le gouvernement coréen était menacé de représailles immédiates. Mais bien avant la convention de Ma-san-po, conclue entre la Russie et le gouvernement coréen en 1900, ce port admirable avait déjà attiré l'attention des colons japonais et chinois. C'est par la force même des circonstances que l'endroit est devenu un port ouvert ; car les autorités locales s'étaient montrées sans force contre l'invasion des étrangers et l'établissement d'une zone étrangère autour du port. Il est remarquable que M. Pavloff, l'habile ministre russe à Séoul, ait réussi à conclure un accord, si on tient compte de la panique qui s'était emparée du gouvernement impérial à la suite des intimidations japonaises. La convention secrète entre la Russie et la Corée, passée en 1900, préservait l'indépendance du port, et, loin de le céder à la Russie, stipulait qu'aucun terrain du port de Ma-san-po ou des environs ne pourrait être concédé à perpétuité ni vendu à une puissance étrangère quelconque. Les mêmes conditions s'appliquaient à l'île de Keu-chai, située en face du port. Cet échec de l'ambitieuse politique russe était dû naturellement à l'action énergique du Japon, et rendait peu sûre la situation de la Russie à Ma-san-po. Le Japon, même sans déclaration préalable de guerre, aurait ouvert les hostilités contre la Russie, si cette nation avait essayé de maintenir, isolé et sous sa complète domination, ce port et ses approches.

Rien, dans l'état présent de Ma-san-po, n'indique qu'il puisse devenir un jour un centre d'influence russe dans la Corée méridionale. Les Japonais demandèrent, avant même que l'incident fût complètement dissipé, une large étendue de terrain à Ma-san-po, pour y créer une colonie. Ils se sont approprié presque entièrement le quartier désigné pour les colons étrangers ; ils y ont élevé, par centaines, des boutiques et des maisons, aux emplacements les plus avantageux. Des bureaux de poste et de télégraphe japonais se sont ouverts à Ma-san-po, ainsi qu'une auberge, peu confortable d'ailleurs. Une importante force de police japonaise s'y trouve détachée pour le service, et bientôt il y aura un stationnaire dans le port et une garnison d'infanterie pour protéger la colonie japonaise. Ces mesures impliquent un bail permanent, et c'est par là que les Japonais se proposent d'invalider la convention russo-coréenne. Le but de la politique japonaise à Ma-san-po est de réduire autant que possible les droits des Russes et de leur enlever toute importance dans le port. Les Russes acceptent cette situation avec beaucoup de philosophie et d'indifférence. Ils pourraient, s'ils le voulaient, protester à chaque instant contre la violation, par les Japonais, des clauses de la convention de 1900.

Il y a un an, la population étrangère de Ma-san-po se composait de deux cent trente Japonais, quarante et un Chinois, dix-huit Russes et deux Allemands. Ces chiffres comprennent les individus des deux sexes, mais non les enfants. La colonie russe comptait exactement huit hommes, dix femmes et trois enfants. Parmi les Japonais, il y avait soixante-dix-huit femmes. Il y a peu d'importations et d'exportations. La proximité de Fusan, qui n'est qu'à six heures de distance, rend inutile le commerce direct avec la colonie. Des vapeurs japonais de Fusan s'y arrêtent tous les jours, et les produits locaux sont amenés par des jonques du pays. Il y a une pêche abondante au large ; elle est complètement aux mains des pêcheurs japonais de Fusan. L'occupation principale sur la côte est la construction de la colonie. On s'y livre aussi un peu à l'agriculture et à beaucoup de bavardages.

Depuis l'insuccès de sa tentative contre Ma-san-po, la Russie a essayé d'obtenir la location à bail de Ching-kai-wan, qu'on nomme parfois Chin-hai ou Shin-hai, une baie située à l'extrémité sud de la péninsule coréenne, comme station navale. Ce port est exactement à mi-chemin entre Vladivostok et Port-Arthur. Étant donnée la situation géographique de Ching-kai-wan, son accaparement par la Russie était certainement de nature à soulever une opposition encore plus violente, de la part des Japonais, que dans le cas de Ma-san-po. Nam-pu, dont la Russie voulait s'emparer, est à environ vingt milles des limites du port à traité de Ma-san-po. Le gouvernement japonais, qui ne pouvait empêcher la Russie d'obtenir une station de charbon pour la Compagnie de Navigation Russe dans les limites du quartier étranger de Ma-san-po, s'opposa avec la plus grande énergie à ce qu'un terrain fût accordé aux Russes, pour les besoins de leur flotte, à vingt milles de là. Le Japon proteste également contre l'établissement d'un dépôt naval russe à

Ching-kai-wan, où il n'y a pas de port à traité, et où, si le bail était confirmé, la Russie seule aurait accès.

Ching-kai-wan n'est qu'à quelques heures de bateau à vapeur de ce Port-Hamilton que l'Angleterre fut amenée à abandonner, à la suite de l'entente entre la Russie et la Chine, stipulant que la Russie ne chercherait pas à acquérir de territoire en Corée. L'excuse, depuis invoquée par les Russes pour la violation flagrante de cet accord, est que ce fut là un marché passé avec la Chine et non avec nous. Il y a un autre détail, bien plus extraordinaire encore dans cette affaire, que Li Hung Chang confia, il y a quelques années, au représentant diplomatique d'une puissance étrangère, à Pékin. L'homme d'État chinois admit que le contrat entre la Chine et la Russie contenait une clause particulière, qui limitait à dix ans sa validité. En d'autres termes, l'Angleterre fut amenée à se retirer de Port-Hamilton, sous prétexte que la Russie n'empiéterait jamais sur le sol coréen, alors qu'une secrète entente existait entre la Chine et la Russie pour ne conclure cet arrangement que pour dix ans.

Bien que la situation de la Russie à Yong-an-po n'ait été acquise que récemment, la question remonte en réalité à l'automne de l'année 1896, époque à laquelle un marchand de Vladivostok, un certain M. Brünner, obtint du gouvernement coréen le droit pour vingt ans d'abattre du bois et de planter des arbres sur les bords du Yalu et du Tumen, et dans l'île de Ul-lyang. Le concessionnaire devait perdre tous ses droits, si le travail n'était pas commencé avant cinq ans. À la fin de cette période, l'agent russe à

Séoul demanda une prolongation de trois ans. Il fut dit alors à Séoul que la demande de M. Pavloff avait été repoussée, mais on apprit postérieurement qu'un accord avait été conclu entre le commissaire nommé par le gouvernement coréen pour examiner l'affaire, et l'inspecteur chargé des intérêts de la compagnie à Yong-an-po, sur les bases suivantes :

I. Ledit district à Yong-an-po sera loué à la Compagnie russe ;

II. Les limites dudit district seront déterminées par le ministre russe et le ministre des Affaires étrangères du gouvernement coréen ;

III. La Compagnie russe paiera un impôt foncier au gouvernement coréen ;

IV. Si les possesseurs de tombes qui se trouvent dans les limites du district veulent les faire enlever, les frais de cette translation seront à la charge de la Compagnie russe ;

V. Si la Compagnie veut se servir du bois que les Coréens ont coupé et qu'ils transportent par la voie fluviale, elle devra payer aux possesseurs un prix raisonnable ;

VI. La Compagnie russe ne devra cultiver dans le district que les produits qui seront consommés sur place ;

VII. Les délinquants coréens dans le district seront jugés par les tribunaux coréens ; les délinquants russes, par les autorités civiles russes.

Ce contrat fut signé le 20 juillet 1903 par le fonctionnaire coréen Cho Sung-hyup et l'inspecteur russe Bojisco.

Toutefois, en mai 1903, avant que le gouvernement coréen eut rendu sa décision en cette matière, le préfet de Wi-ju signala la concentration à An-tung de troupes russes se préparant à franchir le Yalu. Quelques jours après, une quarantaine de ces hommes traversèrent le fleuve et s'arrêtèrent sur une petite île située au milieu. Là, ils retirèrent leur uniforme, de façon à pouvoir entrer à Yong-an-po en vêtements civils. De Yong-an-po ils se dirigèrent sur Yong-chyon, près Wi-ju, où, accompagnés d'une centaine de Chinois et de quatre-vingts Coréens, ils fondèrent un établissement, pour l'abatage des arbres et achetèrent dix-sept maisons, avec douze acres de terre y attenant, au nom de deux de leurs employés coréens. Le gouvernement coréen s'opposa aussitôt à la présence de cette colonie et menaça M. Pavloff de rompre les relations avec lui, si la colonie ne se retirait pas immédiatement. M. Pavloff plaida pour le maintien du camp, invoquant des pouvoirs contenus dans la concession de forêt de 1896, qui en réalité n'avaient pas été confirmés à ce moment. Au commencement du mois suivant, le magistrat de Yong-chyon fit savoir qu'une autre troupe de Russes venait d'arriver à Yong-an-po, comprenant trois femmes russes, trente-six hommes et deux cents Chinois avec de nombreux chevaux. En juillet, vinrent encore trois femmes et soixante hommes, la plupart armés de fusils et d'épées, et qui tous, également, achetèrent aussitôt des maisons et des terres.

L'action de ces colons s'est manifestée dans diverses directions. Quelques-uns, comme s'ils désiraient donner quelque couleur de vérité à leur existence de bûcherons et se méfiaient des ordres des fonctionnaires coréens, persistèrent à abattre des arbres sur une réserve interdite, en dehors des limites de la concession. Pendant ce temps, les autres ne restaient pas inoccupés ; ils commencèrent la construction d'une levée de vingt et un milles de long sur le Yalu, après avoir établi un petit chemin de fer dans ce but. Puis, des travaux d'un caractère plus durable furent entrepris ; des édifices de pierre apparurent, une manufacture fut construite, et des ouvrages de défense furent exécutés. Pour confirmer ces signes de l'occupation russe de la région du Yalu, une force de soixante-dix soldats franchit la rivière à Cho-san ; un second groupe de quatre-vingts hommes se rendit à Pyok-tong. Les Russes commencèrent alors à mettre en communication l'un avec l'autre ces divers postes de « bûcherons », et dans ce but ils établirent une ligne télégraphique de Wi-ju à Yong-an-po. Les Coréens coupèrent immédiatement les fils ; là-dessus, les Russes commencèrent à poser un câble sous-marin, partant de Yong-an-po, contournant la côte et remontant le Yalu jusqu'à An-tung, pour remplacer la ligne projetée de Yong-an-po à la Mandchourie par terre. Comme les travaux relatifs au câble étaient importants et qu'ils avaient besoin, en même temps que la colonie à Yong-an-po, d'être protégés, la Russie proposa d'amener trois cents soldats dans la place. À cette époque, vers la fin d'août, la colonie de Yong-an-po se composait de soixante maisons avec une population civile russe de soixante-dix personnes. Cependant le ministre japonais à Séoul, M. Hayashi, avait reçu à ce moment-là le texte du contrat projeté entre le gouvernement coréen et la

Compagnie russe de bois de construction. Le 25 août, il envoya un ultimatum au gouvernement coréen. Le même jour, le ministre russe vint au ministère des Affaires étrangères et insista pour que la location à bail de Yong-an-po fût accordée. En dépit de cette requête pressante, le ministre déclara la chose impossible. Le 27, le ministre russe revint au ministère des Affaires étrangères à midi et y resta jusqu'à sept heures du soir, mais le ministre était malade et ne put le recevoir. M. Pavloff déclara alors qu'il n'avait plus rien à faire avec le ministre et qu'il s'adresserait directement à l'empereur. Dans son ultimatum, M. Hayashi déclarait que si le gouvernement coréen signait un tel contrat avec la Russie, le Japon envisagerait un tel acte comme une violation directe du traité entre elle et la Corée. Dans ce cas, le Japon estimerait que les relations diplomatiques entre les deux pays étaient rompues, et il agirait au mieux de ses intérêts.

AUX FRONTIÈRES DE LA MANDCHOURIE. — UN TRAIN DE BOIS SUR LE YALU

L'action vigoureuse du ministère japonais ne fut pas sans effet et le gouvernement coréen ordonna aussitôt au préfet de Yong-an-po de s'opposer à tout nouvel empiètement des Russes. Les efforts des fonctionnaires locaux furent pourtant vains et, vers le milieu de septembre, en plus de la colonie de Yong-an-po, celle de Yong-chyon s'était développée et se composait maintenant de cent vingt-huit cabanes chinoises, avec treize cents Chinois, soixante-dix Russes et vingt tentes. Des plaintes contre les Russes, qui s'appropriaient délibérément les biens des Coréens, commencèrent à arriver à Séoul et, le 13 septembre, on apprit qu'une ligne télégraphique venait d'être posée à nouveau entre Yong-an-po et la concession de bois sur le Yalu. Une autre information, beaucoup plus inquiétante, accompagnait la nouvelle de ce surcroît d'activité. Les Russes avaient construit une haute tour sur une élévation près du port de Turyu et ils préparaient des emplacements pour trois batteries d'artillerie de campagne. Le 23 octobre, une compagnie de cinq cents Russes commandés par deux officiers, ayant traversé le Tumen et pénétré de nuit sur le territoire coréen, un navire de guerre japonais vint, comme contre-démonstration, mouiller dans l'estuaire du Yalu, tout près de Yong-an-po.

On trouvera peut-être que j'ai donné une importance exagérée à la question de la concession russe. Mais, sans vouloir faire un chapitre d'histoire contemporaine, j'ai pensé qu'il était nécessaire d'apprendre aux lecteurs les phases diverses qui ont précédé le développement de l'action russe sur le Yalu[1].

1. ↑ On dit aussi l'Am-nok.

CHAPITRE XVI

AU BORD DE LA ROUTE. — UN VOYAGE DANS LES TERRES À TONG-KO-KAI.

BEAUTÉS DE L'INTÉRIEUR.

Le monde politique à Séoul m'était, au premier abord, apparu si profondément morne que, sans m'attarder à deviser de la pluie et du beau temps avec les habitants de la capitale, je préparai mes effets et, après avoir loué des poneys, des interprètes et des serviteurs, je quittai la ville principale de l'empire pour m'enfoncer dans les régions de l'intérieur. Mon voyage me conduisait vers Tong-ko-kai, où sont les mines allemandes, à plusieurs jours de marche de Séoul.

EN ROUTE POUR LE MARCHÉ

L'existence, dans la capitale, n'est pas exempte de cette monotonie qui caractérise la « Terre de la Splendeur du Matin ». Mais en dehors des palais impériaux, loin des innombrables petites coteries des Européens, le contraste entre les gens de la ville qui vont, vêtus d'étoffes soyeuses, et les montagnes et les vallées de la pleine campagne est réconfortant. Le plaisir qu'on éprouve alors peut être compté au nombre des joies de la vie.

Sauf pendant les premiers *li* au sortir de la capitale, nous abandonnâmes les chemins battus, en suivant de tranquilles petits chemins et des sentiers de montagnes, nous détournant à notre fantaisie pour gravir un pic ou pour prendre un bain dans les eaux fraîches et profondes d'un étang solitaire, le soir, le matin ou à notre halte de midi. Dans ces montagnes fraîches et ces vallées ensoleillées, les gens mènent une existence d'une simplicité absolue. Ils nous prêtèrent des fourneaux à charbon de bois et vendirent des œufs, des poulets et du riz à mes serviteurs. Quand je prenais mon bain, les jeunes gens et les gamins s'ébattaient en même temps que moi dans l'eau. On dit que les Coréens sont malpropres ; c'est là une opinion à laquelle ils donnèrent souvent un démenti par le plaisir qu'ils semblaient prendre en se livrant à ces baignades. Aucun étranger n'avait encore foulé la route que nous suivions, mon ami et moi, vers les mines allemandes, et même le missionnaire ubiquiste n'avait pas pénétré jusqu'à ces habitations rurales. Les rivières et les montagnes ne portent pas de noms ; les villages sont très petits ; les auberges sont inconnues. Partout régnaient le contentement, la paix et l'absolu repos. La nature se révélait à nous revêtue de sa grandeur primitive, et nous éprouvions une joie véritable du calme des vallées, de la beauté des monts abrupts, de la sauvagerie pittoresque du paysage.

Le caractère général du pays demeurait le même à mesure que nous avancions. La diversité des tons dans la campagne, l'aspect différent de chacun des pics se succédant, le caractère de chaque vallée, dissipaient la monotonie, engendrée par l'aspect généralement uniforme du paysage. En franchissant l'un des cols de la montagne, un merveilleux panorama se découvrit soudainement à nous. Des collines étaient empilées l'une sur l'autre, se fondant par degrés en chaînes de montagnes, dont les crêtes, hautes de deux à trois mille pieds, se détachaient avec une netteté admirable sur l'azur du ciel, et dont les flancs rocheux étaient couverts de bouleaux, de hêtres, de chênes et de pins. Les vallées qui s'étendaient au pied de cette chaîne de montagnes étaient longues et étroites, fraîches et bien cultivées. Un torrent descendait des collines en multiples cascades, tombant avec fracas sur des blocs de pierre et se frayant ensuite un chemin dans les couches de lave. Les insectes bourdonnaient innombrables dans l'air calme ; des grenouilles coassaient dans les marais ; la pie insolente et le corbeau plébéien animaient les arbres de leurs conversations bruyantes ; des faisans sortaient de l'épaisseur des buissons, des chiens étaient en arrêt devant les nids des femelles en train de couver, et les daines appelaient leurs faons parmi les jeunes pousses. Une nature calme et heureuse se révélait tout à coup en ces lieux embaumés, tranquilles, luxuriants, où tout s'épanouissait sans gêne. Le chemin était rude. De temps à autre, et en harmonie avec la beauté sauvage et abrupte du lieu, il devenait l'étroit sentier de la brousse australienne, envahi par les buissons, coupé de trous et de pierres, presque impraticable jusqu'à ce que les coolies l'eussent égalisé.

Un pont rustique était jeté en travers du torrent dont les eaux se brisaient avec fracas, un pont de trois pieds de large au tablier fait de terre et de branchages, qui se courbait et oscillait sur ses minces pieux, sous le poids le plus léger. Certains cours d'eau n'avaient pas de pont, et les petits poneys fendaient l'eau, heureux de rafraîchir leurs flancs en sueur. Les fougères sauvages, les papillons et les fleurs s'en donnaient à cœur joie dans ces jardins non entretenus. Les lis rouges et les iris pourprés se détachaient sur le feuillage des arbustes et des buissons. Des papillons gigantesques éclipsaient les couleurs de l'arc-en-ciel ; leurs tons splendides s'harmonisaient avec le plumage moins éclatant des grues et des cigognes qui se laissaient paresseusement flotter à la surface des rizières inondées. D'autres volatiles, à la gorge gris de colombe, rose ou jaune et aux ailes noires, pêchaient dans les ruisseaux avec des cris rauques. Les tons les plus éclatants, rappelant certains des derniers tableaux de Turner, réjouissaient l'œil dans ces vallées admirables. Dans le fond des vallées, les torrents venus des montagnes coulaient plus lentement et le courant serpentait dans mille directions. Des deux côtés, des canaux d'irrigation distribuaient l'eau aux champs de riz. Dans les rizières, des pousses d'un vert tendre sortaient et dépassaient l'eau transparente de quelques centimètres. Çà et là, des champs de blé bordaient les terrains inondés ; l'avoine, la blé, l'orge, le tabac, le coton, les fèves et le millet semés sur les coteaux ou dans le fond de la vallée, proclamaient la fertilité du sol.

CHARRETTES DE PAYSANS CORÉENS SE RENDANT AUX CHAMPS

Tout prospérait, et l'industrie des travailleurs des champs se manifestait à chaque tournant de la route. Leur habileté à tirer parti de la terre utilisable rappelait ces vallées de Norvège, qui descendent jusqu'aux fiords et où, comme en Corée, on peut voir des espaces, de terrain cultivé au niveau de la neige. Ici, dans ces magnifiques vallées, à une hauteur de mille ou quinze cents pieds sur le flanc de la montagne, des acres de moisson dorée poussent dans la chaleur et la solitude de quelque creux abrité. Au tournant du sentier en lacet, que bordent les champs de riz, d'orge, d'avoine ou de tabac, est situé un village. Ce n'est qu'un groupe d'une douzaine de cabanes au toit de chaume, malpropres et peu engageantes, mais d'un charme et d'un pittoresque extrêmes. Les murailles des maisons menacent ruine, et elles sont étayées au moyen de poutres et de pièces de bois ; les fenêtres, treillissées, sont garnies de papier, les portes sont basses. Un trou dans la muraille fait l'office de cheminée ; un chien dort à l'entrée ; un porc grogne, attaché par une corde passée à travers ses oreilles, à un crochet du mur. Les coqs et les poules circulent partout ; les latrines de la maison sont situées sous là véranda. En dehors des limites du hameau, des perches et des nattes de paille indiquent le puisard du village, dont le contenu est répandu sur les champs à la saison.

Lorsqu'on jette un coup d'œil à l'intérieur des maisons, en traversant le village, on aperçoit un homme peignant ses longs cheveux, une femme battant les vêtements de son mari ou repassant avec une boule chauffée au charbon, de bois, et des tas d'enfants nus, rejetons de mères à peine sorties de l'enfance. Pour l'instant, le village semble mort. Au bruit que fait notre troupe, un enfant, mangeant du riz dans un plat, se montre à une fenêtre ; un homme se redresse sur ses pieds en bâillant bruyamment. Des femmes, portant des enfants suspendus à leurs seins ou attachés sur leur dos, en vêtements sales, et montrant à découvert un peu de leur poitrine bien développée et de leur dos malpropre, se rassemblent dans les rues. Tous considèrent les arrivants avec une curiosité indifférente, jusqu'à ce que nous leur adressions le souhait ordinaire : « Que la pluie tombe bientôt, braves gens ! » Alors ils s'inclinent respectueusement, et leurs visages s'illuminent aussitôt d'un sourire. De gentils petits marmots, leur peau nue tachée de boue, nous offrent, des fleurs et des vases d'une eau prise aux rivières près desquelles leurs ancêtres s'étaient établis.

En suivant la route qui serpentait à travers les montagnes, on apercevait, au-dessous, de longues vallées richement cultivées, et les moissons dorées rayonnant au soleil. Des pics de granit se dressaient comme des tours, leurs faces portant la trace des siècles et des tempêtes, leurs lignes abruptes se dissimulant derrière le rideau des sapins et des bouleaux. L'air était chargé dés senteurs du pin ; le ciel était clair et bleu. Dans le lointain, des nuages d'une blancheur de neige flottaient en festons diaphanes dissimulant les arêtes des montagnes. Un détour brusque de la large vallée que traversait notre route, limitait la vue, mais nous devions marcher à l'ombre de ces pics éloignes, et la perspective dédommageait déjà de la montée escarpée.

Après avoir dépassé de quelques *li* Chyok-syong, une magistrature de quatrième classe, où les maisons sont recouvertes d'épaisses ardoises posées sur de lourdes solives, où les rues sont propres, et où la route et la rivière font également un détour, la vue des deux côtés de la route devient de plus en plus impressionnante.

Pendant des kilomètres et des kilomètres, nous ne rencontrâmes personne. Les villages étaient à une grande distance l'un de l'autre ; aux vallées fertiles succédèrent des gorges d'un vert sombre, sans culture, paisibles, inhabitables, d'une beauté grandiose. On était saisi et charmé de la parfaite immobilité et de la splendeur du panorama qui se déroulait. Le paysage resta le même jusqu'à ce que la route, que nous suivions lentement, quittât l'ombre agréable de la montagne pour descendre dans la plaine inondée de soleil. En continuant, les champs de riz et de blé disparurent, faisant place aux montagnes dont on avait déjà aperçu confusément les pics élevés, entourés d'un manteau de nuages. Pendant les deux jours suivants, la route monta et descendit, se déroulant en pentes continuelle aux flancs des montagnes.

Le voyage à Tong-ko-kai fut laborieux. Un jour, lorsque nous n'étions plus qu'à une faible distance de la concession, dans un tout petit hameau, de la couleur de l'ardoise et des blocs de granit, niché parmi la verdure, presque ignorant du monde extérieur, nous trouvâmes un endroit idéal pour établir notre campement du soir. C'était de bonne heure dans l'après-midi, mais la route en avant paraissait mauvaise et pierreuse, nos chevaux étaient fatigués, nous avions eu du mal à passer un gué, nous étions mouillés et nous avions froid et faim. Dans la campagne, les ombres s'épaississaient. Personne ne connaissait la situation du prochain village, ni la direction dans laquelle nous devions marcher, de sorte que nous fîmes halte pour la nuit. Nos chevaux étaient à l'attache dans un champ de blé, et les effets, les domestiques, les interprètes et les conducteurs gisaient pêle-mêle autour de nous. Nous dormîmes tranquillement au grondement sourd de la rivière. D'ailleurs, je crois bien que la meilleure heure du jour était celle où, rafraîchis par un bain dans un étang des montagnes, fortifiés par un léger repas, nous nous étendions sur nos lits de camp, et restions à fumer, à causer et à regarder les profondeurs sombres de la voûte au-dessus de nous. Il y avait quelque chose de profondément reposant dans ces longues veilles silencieuses. Le calme puissant des hauteurs voisines procurait un repos auquel s'ajoutaient insensiblement la brise nocturne, le murmure de l'eau courante et notre propre fatigue corporelle. Il était agréable d'entendre brouter les poneys ; de voir apparaître les étoiles et la lune se lever ; d'écouter la grenouille dans les herbes du marécage, et la voix lointaine d'un paysan, dont le chant s'élevait et s'abaissait parmi les sommets des montagnes, jusqu'à ne que tous ces bruits se fussent éteints et que le monde autour de nous, au-dessus et au-dessous, reposât en paix.

CHAPITRE XVII

LES MINES ALLEMANDES. — MINÉRALOGIE ET MÉTHODES D'EXPLOITATION MINIÈRE.

UNE CHASSE À L'OURS. — CHASSEURS CORÉENS.

La nature témoigne des bouleversements qu'elle a subis en ces régions. Il y a beaucoup de formations calcaires et d'ardoises, des soulèvements basaltiques, des blocs de lave, et des chaînes où se succèdent les pics de granit. À l'ouest de Tong-ko-kai est le cratère d'un volcan éteint, mais les couches de lave dans le voisinage de la concession sont presque entièrement rongées. Le bassin où est situé la concession est bien arrosé, cultivé et peuplé par places. Il est entouré de montagnes d'une hauteur de trois, quatre ou cinq mille pieds. Le nord de la Corée est montagneux, tandis que le sud est couvert de collines. La ligne de partage des eaux qui s'étend du nord au sud, séparant le versant de la mer du Japon de celui de la mer Jaune, est presque parallèle à la côte est. Cette ligne de montagnes forme comme l'épine dorsale de la péninsule ; le versant oriental est étroit et abrupt, tandis que le versant occidental s'étend et se prolonge en plaines favorables à l'agriculture. L'altitude des pics varie généralement entre cinq et six mille pieds. Quelques points isolés, à l'extrême nord, sont, à ce que l'on croit, plus hauts.

La plupart dés districts miniers sont situés auprès des principales crêtes séparant les bassins. Les fameux districts miniers de Kang-kyoi, de Kap-san et de Teh-chang-chin, qu'occupent aujourd'hui des ouvriers indigènes, se trouvent sur le plateau formé par la jonction de la chaîne qui constitue la frontière septentrionale de la province de Pyong-an, avec la grande ligne de partage des eaux du pays, Les mines anglaises de Eun-san sont situées dans une région traversée par les contreforts nord-ouest de cette grande ligne de partage. Les mines allemandes sont situées pareillement, par rapport à la grande division naturelle du pays, sur le versant est. La Corée possède nombre de minerais utiles — de l'or, de l'argent, du plomb, du cuivre, du fer, de la houille, mais celui dont elle est le plus riche est l'or. La valeur de l'or exporté de Corée, qui était de 363.305 livres sterling en 1900, est montée à 509.738 livres sterling en 1901. En 1902, la valeur de l'exportation d'or a encore augmenté, atteignant 516.961 livres sterling. Ces chiffres indiquent seulement la valeur de l'or déclaré en douane. De fortes quantités sont, chaque année, exportées en contrebande.

Depuis les temps les plus reculés on connaissait la présence de l'or en Corée. Knochenhauer, un géologue allemand, a déclaré que toutes les rivières du pays en contenaient. Jusqu'ici c'est l'or d'alluvion qu'ont surtout recueilli les ouvriers indigènes. Les mineurs suivaient l'objet de leurs recherches aux flancs de la montagne jusqu'à ce qu'ils découvrissent les veines et les filons d'où provenait la plus grande quantité de l'or d'alluvion. Les principaux districts aurifères sont situés dans le nord du pays ; c'est là que se trouvent les mines anglaises de Eun-san, les mines américaines de Un-san et les mines allemandes de Tong-ko-kai.

La source première de l'or coréen se trouve dans les veines du quartz, qui, aux mines américaines, donne, paraît-il, un rendement très important. Les dépôts d'alluvion, amenés des veines qui se trouvent dans les montagnes, ont été traités par les Coréens à leur manière : avec des procédés plus scientifiques, leur rendement est satisfaisant. Les sédiments de *schotter*, aux mines de Tong-ko-kai, atteignent un maximum d'épaisseur de soixante-quinze pieds, épaisseur qui dépasse de cinquante pieds, la formation habituelle du sédiment. La concession a été accordée en 1898. Aux termes de cette concession, autorisation était donné à une Compagnie allemande de choisir un emplacement de vingt milles de long sur treize milles de large, dans les deux ans à partir de la signature du contrat, et d'exploiter tous les minerais pendant vingt-cinq ans, moyennant une redevance annuelle au gouvernement coréen, s'élevant à vingt-cinq pour cent des profits nets. Les revenus provenant de cette source appartiennent à l'Empereur et vont directement à sa cassette privée. Pour le syndicat anglais, la redevance fut fixée à la somme fixe de 20.000 livres sterling, plus un paiement annuel de 2.000 livres sterling.

L'emplacement choisi par les Allemands était, au moment où ils en prirent possession, le centre d'une importante industrie d'extraction de l'or d'alluvion. Les mineurs indigènes s'opposèrent fortement à leur établissement et se préparèrent à résister par la force à la Compagnie. On vint toutefois à bout de leur résistance, en leur accordant une prolongation de travail d'une année, et lorsque M, Bauer entra en fonction comme ingénieur en chef, il ne rencontra plus d'opposition. Dans tout le district, on voit les restes des anciens travaux dans le *schotter* du lit de la rivière ; on en trouve aussi à certains endroits dans le quartz, sur les flancs de la montagne. En l'absence des machines indispensables, les travaux sur la concession ne pouvaient être convenablement organisés. La concession fut donc abandonnée pour le moment, des recherches attentives n'ayant pu amener la découverte de filons offrant un rendement suffisant. Au moment où elle cessa ses travaux, la Compagnie employait neuf Européens, treize Japonais et Chinois, et environ trois cents Coréens.

L'exploitation minière en Corée est tout à fait élémentaire. Les méthodes habituelles sont celles du « placer » et du « broyage » et un procédé de traitement par le feu. On creuse un puits vertical, avec des degrés étroits taillés dans ses parois, jusqu'au niveau du roc ; on entasse du bois dans le fond du puits, on rallume et on le garde allumé pendant plusieurs jours. Le roc chauffé devient très friable et cède facilement aux outils primitifs des mineurs. On se dispute ardemment le compartiment du fond dans ces puits ; les plus intrépides n'attendent pas pour descendre que le travail ait refroidi. Le quartz est parfois frotté pour être réduit en poudre, et l'or séparé par le lavage, où bien il est broyé entre de grosses pierres, lavé, broyé à nouveau et bassiné ! On recueille ensuite le métal. Jusqu'à ces derniers temps, il n'y avait pas d'endroits où l'or fût éprouvé autrement que par ces méthodes surannées.

À LA CASERNE. — SOLDATS CORÉENS S'EXERÇANT AU TIR À L'ARC

On a mis tant d'espoir et de confiance dans les mines de Corée que le public ferait bien de se montrer prudent vis-à-vis des placements de ce genre. Il faut attendre de connaître les résultats que donneront les diverses concessions minières actuellement en exploitation, et il faut espérer que ces résultats constitueront une preuve certaine des ressources minières du pays. Le rendement des mines américaines tend à faire croire que ces ressources n'ont pas été exagérées ;

mais il reste encore à prouver que l'exploitation des mines peut être conduite avantageusement avec les méthodes et les machines occidentales. Les dépôts où se trouve l'or en Corée sont irréguliers et nullement continus. Cela n'a que peu d'importance pour le mineur coréen. Son outillage lui coûte au plus quelques francs, et il peut facilement transporter son installation à n'importe quelle distance, selon que les circonstances l'exigent. Pour pouvoir installer avec succès les machines occidentales, une organisation différente est nécessaire, et le public veut avoir la preuve qu'il y a dans les environs de la mine une quantité suffisante de minerais pour assurer les bénéfices de son placement. Il reste encore à faire cette preuve pour la mine anglaise ; quant à la mine allemande, elle a abouti à un fiasco. Il est à souhaiter que ces entreprises minières réussissent, dans l'intérêt des indigènes et des étrangers. Elles procurent un travail bien rémunéré à des milliers de Coréens, qui dépensent une partie de leurs gains à l'achat de marchandises étrangères. Toutefois, il n'est peut-être pas à regretter absolument que le gouvernement, à l'heure actuelle, soit peu enclin à accorder de nouvelles concessions.

Pendant notre séjour à Tong-ko-kai, nous passâmes un jour à escalader les montagnes jusqu'à des régions où, à des milliers de pieds d'altitude, des orpailleurs indigènes creusaient le parement de

UNE PARTIE BIEN DISPUTÉE

granit de la montagne pour trouver le roc principal.

Nous consacrâmes un autre jour à chasser l'ours et le cerf dans les montagnes. Au point du jour, un peu après quatre heures, le matin de cette excursion, M. Bauer nous conduisit au rendez-vous : la cabane d'un orpailleur dans le fond humide d'une vallée, où nos rabatteurs, nos porte-fusils, et nos chasseurs devaient se trouver pour une chasse à l'ours. Les Coréens, hélas ! ne sont jamais pressées… L'homme se leva tard, et notre départ fut ainsi retardé de deux heures. Le soleil était levé quand l'expédition se mit en marche ; la troupe bigarrée des chasseurs professionnels et des rabatteurs nous accompagnait jusqu'à la gorge où était l'ours. Les chasseurs et les rabatteurs se mirent au service de chacun de nous, et nous traversâmes la montagne en suivant un sentier étroit et tortueux qui passait entre les plus hautes crêtes. Nous escaladâmes, nous dégringolâmes maintes gorges abritées et boisées, jusqu'à ce que les chasseurs nous eussent avertis que nous approchions de l'endroit où nous devions nous poster.

Les rabatteurs disparurent et firent un détour de plusieurs *li* pour battre tous les coins et les recoins qui se trouvaient sur leur passage. Des

PAVILLON SUR LES FORTIFICATIONS DE SÉOUL

heures s'écoulèrent pendant lesquelles, souffrant de la chaleur, de la faim et de la soif, nous restâmes cachés dans l'épaisseur des buissons à guetter le gibier. Pendant la première heure, aucun bruit ne vint rompre le silence de la vallée ; à présent les cris des rabatteurs nous parvenaient, sortant des fonds ou des hauteurs environnantes. Tout d'abord ce ne fut qu'un gémissement lointain, comme les sanglots de l'orage parmi les arbres d'une forêt. Ces sons étranges semèrent l'inquiétude parmi les pigeons ramiers, les tourterelles roucoulantes, et les pies bavardes. Les cigognes à la gorge rouge sortirent, avec une élégance dédaigneuse, des replis de la rivière et s'envolèrent vers d'autres étangs. Les brumes de la nuit s'étaient enfuies de la vallée ; la rosée avait disparu des broussailles enchevêtrées ; le soleil s'élevait ; il faisait chaud. Le sang accélérait son cours dans nos veines pendant que nos regards scrutateurs demeuraient fixés sur le côté opposé de la vallée. Les rabatteurs montaient. Leurs cris rauques déchiraient l'air, qui résonnait de bruits destinés à effrayer les bêtes ; un hurlement spasmodique s'élevait du fond de la vallée où un rabatteur isolé se livrait à un véritable accès de vociférations. Des clameurs éclataient au-dessus de nous, et les rocs de la vallée en renvoyaient les échos. De toutes parts, la vallée retentissait de l'effort des rabatteurs qui, grimpés au sommet des crêtes, redescendaient maintenant en chassant tout devant eux. Ils approchaient rapidement, rejoints par les chasseurs du pays, qui avaient pris position sur les rochers surplombant l'endroit où nous étions dissimulés. Notre heure arrivait. Chacun prit son fusil en main et redoubla d'attention pendant que les rabatteurs, faisant un dernier effort, poussaient d'assourdissantes clameurs. Nous regardâmes et nous attendîmes... jusqu'au moment où nous acquîmes la persuasion que l'ours avait depuis longtemps passé à travers la ligne de ceux qui le poursuivaient.

UNE RÉSIDENCE D'ÉTÉ DANS LA CAMPAGNE CORÉENNE

La chasse en général est considérée comme une occupation servile par les Coréens, et la poursuite du cerf, de l'ours et du tigre n'est pas un sport pratiqué par les jeunes gentilshommes du royaume. Les nobles, à l'exception de ceux qui appartiennent à des familles ruinées dans les provinces de l'extrême nord du royaume et de ceux qui sont réduits à ce passe-temps pour ajouter quelque chose à leurs ressources, ne s'y livrent jamais. La chasse est pourtant libre pour tous. Il n'existe aucune loi, ni interdiction de port d'armes, et il y a peu de réserves de gibier. La chasse dans tout le royaume n'est fermée à aucune époque de l'année. Le seul animal qu'il soit interdit de détruire est le faucon, que protègent les règlements les plus stricts. Les territoires de chasse sont presque entièrement limités aux districts montagneux, et les chasseurs constituent une classe tout à fait à part dans le pays. Ils parcourent sans cesse et avec rapidité le terrain à la recherche du gibier, et ils sont nourris par les gens du village qu'ils habitent temporairement, en échange de la protection contre les bêtes sauvages que leurs prouesses assurent aux habitants de l'endroit. Leur arme principale est le fusil à pierre, qui leur vient du Japon. Le canon est orné d'incrustations d'argent et attaché au moyen de bandes minces d'argent ou de fer blanc. On charge cette arme avec des balles de fer, de la même grosseur que celles contenues dans les obus de sept livres. On y met le feu pour faire partir le coup, au moyen d'un rouleau de cordelette en paille tressée, qui reste allumé pendant toute la durée de la chasse. La monture est courte et légère. Quand le coup part, la crosse de cette arme antique et étrange s'appuie contre la pommette. Beaucoup de chasseurs, parmi ceux qui nous accompagnaient, portaient des cicatrices sous l'œil droit.

Leur costume est caractéristique et ils se distinguent aussi par leur hardiesse, leur intrépidité et leur libre allure. Leur uniforme se compose d'une chemise de toile bleue et d'un turban de coton bleu ou vert qu'ils enroulent deux fois autour de leurs cheveux et dont le bout effiloché retombe sur le front. Ils ornent leur coiffure de grains de couleur et ont autour du cou un collier fait de grains semblables. En travers de la poitrine ils suspendent des cordons de fèves auxquels sont attachés les ingénieux instruments de leur profession. Les chasseurs imitent très habilement les cris de divers oiseaux et animaux, particulièrement celui du faisan appelant sa femelle et celui de la daine appelant ses petits. Ils imitent l'appel du faisan au moyen d'une petite rondelle de fer de la dimension d'une pièce de cinquante centimes ; elle est percée et ressemble au noyau d'un abricot. L'appeau employé pour le cerf est fait d'une tige de roseau fendue.

LE TEMPLE DES TABLETTES À SÉOUL

Les chasseurs d'oiseaux ne tirent jamais le gibier au vol. Ils le trompent en se revêtant de peaux et de plumes et l'abattent d'un endroit favorable où ils se tiennent à l'affût. On chasse le cerf pendant les mois de juin et de juillet. Les chasseurs se réunissent en petits groupes et battent les montagnes pendant plusieurs jours, jusqu'à ce que le gibier soit à portée de fusil. Les cornes sont vendues aux médecins du pays ou expédiées en Chine ou au Japon. Quand il s'agit de l'ours, les chasseurs prennent particulièrement soin de ne tirer que lorsqu'ils sont sûrs de leur coup. Les divers quartiers de l'ours se vendent un bon prix. En dehors du produit de la peau, la chair, la graisse, les tendons et le fiel de l'ours, auxquels on prête certaines vertus médicinales, se vendent leur poids d'argent. Le seul animal royal qu'on trouve en Corée, — tel l'éléphant blanc du Siam, le dromadaire d'Égypte, le bison des États-Unis, — est le tigre. Contrairement à l'espèce indienne qui se plaît dans les jungles tropicales, le tigre coréen vit dans la neige et les forêts du nord, jusqu'au cinquantième parallèle. Dans l'esprit des Coréens, le tigre est le symbole de la férocité, un emblème martial et glorieux. Les chasseurs de tigres affectent de mépriser leur noble proie et parfois même l'attaquent, aidés de chiens dressés et n'ayant à la main qu'une lance ou une courte épée. On prend parfois les tigres au moyen de trous recouverts de terre et de branchages et garnis de pieux. Il est alors facile de les tuer. Les chasseurs mangent la chair et vendent la peau et les os.

Les chasseurs de tigres sont extraordinairement courageux. Le gouvernement a parfois recours à leurs services pour la défense de l'empire. Armés du fusil à mèche, de la lance et de l'épée, ils battirent les Français commandés par l'amiral Roze, en 1866, et résistèrent héroïquement à la marche des Américains en 1871. En 1901, on les rassembla pour défendre la frontière du nord contre les incursions des brigands de Mandchourie.

CHAPITRE XVIII

LES MOINES ET LES MONASTÈRES : DES MONTAGNES DE DIAMANT. — LE TEMPLE DE L'ÉTERNEL REPOS. — LE TEMPLE DE L'ARBRE DE BOUDDHA. — LE BOUDDHISME.

Le gibier abonde dans la région qui s'étend entre les mines allemandes et les montagnes de Diamant, et dans notre marche lente vers le célèbre monastère de Chang-an, nous fîmes de nombreuses et courtes haltes à la recherche des oiseaux et des cerfs. Malheureusement les cerfs se tinrent à l'écart, et il nous fut impossible de faire sortir les faisans des épais taillis où ils trouvaient un abri. Nous pûmes toutefois tuer des pigeons ramiers. Les chasseurs coréens nous accompagnèrent pendant un certain temps, puis quittèrent notre caravane pour suivre leur chemin. Après avoir franchi la rivière Hai-yong, ils devaient se diriger vers l'ouest, au cœur des montagnes, tandis que nous allions vers le nord-est.

Nous eûmes, pendant notre voyage, un exemple des difficultés qu'on éprouve à voyager en Corée. Elles étaient accrues par notre ignorance du chemin exact que nous devions suivre pour nous rendre, de Tong-ko-kai, à la retraite des pieux moines dans les montagnes. Les habitants du village de To-chi-dol prévinrent nos conducteurs de la difficulté qu'il y avait à mener des chevaux à travers la passe de Tan-bal-yang, la seule barrière qui nous restât à franchir et qui sépare le monde extérieur du premier monastère de Keum-kang-san. Les *mampus* étaient disposés à abandonner l'entreprise, et nous dûmes confirmer nos ordres au moyen de coups de bâton. Leur opposition fut de courte durée, et instantanément leur mauvaise humeur fit place à cette attitude tranquille et à cet air de contentement qui leur étaient habituels. Avec une énergie et une patience infatigables, ils excitèrent leurs petits poneys à escalader les roches, à se faufiler à travers les taillis enchevêtrés et les blocs de rochers qui encombraient le sentier, et à gravir les raidillons. Nous suivions le lit desséché d'un torrent au niveau de la vallée, et nous montions lentement. L'ascension était pénible et la pente devint bientôt tellement raide que le bât des poneys leur glissa du dos. Pendant quatre heures, l'endurance des huit animaux et de leurs conducteurs fut mise à une rude épreuve. Mais les uns comme les autres étaient des produits de la montagne, aux membres vigoureux et au souffle puissant.

La descente, par une fissure de la crête des montagnes, fut moins pénible. Les conducteurs firent des cordes avec des plantes grimpantes, cueillies dans les taillis, et les enroulèrent autour des bagages. Puis ils marchèrent derrière les poneys en tenant les cordes, ce qui maintenait les animaux et empêchait les bâts pesants de glisser à nouveau. Malgré cela, le chemin était jonché des débris de nos bagages. Cependant nous n'eûmes qu'à nous louer du procédé ingénieux imaginé par nos guides, et les petites bêtes se tirèrent d'affaire admirablement à travers les bois frais et verdoyants.

La pente de la montagne était parfumée de plantes innombrables, la brousse était un fouillis de splendides fougères, d'arbres et d'arbustes. Les chênes, l'aubépine, le châtaignier, le bouleau et les pins croissaient touffus et splendides ; l'églantine, le lis tacheté et une orchidée pourpre décoraient la mousse. En arrière des coteaux boisés, les croupes des monts dentelés se dressaient vers le ciel, leurs crêtes, perdues dans les nuages, planant à une hauteur de cinq mille pieds. En dessous, dans la vallée, une muraille faite de rochers granitiques dressait une barrière infranchissable devant une rivière tumultueuse qui, jusqu'à la saison des pluies, n'est qu'un simple filet argenté coulant au milieu du lit à sec.

Nous avions à traverser le lit de la rivière, et de là à gagner le centre des montagnes : un voyage d'un jour avant d'atteindre le Temple de l'Éternel Repos. Après avoir franchi la passe de Tan-bal-yang, nous nous reposâmes une journée à Kal-kan-i. Partant à la pointe du jour, le lendemain, nous traversâmes la passe de Kak-pi, au moment où le soleil atteignait le sommet des montagnes qui enferment la vallée que nous avions à traverser pour la dernière étape du voyage. Nous approchions du dernier refuge de maints pèlerins misérables. Par une brèche des montagnes on pouvait apercevoir les toits recourbés d'un grand nombre de temples. L'air vibrait du joyeux carillon des cloches, et, du chemin que nous suivions, on apercevait la fumée de l'encens dont l'odeur se mêlait à celle des pins. La tranquillité et la solitude de cette retraite spirituelle étaient apaisantes ; en passant sous la porte rouge, marque de la protection royale, le charme et la douceur du lieu vous incitaient à goûter les consolations offertes par cet asile bouddhique.

Il y a trente-quatre monastères et sanctuaires monastiques à Keum-kang-san, et ils sont occupés par trois cents moines et soixante religieuses. Chang-an est le plus, vieux, et il existe depuis des générations. En 515 de l'ère chrétienne, pendant le règne de Po-pheung, roi de Silla, il fut restauré par deux moines, Yul-sa et Chin-kyo. Parmi les autres monastères, qui ressemblent à celui-ci par leur situation pittoresque et solitaire, sont Pyo-an, placé comme Chang-an sur le versant ouest, Yu-chom et Sin-ga sur le versant est. Ces monastères, avec trente autres de moindre importance, sont l'objet du respect le plus enthousiaste de la part des Coréens, et un grand nombre de ces derniers bravent les difficultés et les fatigues du voyage à travers les montagnes de Diamant pour les visiter.

Les quatre principaux monastères sont desservis par cent soixante-dix moines et trente religieuses. Le principal temple de Chang-an est un grand édifice de quarante-huit pieds de haut, d'une architecture que connaissent, pour la rencontrer souvent, ceux qui voyagent en Orient. La charpente est rectangulaire ; elle est recouverte de deux toits, larges, recourbés, avec des rebords richement sculptés et de lourdes tuiles, et que soutiennent des piliers en bois de teck de trois pieds de circonférence. Les panneaux en losange des portes sont rehaussés d'or ; le plafond est élevé, sculpté, orné de motifs riches, profusément doré et coloré en bleu, rouge et vert. Des marches de granit donnent accès au temple ; et les principales pièces de charpente de tout l'édifice reposent également sur de larges dalles de granit.

Sur les murs intérieurs de l'édifice sont représentées des scènes de la vie de Gautama, l'apôtre de la religion bouddhique. Une image dorée figure au centre d'un groupe également doré de sept divinités du passé et du futur, incarnations de l'Unique et Sublime Sakya-mouni, dont les fidèles attendent la réapparition dans l'avenir. Des encensoirs de cuivre, des chandeliers et un livre de messe manuscrit en caractères chinois et coréens, posé sur un morceau de brocart fané, taché et poussiéreux, occupent le devant de l'autel. Au pied de cet autel élevé, d'où émane une étonnante impression religieuse dans la clarté crépusculaire de la salle, un prêtre passe certaines heures du jour et de la nuit profondément incliné, récitant et psalmodiant d'une voix monotone et avec de constantes génuflexions, les mots *Na-mu Ami Tabul*. Ces syllabes sont la traduction phonétique de certains mots thibétains, dont le supérieur lui-même fut incapable de m'expliquer le sens ; transcrites en caractères chinois, elles sont également inintelligibles.

D'autres temples de ce même monastère sont consacrés à la Demeure de la Vertu, aux Quatre Sagas et aux Dix Juges. À l'intérieur de ces édifices, Sakya-mouni et ses disciples siègent en diverses attitudes d'ineffable abstraction, contemplant les farouches images de démons et d'animaux, et la peinture des tourments d'outre-tombe réservés aux méchants. Beaucoup d'édifices de Chang-an ont été restaurés il y a peu d'années. Les travaux sont terminés depuis longtemps et les cours spacieuses sont maintenant remises en état. Les temples sont propres et immaculés, et tout le monastère témoigne du soin avec lequel il est entretenu.

En dehors des principaux temples, il y a de nombreux sanctuaires de moindre importance, situés dans les recoins de la forêt ; une scène pour des cérémonies religieuses les plus solennelles ; des édifices pour des cloches et les tablettes ; des écuries pour les poneys des nombreux visiteurs, un couvent de religieuses, un réfectoire pour le supérieur et les moines. Il y a, en outre, des cellules pour les prêtres et des bâtiments pour les serviteurs. On y trouve encore des logements pour les veuves, les Orphelins, et les pauvres ; pour les estropiés, les boiteux et les aveugles ; pour les vieillards et les abandonnés, auxquels les moines accordent abri et protection. En plus du supérieur, il y avait dans le monastère, vingt autres personnages, moines, prêtres, néophytes et dix religieuses, les unes jeunes filles, les autres vieilles et ridées.

Les revenus de l'établissement se composent de la location et du produit des terres d'église, des dons des pèlerins et des visiteurs, des offrandes occasionnelles des riches et des quêtes : faites par les moines mendiants. Ces derniers chantent les litanies de Bouddha de maison en maison et parcourent tout l'empire, nourris et logés sur leur chemin, pour recueillir les maigres aumônes que provoquent leurs lamentations. Les quatre grands monastères sont dirigés par un des membres de la communauté, élu chaque année pour occuper cette fonction. Il est ordinairement maintenu jusqu'à sa mort, ou bien jusqu'à ce qu'on l'envoie dans quelque autre centre d'activité bouddhique, à moins que, par sa conduite, il ne donne lieu au mécontentement. Les pratiques et les cérémonies des monastères des montagnes de Diamant sont conformes aux principes de la religion de Bouddha, à peu près comme les coutumes de l'Église anglicane le sont aux différentes confessions chrétiennes qui existent dans le monde.

J'avoue que je serais bien embarrassé de découvrir un fondement de vérité aux accusations de libertinage grossier et d'inconduite que porte un missionnaire américain contre les monastères de Keum-kang-san. Pour moi, qui ai passé bien des semaines dans cette calme retraite monastique, je préfère me rappeler la bonté des moines — leur véritable charité chrétienne — envers les pauvres et les affligés, ceux qui ont faim et ceux qui sont malheureux, comme envers tous ceux qui viennent vers eux aux moments de misère et de malheur. Si nombre d'entre eux apprennent les litanies de leur religion par cœur, si la science leur fait défaut, s'ils ignorent le sens de maintes choses auxquelles ils consacrent tant d'heures monotones de leurs vies, tout cela n'est-il pas de peu de poids dans la balance, lorsqu'on y oppose leur profonde humanité, leur bonté envers tout ce qui respire, leur charité envers les vieillards et les misérables, leur excessive humilité, leur merveilleuse patience, la douceur et la simplicité extrême de leur vie, la nature humanitaire de leurs occupations ?

LE SUPÉRIEUR DU MONASTÈRE BOUDDHIQUE DE YU-CHOM-SA

Le monastère de Yu-chom n'est que paix et quiétude. Il est situé, loin de tout contact avec le monde extérieur, dans une vallée profonde et boisée des montagnes de l'est. Il demeure enfermé en lui-même, et toute son existence est enveloppée dans les mystères de cette foi au service de laquelle il est consacré. Il n'y a là aucun torrent qui gronde, tel que celui qui fait entendre son fracas de tonnerre dans la gorge de Chang-an-sa ; seul un léger murmure s'entend, venant de la source qui jaillit d'entre les rochers, parmi les taillis épais. L'aspect du monastère est solennel et il exerce sur la vie quotidienne des moines, réunis dans ses murs, une influence qui les porte à l'ascétisme le plus rigoureux. Il règne dans toute la communauté cette atmosphère de repos et de solitude qui offre tant de réconfort aux âmes en détresse.

La plus imposante des trente-quatre retraites bouddhistes des montagnes de Diamant est celle de Yu chom-sa. On peut y arriver par le côté ouest de Keum-kang-san en gravissant le chemin rocheux de la gorge de Chang-an-sa et en traversant la crête par la passe de An-man-chai, à 4.215 pieds d'altitude. On descend par un rude et pittoresque sentier à travers des bois épais jusqu'au groupe de temples situé sur la face orientale de la chaîne. Il y a un autre chemin plus facile, par la passe de Pu-ti-chong, à 3.700 pieds d'altitude, qui nécessite un petit détour à partir de Chang-an-sa ; après avoir serpenté à travers plusieurs kilomètres de forêts, il aboutit directement à un sentier qui mène aux portes du monastère. Tous les chemins partent de Chang-an-sa et ceux qui désirent voir les monastères situés sur le versant oriental doivent nécessairement franchir les montagnes. Le voyage dans l'une ou l'autre direction peut être accompli en huit heures ; les difficultés qu'offre le lit du torrent de Chang-an-sa rendent la route impraticable pour les chevaux. Les poneys légèrement chargés peuvent franchir la passe de Pu-ti-chong. Il est utile de jouer des coolies coréens, au prix d'un dollar coréen pour chaque homme.

UN AUTEL BOUDDHIQUE

Les temples de Yu-chom-sa ressemblent beaucoup à ceux de Chang-an-sa. Ils sont toutefois plus nombreux et plus richement dotés. Devant les marches du temple principal est une petite pagode de granit, dont les proportions élégantes apportent un élément de dignité à la cour spacieuse autour de laquelle sont situés les principaux temples du monastère. L'autel de ce temple est orné d'une étrange pièce de bois sculpté. Sur les racines d'un arbre retourné on voit, assises ou debout, cinquante-trois petites figures de Bouddha. Les moines racontent au sujet de cette sculpture étrange une légende très ancienne. Il y a bien des siècles, cinquante-trois prêtres qui étaient venus de l'Inde en Corée pour apporter les préceptes de Bouddha sur cette terre antique, s'assirent auprès d'un puits à l'ombre d'un arbre. Trois dragons surgirent aussitôt des profondeurs du puits et attaquèrent les moines, en appelant à leur aide le dragon du vent qui déracina l'arbre. Au cours de la lutte, les prêtres parvinrent à placer une image de Bouddha sur chacune des racines de l'arbre et transformèrent le tout en un autel, dont l'influence força les dragons à réintégrer les profondeurs du puits où des blocs de rocher entassés les emprisonnèrent. Les moines fondèrent ensuite le monastère et bâtirent le principal temple à l'endroit même où le dragon avait été vaincu. De chaque côté de cet extraordinaire ornement d'église, on voit des feuilles sculptées de lotus, larges et hautes de plusieurs pieds ; au pied d'une immense figure de Bouddha, couverte d'or et de pierres précieuses, qui orne le centre de l'autel, il y a plusieurs vases de bronze magnifiques, larges, pesants et anciens. Des draperies de gaze de soie bleue et rouge, servant de voile, sont suspendues aux poutres massives du toit.

LE MONASTÈRE BOUDDHIQUE DE YU-CHOM-SA

Les figures qu'on voit dans les temples coréens sont celles qui sont reproduites dans tous les temples bouddhiques d'Asie ; la figure suprême et centrale est toujours celle de Sakya-mouni ou Bouddha. Le traitement artistique de la divinité principale du panthéon bouddhique diffère peu du type conventionnel de l'Inde, du Siam, du Thibet et de la Mongolie, Le sage est accroupi sur ses genoux, la plante des pieds tournée vers la face, les doigts repliés sur les paumes ; les yeux sont légèrement obliques, et le lobe de l'oreille est quelque peu bulbeux. Le trône est fait du calice ouvert d'une fleur de lotus, symbole d'éternité. La beauté des figures dans le Temple de l'Arbre de Bouddha est particulièrement remarquable ; et les ors de l'autel brillent dans le jour crépusculaire de la vaste salle comme les rayons d'un feu spirituel. Les exercices de dévotion ne cessent jamais dans cette habitation du Toujours-Suprême Seigneur, et les prêtres se succèdent pour réciter les prières et célébrer les offices. Lorsqu'on aperçoit la silhouette solitaire du prêtre plaidant devant le Toujours-Suprême Seigneur, dans son temple le plus auguste et devant son autel le plus sacré, pour la rémission de ses péchés, le spectacle est d'une extraordinaire solennité. La sympathie et l'émotion sont étrangement excitées en entendant monter et décroître le chant dans la vaste salle, et en voyant l'officiant s'agiter dans le désespoir passionné de son abandon. Le prêtre frappe sur une cloche, qui est devant lui pour marquer les différentes phases du service, et chaque fois il se prosterne et s'agenouille devant le resplendissant Bouddha.

DIVINITÉ BOUDDHIQUE, GARDIENNE D'UN TOMBEAU

Les principales cérémonies du jour et de la nuit à Yu-chom-sa sont annoncées par la grande cloche de bronze — fondue au quatorzième siècle — et par un large tambour de plusieurs pieds de circonférence. Ces deux instruments ont chacun leur édifice dans la cour. Pendant les cérémonies moindres, les génuflexions des prêtres s'accompagnent des notes discordantes des petites cloches de cuivre, qu'ils frappent à plusieurs reprises avec des cornes de cerf. Une superbe image de Bouddha siège au milieu du Temple de la Fleur de Lotus, dans une attitude impassible et bénigne, derrière un abri de verre, contemplant avec gravité les dévotions et les pieux exercices de ses fidèles serviteurs. Cet autel est en retrait et protégé dans son entier par des glaces ; les offrandes de riz, qu'on présente pour la bénédiction, restent en dehors de l'autel. Parmi les autres temples et sanctuaires de Yu-chom-sa, il y a la Demeure de la Vie Éternelle, le Temple du Mois de l'Eau, le Temple de Ceux qui viennent de l'Ouest. Il y a cinquante moines à Yu-chom-sa, plus douze religieuses et huit jeunes gens qui n'ont pas encore reçu les ordres. Un grand nombre de ces novices sont très jeunes. Certains ont été amenés par leurs parents dès le premier âge, tandis que d'autres ont été recueillis par les moines dont la charité est très large, pour être consacrés au service des monastères. Ces jeunes gens paraissent intelligents. On ne leur apprend guère que les chants et les litanies, dont ils connaissent bientôt à fond les versets. Ils sont propres et bien nourris ; tandis que les moines, s'ils sont aussi propres, sont d'une plus grande frugalité. Leur maigre repas se compose de riz et de divers légumes hachés, de gâteaux faits de noix de pin et de miel, ou de riz et de miel. Ils vivent tant bien que mal en suivant ce régime, mais leur corps et leur visage portent des signes d'émaciation. Parmi les religieuses qui sont attirées vers ces divers monastères, il y en a beaucoup qui sont entrées au cloître pour des motifs religieux, et quelques-unes, qui, se trouvant seules dans le monde, ont pensé que c'était là un endroit convenable pour y passer leur vie. Elles n'empiètent en rien sur les fonctions religieuses des moines, et vivent complètement à part, dans un monde qui leur appartient absolument.

LE SUPÉRIEUR DU MONASTÈRE DE CHANG-AN-SA ET SES MOINES

Les formes religieuses qui règnent aujourd'hui en Corée sont le bouddhisme, le confucianisme et le shamanisme. Les affirmations des anciens écrivains chinois et japonais et le témoignage des premiers missionnaires jésuites tendent à prouver que le culte des esprits et des démons a été le fondement de la foi nationale depuis les temps les plus reculés. Le dieu des montagnes est encore aujourd'hui le plus populaire. Le culte des esprits du ciel et de la terre, des puissances invisibles de l'air, le culte de la nature, de l'étoile du matin, des génies gardiens des rivières et des montagnes, du sol et des graines, est pratiqué depuis si longtemps, qu'en dépit des influences du confucianisme et des siècles de bouddhisme que le pays a traversés, la religion réelle de la grande masse du peuple n'a pas subi de grands changements. Quelque persistante que soit cette tendance des classes inférieures vers la démonolâtrie, la philosophie de Confucius est, depuis le quinzième siècle, le culte officiel et à la mode en Corée. Il est arrivé, dans sa période moyenne, à ce point où une religion, qui n'a d'abord été accueillie que par un petit nombre d'adeptes pour s'étendre ensuite jusqu'à être absorbée par le peuple, se sent fermement établie et accentue sa prédominance par ses prétentions bigotes, son intolérance et par la violence de ses prétentions, triomphe ultime des doctrines usurpatrices. Le confucianisme s'est aujourd'hui répandu dans toute la péninsule. Du quatrième au quatorzième siècle, époque où prévalait la religion de l'Illuminé, il n'était étudié et pratiqué que par les classes instruites. Le bouddhisme a prédominé dans toute la partie méridionale de la péninsule, et n'a influé qu'en partie sur le nord, où il n'a pu vaincre les enseignements de Confucius. Dans tout son développement, le bouddhisme a toutefois exercé une influence puissante sur les affaires coréennes, influence qui a duré jusqu'à la fin de la dernière dynastie. À un moment les bonzes dirigeaient la cour et annulaient les décrets du monarque. Au temps de son ancienne suprématie, le bouddhisme devint le plus puissant et le plus formidable facteur dans l'éducation du pays. Il exerça un pouvoir sans limite, et guida les révolutions politiques et sociales de l'époque. On témoigne encore un grand respect aux doctrines du bouddhisme en Corée. De nouveaux monastères et temples sont en cours de construction, les prêtres bouddhistes du Japon et de la Corée faisant cause commune contre les missionnaires occidentaux. L'empereur a lui-même témoigné de l'intérêt pour la propagation de cette foi, et avec Lady Om, il a donné de grandes sommes pour la restauration de certains temples délabrés en dehors de la ville. En résumé, le bouddhisme a marqué d'une telle empreinte l'histoire du petit royaume que, tout en reconnaissant le caractère purement éthique des enseignements de Confucius, il faut nettement classer la Corée parmi les nations bouddhistes du globe.

CHAPITRE XIX

L'ABOMINATION DE LA DÉSOLATION. — À TRAVERS LA CORÉE.

LA CÔTE ORIENTALE. — PÊCHE ET SALETÉ.

La paix, la piété, la sublime ardeur des moines de Yu-chom et de Chang-an sont en frappant contraste avec l'état de choses qui règne à Shin-ki-sa. La magnificence de Yu-chom-sa et la charité de Chang-an-sa disposent à la tolérance et à la sympathie envers ceux dont les existences sont vouées au service de Bouddha, dans les silencieuses retraites des montagnes de Diamant. Le spectacle offert par le monastère situé au pied et au nord-est de Keum-kang-san, révèle l'existence de certains maux dont heureusement, les centres bouddhiques les plus importants de cette région ne sont pas affectés. Ce n'est pas le temps seul qui a causé cet abandon, et la décrépitude ne serait pas aussi lamentable si elle se rehaussait du charme et de la noblesse d'une pittoresque ruine. Le caractère des moines est ici complètement différent. Tout est négligé et personne ne prend soin des temples. Une couche de tuiles brisées entoure les édifices ; la saleté et la poussière, résultats de la négligence, les déshonorent à l'intérieur. L'esprit de respect fait ici défaut. Le spectacle change brusquement.

Shin-ki est un petit monastère. Ses temples n'ont peut-être été jamais comparables en grâce et en beauté aux sanctuaires de Yu-chom-sa. Rien ne peut cependant excuser l'abandon et le désordre de ses cours, non plus que la malpropreté du temple. Il semble qu'il n'y ait rien de commun entre ce monastère et ceux de l'intérieur des montagnes. On cherche en vain l'élégante dignité du vieux supérieur de Yu-chom-sa, dont l'esprit humanitaire est si élevé. La distinction, la politesse et la dévotion qui dirigent la conduite de ce dernier, manquent absolument chez le supérieur, les prêtres et les moines attachés à Shin-ki-sa. Le contraste est violent. Il est extrêmement triste de constater le déclin de ces temples autrefois prospères. La colère et la douleur remplissent l'âme du spectateur. Lorsqu'on promène ses regards au delà du temple, sur la belle et calme vallée qu'il domine, c'est comme si, d'un lieu de désolation, on considérait un monde autre et meilleur. Le squelette du passé demeure seul et on appelle de tous ses vœux le pouvoir qui restaurera l'édifice en son ancien état.

Par sa situation, le monastère emprunte quelque chose de l'esprit de la nature. Si l'on peut trouver une compensation à sa décadence, il faut la chercher dans la sauvage beauté des montagnes abruptes qui s'élèvent de la vallée et qui le dominent. Les épreuves et les tribulations du monde extérieur s'arrêtent au large de leurs faces de granit ; une fois enfermé dans leur grise enceinte, les petites ironies de la vie disparaissent. Les heures s'écoulent fraîches et calmes. Des forêts primitives vêtent les brèches profondes de la chaîne ; un flot de couleur s'épand des larges espaces où poussent les fleurs sauvages et les tons du feuillage des bois révèlent une infinie variété de vert. Au centre d'une clairière, débarrassée de ses broussailles et à laquelle on accède par un sentier qui serpente dans l'épaisseur des bois, est situé Mum-sa-am. Cette retraite est celle des vingt religieuses qui dépendent de Shin-ki-sa. Je ne connais rien de leur existence, mais à en juger par l'état de leurs temples et le désordre qui règne aux alentours, il m'a semblé, qu'à l'exemple des soixante prêtres, moines et novices du monastère, elles ne trouvaient pas beaucoup d'élévation à la doctrine de Bouddha et qu'elles n'appréciaient guère le paysage environnant.

Les jours que nous passâmes dans les plus importants monastères des montagnes de Diamant s'écoulèrent sans événements. Les attentions et la sollicitude des moines pour le bien-être de leurs hôtes se manifestèrent à chaque heure du jour et ils saisirent toutes les occasions de nous prouver leur bienveillance. On nous offrit des logements frais et élevés ; on mit à notre disposition toutes les ressources du monastère. Le supérieur de Chang-an-sa prépara pour nous des boissons faites avec du miel et des gâteaux de graines de pin. Tous les matins on apportait à table des provisions de miel, de riz, de farine et des légumes frais ; durant tout le jour, rien de ce qui pouvait, dans l'esprit de ces hommes simples, nous procurer du bien-être, n'était négligé. Un étang profond, formé par le ruisseau qui descend de la montagne, nous fut réservé ; et lorsque, dans l'air frais du matin et à l'heure où la brise du soir avait fait tomber la chaleur, nous allions nous baigner, le supérieur avait, de sa propre initiative, donné l'ordre que personne ne vînt nous déranger.

Le temple que nous occupâmes pendant notre séjour à Chang-an-sa contenait l'Autel des Trois Bouddhas. L'édifice était vaste et imposant. Une large véranda l'entourait, des piliers en bois de teck soutenaient le toit massif ; et des tableaux allégoriques illustrant des incidents de la vie de Bouddha, décoraient les murs. Des tapis de papier gommé couvraient le plancher ; une nappe en soie, richement brodée, de petites nattes, des vases d'encens en bronze et des candélabres de cuivre, ornaient l'autel, au centre duquel siégeait une grande figure dorée des Trois Bouddhas. Tous les soirs, au coucher du soleil, les moines qui officiaient dans ce temple plaçaient des vases contenant du riz, du miel et des gâteaux de graines de pin sur l'autel, et allumaient les petites lampes et les candélabres. Les prières n'étaient pas toujours dites et les offices n'étaient pas toujours les mêmes, le nombre des moines variant toutes les nuits suivant le caractère de chaque office. Après le service, beaucoup s'approchaient de nous, intéressés par notre petit campement. Ils se réunissaient autour de la cuisine ; ils aidaient l'interprète à préparer les plats et ils les goûtaient. Ils maniaient avec étonnement nos ustensiles de cuisine et notre coutellerie de voyageurs. Parfois, leur familiarité croissante établissant une sorte d'intimité entre nous, les moines nous faisaient voir les boutons de leurs vêtements et leurs coupes à aumônes, nous demandant d'accepter des exemplaires de leurs livres en échange de photographies de leurs temples. Les mystères de l'appareil photographique les enchantaient, le seul aspect d'un fusil de chasse leur mettait l'angoisse au cœur, et ils n'étaient jamais fatigués de se balancer dans mon lit de camp.

Avant que notre camp fût transporté de Chang-an-sa à Yu-chom-sa, une solide amitié, créée par maintes bontés, par une prévenance attentive et le souci constant de tous nos besoins, s'était établie entre les moines et nous. Ils nous consultaient au sujet de leurs indispositions, qui étaient ordinairement une indigestion aiguë ou une dysenterie intermittente. Mes médicaments se limitaient à des pilules de quinine et à un flacon de sels ; ils acceptaient l'un et l'autre remède avec reconnaissance et beaucoup de philosophie résignée. Mais, tout en continuant à venir nous visiter aussi volontiers qu'auparavant, je remarquai qu'ils ne se présentaient plus aussi souvent, comme malades, pour être soignés. Quand vint le moment de notre départ, on nous força d'accepter beaucoup de petits cadeaux. Pendant longtemps il nous fut impossible d'obtenir le compte de ce que nous devions au monastère. À la fin, l'insistance de l'interprète triompha. Quand nous eûmes ajouté au paiement quelques dollars pour le fonds du monastère, les expressions de gratitude avec lesquelles ce don fut reçu auraient presque fait croire que c'était nous qui nous étions montrés bienveillants et hospitaliers à leur égard.

Notre logement à Yu-chom-sa ne fut en rien inférieur, et non moins délicieux par sa situation, à celui que nous venions de quitter. Du bâtiment des pèlerins à Yu-chom-sa, on jouit de la vue du torrent de la montagne, qui se précipite à travers les pentes rocheuses et boisées de la vallée. À Chang-an-sa, nous campions sous l'abri de la spacieuse véranda qui entoure le Temple des Trois Bouddhas, en évitant autant que possible de nous servir de l'édifice sacré. À Yu-chom-sa, cette réserve fut inutile ; l'édifice mis à notre disposition était celui qui était habituellement réservé aux visiteurs d'un caractère officiel de passage au monastère. Les appartements étaient propres, confortables et clairs. Des tablettes étaient suspendues aux murs, où étaient inscrits les noms et les titres des hôtes précédents. De hautes murailles entouraient l'édifice et des portes massives mettaient le local à l'abri d'une intrusion inattendue. La vie de ces campements est faite d'une paix et d'un bonheur idéal. On pouvait travailler sans être troublé ni tourmenté par les influences du dehors. Nous n'avions en réalité aucune idée d'une autre existence. Nous vivions dans la retraite d'un sanctuaire, où les craintes mortelles n'avaient pas pénétré et où les tribulations, qui assiègent l'humanité, étaient inconnues.

Après Shin-ki-sa on arrive, après un voyage de quinze *li* par une excellente route dans la direction est-nord-est, à Syong-chik, situé sur la côte. La vue et l'odeur de la mer, après les désagréments et les fatigues de Shin-ki-sa, nous furent particulièrement agréables. Entre Yu-chom-sa et Shin-ki-sa, le pays est coupé de marais et de champs de riz. Les difficultés rencontrées parmi ces marécages et ces boues retardèrent beaucoup les chevaux. La route par la côte, si elle est rude et pierreuse par endroits, est du moins exempte de ces obstacles, et ses sinuosités ne sont pas dépourvues d'agrément. Serpentant parmi des pentes basaltiques, escaladant leurs surfaces unies par une série de degrés grossièrement taillés, elle descend jusqu'au sable de couleur brillante. Un crochet par l'intérieur des terres vers l'ouest et le sud-ouest, évite les contreforts abrupts d'une chaîne de montagnes voisine.

UNE BELLE MAGICIENNE

La mer lèche en murmurant le sable, et la brise légère ne ride qu'à peine l'étendue bleue ; les variations constantes que présentent le sable d'or, la mer étincelante, les vallées et les collines verdoyantes, contribuent au charme et à la fraîcheur du voyage. Le sentiment d'isolement, inséparable d'un voyage à travers des régions où la barrière des montagnes vous sépare du monde extérieur, disparaît aussitôt qu'on se trouve en contact avec l'océan et les navires qu'il porte. Très loin, sur l'immense étendue de la mer tranquille, on apercevait des bateaux de pêche, des jonques ; leur coque disparaissait à l'horizon et leurs voiles brunes s'enflaient par moments aux bouffées de la brise. Dans les bas-fonds, le long du rivage, des hommes bruns et nus pêchaient au filet des harengs et des éperlans, pendant que leurs enfants poursuivaient des crabes et, avec des cris de joie, plongeaient dans l'eau profonde à la recherche de leur proie.

Autour des cabanes, dans tous les petits villages groupés au bord de l'eau, les hommes dormaient au soleil. Pendant que leur seigneur et maître se reposait, les femmes raccommodaient les accrocs des filets, ou s'occupaient à construire les pièges grossiers à l'aide desquels leurs maris attrapent du poisson. L'aspect de ces villages le long de la baie n'était guère attrayant, et on ne pouvait les comparer aux villages de l'intérieur que nous avions traversés. Ils étaient sales, en ruines, mal tenus ; l'aspect des gens décelait une grande malpropreté. L'air était chargé de l'odeur du poisson séchant au soleil — odeur agréable en elle-même par son goût de sel marin — mais ici tellement mêlée aux relents des ordures et des tas de débris pourrissant au soleil, des poissons et des algues en décomposition, que l'odeur générale faisait mal au cœur. Les gens n'étaient ni curieux ni malveillants ; la plupart montraient de l'indifférence et nous offraient en vente des œufs frais, du poisson et des poulets.

La baie, le long de ces villages, était couverte de poissons, séchant sur le rivage de la manière la plus primitive. L'art de fumer le poisson est inconnu ; et leur façon rudimentaire de faire les salaisons prouve qu'ils n'ont aucune méthode de préparation. Les chiens se couchent sur ces tas de poissons, les poules y picorent librement ; en maints endroits, les hommes dorment tranquillement, avec un tas de poissons comme oreiller sous la tête. À voir une telle négligence, on comprend que nombre des maladies qui règnent parmi les Coréens puissent être attribuées au poisson séché dont ils sont si friands.

LE SUPÉRIEUR DU MONASTÈRE DE CHANG-AN-SA

Le commerce du poisson salé et séché est très considérable et se répand dans tout le royaume. Il fait l'objet d'un important trafic par terre avec la capitale. Dans tous les villages on voit des chapelets ou des piles de poisson séché ; le piéton sur la route, promenant sa besace, en porte presque toujours une petite provision avec lui. Une industrie parallèle à la salaison du poisson est celle des marais salants, dont les opérations sont conduites d'une manière également primitive et sans méthode. Pour la prospérité de ces deux industries, il est indispensable de posséder quelques connaissances techniques élémentaires, aussi bien qu'un certain capital ; le manque de ces deux éléments est un obstacle à la réussite du travail. Il y a tellement de poisson le long de la côte, que si le produit de la pêche était convenablement préparé, on pourrait établir immédiatement un commerce prospère d'exportation. Pour le moment, on n'en retire que juste de quoi vivre, et les jours de prospérité n'ont pas encore lui. L'industrie est complètement paralysée par les exactions des fonctionnaires ; les pêcheurs, comme les paysans, savent trop bien que la seule façon de se garantir contre les demandes du Yamen, est de rester dans l'extrême pauvreté.

MONASTÈRE BOUDDHIQUE DE SHIN-KI-SA

Nous traversâmes beaucoup de villages de pêcheurs au cours de notre voyage. Ils se ressemblaient tous, ne différant que par leur importance, le nombre des bateaux de pêche tirés sur le rivage, la force de leurs odeurs. La misère et la malpropreté de ces hameaux étaient extrêmes. Les gens semblaient dépourvus de toute vie spirituelle, satisfaits de passer leur existence vide et crapuleuse à bâiller, dormir et manger tour à tour. En dépit de l'argent offert, il nous fut impossible de louer leurs services pour une journée de pêche. Le résultat de cette indifférence de la part des gens du pays, est que les pêcheurs japonais sont en train de s'emparer des pêcheries de la côte. Si ces gens mornes, rêveurs et sales ne se réveillent pas bientôt, la pêche dans leurs propres eaux leur sera enlevée. Les Japonais prennent le poisson en toute saison ; les Coréens ne pêchent qu'à une certaine époque de l'année. Leur influence va donc diminuant de jour en jour dans une industrie d'un profit tel, que dix mille bateaux de pêche japonais en vivent déjà.

LE TEMPLE DU CIEL À SÉOUL

Il est dangereux, en raison de la malpropreté des villages, de s'y arrêter. Il est plus prudent de camper au dehors en plein air. Pour mon malheur, je me suis arrêté dans plusieurs d'entre eux. À Wha-ding, village situé à soixante-quinze *li* de Won-san, je fus torturé par les insectes comme je ne l'avais jamais été auparavant en Australie, en Amérique, en Afrique et en Asie. Les puces étaient partout ; elles flottaient dans l'air, comme les parcelles de sable fin soulevées par les vents du nord-ouest, en Nouvelle-Zélande et par les vents chauds, en Afrique. Ici tout était recouvert d'un enduit pénétrant de puces. C'est à Wha-ding que j'ai passé une des nuits les plus cruelles que j'ai connues. Il était impossible de rester debout, également impossible de rester assis ; on ne pouvait, bien entendu, songer à dormir. Nous secouâmes nos vêtements, nous nous baignâmes, nous nous lavâmes, nous nous mîmes de la poudre. Chaque effort nous causait une torture, et toutes les précautions augmentaient l'ironie de notre situation. Pour ajouter aux fléaux de cet endroit maudit, nous étions assourdis par les incantations d'un sorcier qui nous fendait les oreilles et qui avait été loué par l'aubergiste du village pour exorciser un démon qui l'avait ensorcelé. Nous nous demandâmes ensuite s'il fallait attribuer à cela l'activité diabolique de la vermine. Après avoir essayé inutilement de nous arranger avec le magicien en le corrompant à prix d'argent par l'entremise de mon interprète, nous décidâmes que l'un des conducteurs tiendrait le rôle de l'esprit malin. Il sortit dans la nuit et se mit à hurler plaintivement, pendant que nous réunissions les anciens et le nécromant, et alors nous déchargeâmes gravement nos revolvers dans les ténèbres sur l'esprit qui s'enfuyait. Malheureusement, nous ne parvînmes pas à convaincre le sorcier que l'esprit avait disparu. Il fallut que, perdant patience, je précipitasse ses gongs et ses cymbales dans un puits, où je le jetai ensuite lui-même, pour que nous fussions débarrassés des tortures de ce fléau supplémentaire.

CHAPITRE XX

SÉCHERESSE. — FAMINE. — DÉSORDRES DE L'INTÉRIEUR. — PLUIE ET MALADIES.

Il est difficile, pour nous qui habitons l'Angleterre, de comprendre quelle peut être l'étendue des maux qui résultent d'un manque absolu de pluie dans des pays où la population compte sur elle pour se procurer son pain quotidien. Lorsque les journaux annoncent brièvement le retard des moussons, cela ne donne aucun signe de l'anxiété avec laquelle des millions de gens considèrent la moisson prochaine. L'eau donne la vie aux champs de riz et la sécheresse a pour conséquence, non seulement la ruine d'une récolte, mais la famine avec ses résultats : les désordres de toute nature, la maladie et la mort. Les moyens dont dispose le gouvernement de l'Inde permettent de prévenir les soulèvements de la populace. En Extrême-Orient, où l'administration civile n'est pas en mesure de faire face aux exigences de la situation et où la distribution méthodique de secours est inconnue, la ruine des récoltes a pour conséquence immédiate, la décimation de la population et le bouleversement complet de l'édifice social.

Une preuve encore plus convaincante des effets néfastes de la sécheresse, là où la vie de la population dépend de la récolte du riz, est apportée par la famine de 1901 en Corée, qui fit un nombre effrayant de victimes et qui causa de graves désordres. Le pays fut frappé de ruine ; les districts de l'intérieur furent envahis par une populace désespérée. Des gens d'ordinaire pacifiques et respectueux de la loi se réunirent pour piller les campagnes, dans l'espoir de se procurer une nourriture suffisante pour ne pas mourir de faim, eux et leurs familles. La faim chassa des populations entières des villages vers les villes, où il n'y avait pas de provisions pour eux. L'anarchie régna dans tout le pays et la population fut poussée par le besoin à des résolutions désespérées. Une armée de mendiants envahit la capitale. Les rues de Séoul devinrent peu sûres à la tombée du jour ; des bandits se livrèrent ouvertement au pillage dans la province de Kyong-keui, où est située la capitale. D'une contrée tranquille et heureuse, ensoleillée et calme, la famine fit, en peu de mois, une terre de désolation où régnaient la misère, la pauvreté et le désordre.

Les moyens de secours étaient tout à fait insuffisants, et bien qu'on importât du riz, un grand nombre de gens, manquant d'argent pour en acheter, moururent de faim. L'absence d'une organisation efficace en présence de ces désastres augmenta la confusion. Avant qu'aucune disposition ait pu être prise en vue des secours, plusieurs milliers d'habitants moururent. Il y avait alors à Séoul 20.000 indigents sur une population qui n'atteignait pas tout à fait 200.000 âmes. Les nouvelles reçues des centres provinciaux signalaient que dans un grand nombre de districts ruraux régnait une absolue sauvagerie. La famine, la peste et la mort régnèrent sans conteste pendant des mois, et un grand nombre de gens qui n'étaient pas morts de faim, périrent dans la suite, emportés par les maladies qui ravagèrent le pays.

On peut croire que la famine n'aurait pas pris de telles proportions, si le gouvernement coréen avait maintenu l'embargo sur les exportations de céréales. Il n'est pas douteux qu'en levant cette prohibition, il contribua à diminuer la quantité de vivres à la disposition du peuple, au moment où sa misère était la plus aiguë. Le chiffre des décès concernant les territoires dévastés par la famine montrent qu'il y eut plus d'un million de victimes. La conduite du Japon, qui insista pour que l'interdiction fût levée, afin de sauvegarder les intérêts d'une demi-douzaine de marchands de riz japonais, mérite la plus sévère condamnation. La responsabilité principale de cette hécatombe retombe entièrement sur le gouvernement japonais. En contraignant par la terreur le gouvernement coréen à un acte qui eut pour conséquence la mort d'un million de gens, le gouvernement japonais se compromit par une politique qui était contraire aux préceptes de la raison et du sens commun, et qui en même temps outrageait tous les principes d'humanité. L'observateur impartial doit tenir la Corée pour non coupable en cette affaire. Il est vraiment déplorable que l'opposition véhémente de son gouvernement n'ait pas été respectée. Quoi qu'il en soit, cet exemple illustre l'attitude répréhensible du gouvernement japonais dans ses relations avec la Corée.

Le caractère exceptionnel de la sécheresse prête un certain intérêt aux constatations hydrométriques concernant Chemulpo et allant de 1887 au milieu de 1901, qui furent faites par le correspondant de l'Observatoire de physique de Saint-Pétersbourg. La quantité de pluie enregistrée se rapporte aux années 1887-1900, et à la première moitié de 1901. Le professeur H. Hulhert a fait remarquer qu'en évaluant la quantité suffisante ou insuffisante de pluie, il était nécessaire de savoir en quelle saison de l'année la pluie était tombée. Trente pouces de pluie en novembre seraient moins utiles aux champs de riz que quinze pouces en juin. Pour la culture du riz, il faut que la pluie tombe au bon moment. Autrement elle est sans utilité, et tout en augmentant la quantité réelle de pluie tombée pendant l'année, un vrai déluge, se produisant en dehors du temps favorable, ne serait d'aucun avantage pour l'agriculture.

CONSTATATIONS HYDROMÉTRIQUES

ANNÉES	PLUIE	NEIGE	TOTAL	BROUILLARD		PLUIE		NEIGE	
	Pouces.			Jours.	Heures.	J.	H.	J.	H.
1887	30.86	2.00	32.86	13	3	19	17	4	2
1888	20.91	2.15	23.06	14	5	12	6	3	3
1889	28.18	0.91	29.09	25	13	25	5	5	9
1890	47.00	1.06	48.06	12	18	27	10	0	64
1891	41.04	1.66	41.70	13	5	30	20	3	7
1892	34.04	1.20	35.24	15	20	16	10	4	6
1893	50.64	3.55	54.19	31	5	36	6	8	11
1894	31.81	0.64	32.45	33	18	21	9	1	8
1895	31.88	2.06	33.94	32	7	29	11	6	17
1896	31.08	5.15	36.23	51	7	27	0	2	0
1897	48.35	3.23	51.58	24	5	31	17	4	18
1898	37.80	4.73	42.53	31	14	29	19	5	15
1899	25.07	2.05	27.12	—	—	18	19	1	3
1900	29.14	0.83	29.97	—	—	21	2	0	20
1901	7.09	0.06	7.13	7	5	3	7	2	0

Voici également la quantité de pluie tombée pendant les années 1898-1901, à la saison où une pluie abondante est d'une suprême importance pour le riz.

ANNÉE	JUIN	JUILLET	AOÛT	TOTAL
1898...	4.5	10.0	11.0	25.5
1899...	8.5	7.5	6.7	22.7
1900...	2.0	6.2	4.5	12.7
1901...	0.3	2.7	1.1	4.1

Dans un pays où on cultive le riz, comme la Corée, il est essentiel qu'une quantité suffisante de pluie tombe pendant les trois mois d'été pour permettre au riz de semence d'être transplanté, et au grain de mûrir. En 1901, à cause du manque d'eau, la plus grande partie du riz de semence ne put être transplantée, et il se dessécha.

Il est naturellement inévitable que l'une des conséquences immédiates de la famine soit un accroissement de mortalité dans tout le pays. La misère, à laquelle des milliers de Coréens furent réduits, affaiblit à tel point leur constitution que, dans beaucoup de cas, ceux qui avaient eu la chance de ne pas mourir de faim demeurèrent affaiblis. Nombreux furent ceux que l'épuisement résultant de leurs privations disposa particulièrement à la maladie. Ceci fut plus spécialement le cas pour les districts de l'intérieur.

En temps ordinaire, la malaria est peut-être la maladie la plus commune en Corée. Elle sévit dans toute la contrée, mais elle est plus étroitement localisée dans les régions où les champs de riz sont nombreux. La petite vérole règne d'une façon presque constante et se déclare sous forme d'épidémie à des périodes très rapprochées l'une de l'autre. Presque tous les adultes et la plupart des enfants au-dessus de dix ans l'ont eue. La lèpre est assez générale dans les provinces méridionales, mais elle se répand très lentement. Cette maladie présente tous les caractères décrits dans les manuels ; mais son accroissement presque imperceptible en Corée fait fortement présumer qu'elle n'est pas contagieuse.

Le grand ennemi de la santé est le bacille de la tuberculose. Le manque d'aération, l'absence d'hygiène et la petitesse des maisons, développent ce germe. Les affections tuberculeuses et des articulations sont communes ; de même la fistule, le bec-de-lièvre, les maladies des yeux, de la gorge et des oreilles. La plus commune parmi les maladies des yeux est la cataracte ; et parmi celles de l'oreille, la suppuration de la cavité moyenne, qui est dans la plupart des cas une suite de la petite vérole survenue pendant l'enfance. Les polypes du nez sont également très fréquents. L'hystérie est assez commune, et on rencontre, parmi les maladies nerveuses, l'épilepsie et la paralysie. L'indigestion est presque un fléau national ; elle est provoquée par l'habitude de manger rapidement d'énormes quantités de riz bouilli et de poisson cru. Le mal de dents est moins fréquent que dans les autres pays, la diphtérie et la fièvre typhoïde sont très rares, et la fièvre scarlatine est presque inconnue. Le typhus, la fièvre rémittente de malaria, et la fièvre intermittente ne sont pas rares.

En somme, les maladies les plus fréquentes sont celles qui résultent de la malpropreté, et aussi de la qualité médiocre de la nourriture et l'étroitesse des logements. La plupart des maladies communes à l'humanité se retrouvent en Corée.

CHAPITRE XXI

LA QUESTION DES MISSIONNAIRES. — MORALE DU CHRISTIANISME.

TARTUFFERIE ET COMMERCE. — PROHIBITIONS NÉCESSAIRES.

L'histoire des missions en Corée fournit maintes illustrations de la bravoure avec laquelle les missionnaires français ont délibérément sacrifié leur vie pour leur pays. C'est là une affirmation peut-être cynique, mais il y a beaucoup de raisons de croire que les prêtres catholiques dans l'Extrême-Orient d'aujourd'hui sont les agents provocateurs de leur gouvernement. Ils provoquent l'anarchie et les outrages, au péril même de leur vie, chaque fois que les intérêts de leur pays l'exigent. Depuis les commencements du christianisme en Chine, ils ont recherché la gloire du martyre, et ils ont agi de même en Corée.

Le christianisme a pénétré en Corée vers 1777, par l'introduction fortuite d'un certain nombre de traductions en chinois des œuvres des Jésuites de Pékin. L'idée qui avait eu des commencements aussi humbles, se répandit, au point que le précepteur du roi fut forcé de publier un décret contre la foi nouvelle. Cette mesure ne suffisant pas, on fit des exemples en s'emparant des plus enthousiastes sectateurs. Beaucoup furent torturés, d'autres condamnés à l'exil perpétuel. Les persécutions continuèrent jusqu'en 1787 ; mais l'œuvre de prosélytisme ne cessa pas, malgré les traitements infligés aux convertis par le bourreau.

C'est en 1791 qu'un missionnaire étranger essaya pour la première fois de pénétrer en Corée. Ce ne fut toutefois que trois ans plus tard qu'un prêtre de l'Évangile parvint à tromper la vigilance des gardiens de la frontière. Celui-ci étant entré, les autres suivirent naturellement, sans se laisser détourner par la crainte de la mort violente que tant de ces intrépides chrétiens avaient soufferte. Pendant que les missionnaires français poursuivaient leur œuvre périlleuse, en dépit de l'hostilité non déguisée de la majorité du peuple, la muraille d'isolement que la Corée avait élevée autour d'elle, était sapée petit à petit. Des vaisseaux venus de France, de Russie et d'Angleterre touchaient ses côtes au cours de leurs voyages d'exploration et de commerce dans la mer Jaune. Par suite des associations d'idées que fit naître en leur esprit la vue de ces navires étrangers, les Coréens s'accoutumèrent à la pensée que le monde ne se limitait pas aux ressources de leur pays et aux territoires lointains de la Chine. Jugeant toutefois les matelots qui tombaient entre leurs mains à la mesure des prêtres français, qui avaient bravé toutes les lois du pays, ils les mettaient à mort aussitôt. Ils agirent ainsi jusqu'en 1866, époque à laquelle l'amiral commandant une escadre française à Tientsin, eut connaissance que certains de ses compatriotes avaient été massacrés en Corée. À la réception de cette nouvelle, une expédition fut préparée : première manifestation de cette politique dont s'inspire le gouvernement français, en ce qui concerne les missionnaires et les affaires de missions en des pays dont on peut tirer profit par suite de leurs avantages géographiques ou industriels.

LESSIVEUSES ET PORTEURS D'EAU

Le pays était, depuis des siècles, sans doctrine religieuse acceptée. Le bouddhisme, qui existait depuis mille ans avant que la dynastie actuelle montât sur le trône, était tombé en défaveur ; les doctrines de Confucius ne satisfaisaient pas complètement les hautes classes, et le shamanisme n'était en honneur que parmi la masse primitive. Le moment paraissait propice à l'introduction d'une philosophie plus pratique, et à mesure que l'évangile chrétien se répandait, l'opposition rencontrée par la grande doctrine humanitaire diminuait. La tolérance à l'égard des nombreuses confessions occidentales est aujourd'hui générale, et les Coréens trouvent dans l'adoption du christianisme un moyen commode d'échapper aux exactions des fonctionnaires.

Pourtant les progrès du christianisme s'accompagnent parfois d'effusion de sang et de malheurs. En dehors de cet obstacle à la propagation de la foi chrétienne en Corée, il est permis de se demander si les méthodes employées par les diverses catégories de missionnaires sont empreintes de cet esprit de charité qui devrait marquer leur enseignement. Sans mettre en doute la valeur individuelle des nombreux missionnaires qui pourvoient aux besoins spirituels des Coréens, je crois qu'il serait difficile d'affirmer que les principes d'abnégation dont témoignent la vie des prêtres catholiques et celle des missionnaires de l'Église anglicane, se trouvent également manifestés par l'existence confortable que mènent les représentants bien payés des Sociétés américaines de missions. Les prêtres français vivent dans la plus misérable pauvreté ; ils s'efforcent de s'identifier aux conditions de leur troupeau, et ils n'acceptent ni congé, ni récompense, comme compensation de leurs services. En comparant simplement ces principes d'évangélisation, je ne désire nullement m'aventurer dans le domaine de la controverse, mais simplement donner une idée des diverses méthodes d'agir des sectes qui se font concurrence là-bas.

La mission de l'Église anglicane, que l'on désigne aujourd'hui sous le nom de mission anglaise, et qui est sous la direction de l'évêque Corfe, a adopté un système communiste. Les frais de nourriture, de logement, d'habillement, de blanchissage et de chauffage sont pris sur un fonds commun, remis à chaque trimestre par le trésorier de la mission à l'administrateur responsable de chaque établissement de mission. D'après le nombre des résidents, les dépenses sont restituables au prorata, à raison de 70 livres sterling par personne et par an. Ce chiffre concerne le personnel masculin. Pour les dames de la mission anglaise, le taux proportionnel du remboursement est d'un tiers en moins. Les dépôts de la mission sont situés à Séoul, Chemulpo, Mok-po et Kang-wha ; en plus des établissements de Corée, il existe une aumônerie à New-chwang. Le principal centre d'activité de la mission est situé à l'île de Kang-wha. À Chemulpo et à Séoul on s'occupe d'améliorer les conditions des pauvres, en employant l'éducation, la douceur et la patience ; les malades y sont l'objet d'une attention particulière. À un moment, il y avait dans ces deux villes d'importants hôpitaux et dispensaires ; l'établissement médical de Chemulpo est aujourd'hui abandonné.

Les membres de cette mission supportent beaucoup de privations, étant donnée la simplicité primitive de leur existence. D'autre part, ils étalent une pompe superflue ; la longue soutane blanche à ceinture de gros chanvre qu'ils portent en public et à l'intérieur, accentue leurs tendances ritualistes et témoigne, selon moi, d'un peu d'affectation.

Néanmoins, dans leurs pratiques journalières, les membres de la mission anglicane en Corée font preuve de cet idéalisme qu'illustrent les sacrifices sans nécessité, le sublime héroïsme et la force d'âme des prêtres catholiques, et que n'atteignent pas — je suis forcé de le constater — les autres missions en Extrême-Orient, les missions américaine, anglaise, écossaise et irlandaise.

UNE FÊTE CHAMPÊTRE EN CORÉE

Le missionnaire américain en Extrême-Orient est un être singulier. Il représente une combinaison de projets qui fait de lui un facteur commercial d'une importance considérable. Les missionnaires américains en Corée étaient primitivement en rapports intimes avec les principales maisons d'exportation des grands centres industriels d'Amérique. En raison de représentations diplomatiques, ils ne se livrent plus ouvertement à cette démonstration pratique de la supériorité occidentale. Pourtant, à Séoul, un missionnaire américain reçoit encore des pensionnaires, causant un préjudice indéniable à l'hôtel de la Gare ; à Won-san, un autre exploite un verger. En règle générale, ils sont correspondants de journaux et photographes professionnels ; à l'occasion — et j'entends désigner ici un petit groupe de missionnaires américains à Séoul — ils étudient, en tant que savants, l'histoire, les mœurs, les coutumes et la langue du pays où ils résident.

Le missionnaire américain reçoit un traitement qui souvent dépasse 200 livres sterling par an, auquel viennent invariablement s'ajouter des allocations supplémentaires. L'habitation et les serviteurs leur sont fournis gratuitement, ou bien ils reçoivent une indemnité de logement ; ils ont un subside pour l'éducation des enfants et ils touchent une somme annuelle pour chaque enfant. En général, les missionnaires américains ont beaucoup d'enfants, et la famille vit à l'aise et dans un luxe relatif. Ils occupent en Corée les maisons les plus agréables et les plus confortables des quartiers étrangers, et ils me semblent tirer de leur situation le maximum de profit avec le minimum de peine. Je ne sais si c'est avec la permission des directeurs des missions américaines que leurs représentants combinent les soucis commerciaux et la conversion des infidèles. Quand un missionnaire consacre une bonne partie de son temps à des travaux littéraires, à l'administration d'une agence d'assurances, aux soins d'un jardin fruitier, ou à des opérations commerciales, il me semble que les intérêts de ceux qui sont dans les ténèbres doivent souffrir.

Les missionnaires américains ont fait de la Corée leur terrain de prédilection. Les convertis, qui prononcent les formules chrétiennes avec un fort accent américain, sont une des caractéristiques de la capitale au vingtième siècle. Les quartiers généraux de missions, que l'on a créés en un grand nombre d'endroits, sont aujourd'hui prospères. Ils trouvent beaucoup de sympathie et de soutien parmi la population indigène. La façon dont la plupart des œuvres des missionnaires se soutiennent d'elles-mêmes, justifie l'esprit de tolérance qui distingue l'attitude du peuple à l'égard de la propagande. Il ne faudrait pas supposer que ces œuvres fussent agréables à toutes les nuances de l'opinion indigène. Les émeutes et l'effusion de sang souillent la route du prosélytisme, et la crédulité des indigènes amène des sacrifices d'existences. Les désordres qui ont marqué l'expansion du christianisme en Corée, notamment au cours du soulèvement antichrétien de Quelpart, il y a quelques mois, sont dus à la jalousie des masses païennes, excitée par la protection dont jouissent ceux qui acceptent l'Évangile, vis-à-vis des fonctionnaires rapaces.

À Quelpart, ce sentiment d'animosité et l'exemption de taxes assurée par les prêtres français à leurs fidèles, créèrent une situation intolérable. L'île fut en proie à l'anarchie et six cents convertis furent mis à mort. Quels que puissent être les avantages compensant ce martyre, le sacrifice insensé de vies humaines que l'imprudence des missionnaires a provoqué en Extrême-Orient, est une honte pour la civilisation moderne. Nous avons traversé un terrible soulèvement antichrétien en Chine, et si nous désirons éviter une nouvelle catastrophe de ce genre, il est nécessaire de surveiller de plus près toutes les formes de l'activité évangélique. Ceci ne peut être réalisé que par voie législative, en imposant une contrainte aux missionnaires dans le sens que les derniers événements ont indiqué. Il faut absolument que certaines mesures soient adoptées en vue d'assurer à la fois l'existence individuelle des convertis et en même temps le bien général de la communauté. Ces réformes, — cela est malheureux, mais inévitable — doivent être radicales. La violence et la hardiesse des missionnaires pendant ces dernières années, se sont exercées sans frein. L'excès d'activité des diverses sociétés, résultant de leur liberté illimitée, est retombé fatalement sur la tête des plus audacieux et aussi sur celle de beaucoup qui étaient absolument innocents de toute persécution religieuse. Le moment est donc venu de refréner avec vigueur ce prosélytisme agressif. L'habitude de semer les missions à la volée dans tout l'intérieur des pays d'Extrême-Orient doit cesser ; le consentement du consul local et de l'assemblée des ministres étrangers devrait être requis chaque fois. En outre, il serait sage de ne permettre, dans aucun cas, à des femmes célibataires d'évangéliser en dehors des limites, prescrites par les traités, des différentes colonies. Également, les missionnaires pourvus de famille, aussi bien que les femmes célibataires, ne devraient pas avoir le droit de s'établir en dehors de ces zones neutres.

Ces mesures imposées à l'activité des missionnaires provoqueront naturellement de l'irritation. Si on publiait le chiffre total des victimes qu'a faites, en Corée, en Chine et au Japon, le zèle imprudent des missionnaires occidentaux, son importance prouverait au public irréfléchi combien urgent est le besoin d'une action vigoureuse. Les massacres épouvantables que le monde connaît justifient moralement une telle répression. Le zèle aveugle des missionnaires a souvent produit ce résultat que le converti recevait le baptême en même temps qu'il subissait la crucifixion. Quelle joie pour les fanatiques que quelqu'un fût ainsi doublement glorifié grâce à eux ! L'accroissement du nombre des victimes parmi les maîtres et les disciples fournit l'argument nécessaire pour une réforme immédiate de tout le système des missions.

CHAPITRE XXII

VOYAGES DANS L'INTÉRIEUR. — PONEYS, DOMESTIQUES, INTERPRÈTES, NOURRITURE ET LOGEMENT. — CE QU'IL FAUT PRENDRE ET COMMENT SE LE PROCURER. — SUR LA RIVIÈRE HAN : DISTRACTIONS ET LOISIRS.

Un voyage dans les régions de l'intérieur de la Corée n'est pas le plus agréable passe-temps qu'on puisse imaginer, bien qu'il présente beaucoup d'attraits. À l'animation des routes succède peu à peu un paysage très pittoresque et très varié, où passent les collines et les prairies, les montagnes boisées et les champs de riz, les rivières, les lacs et les torrents. La caravane laisse bientôt derrière elle les derniers vestiges de la civilisation. Ce lent passage dans la solitude communique un charme vif au voyage. Chaque tournant du chemin accentue la désolation du panorama toujours changeant. La large étendue des plaines et des vallées fait place aux profondeurs sombres et sauvages de la forêt, où les sentiers abrupts sont glissants et dangereux. L'ozone d'une vie nouvelle emplit l'air. On ne doute pas, à ces moments-là, que cette existence soit la plus admirable qu'on puisse imaginer. Aucun souci n'entrave votre liberté ; le monde s'étend, pour un jour, aussi loin que peut atteindre le regard. Le lendemain, ses limites ont seulement un peu reculé. Les oiseaux, les bêtes, le gibier, fournissent aux besoins du camp. Dans les villages on se procure du riz, des légumes et des œufs. La source offre son eau, les rivières permettent de se baigner. L'air est pur et tous les aspects de la vie se revêtent de beauté et de joie.

Au terme d'une journée fatigante, gâtée, quelquefois, par un accident arrivé à l'un des animaux, ou par des disputes avec les domestiques indigènes, ou bien encore par la pluie, le brouillard ou les difficultés du chemin, on installe le campement du soir. Ces heures de repos et de flânerie, lorsqu'on a donné à manger aux chevaux et qu'on les a pansés, que les bagages sont défaits, les lits de camp dressés à l'abri d'une moustiquaire et le repas du soir préparé, sont remplies d'un sentiment de suprême contentement. J'ai toujours adoré ces moments de calme et considéré ce qu'ils m'apportent comme la meilleure chose que la vie puisse me donner. À de tels instants, les raffinements de la civilisation et les conventions sociales apparaissent singulièrement puérils. En outre, on tire grand profit d'une expédition de ce genre. Les épreuves et les difficultés développent la stabilité du caractère ; les risques et les dangers développent l'esprit de ressource et la confiance en soi. Il a beaucoup à apprendre au contact d'un type d'humanité qui diffère si radicalement des échantillons immuables qu'on rencontre en Occident. Il y a quelque chose de neuf à toutes ces phases de l'expérience. Si ce n'est là qu'une impression — que je me suis efforcé de rendre en ces quelques lignes — elle est de celles qui demeurent dans l'esprit, longtemps après que les autres souvenirs se sont effacés.

Les préparatifs d'un voyage de quelque durée dans l'intérieur demandent un temps considérable ; il faut se procurer des poneys, des domestiques et des interprètes, Il est bon d'examiner soi-même les poneys de bât destinés au transport des bagages. Les Coréens traitent leurs animaux d'une manière honteuse et les missionnaires ne font aucun effort pour améliorer le sort de ces malheureuses bêtes. Par suite de la négligence avec laquelle les poneys sont traités, les pauvres petits animaux souffrent d'écorchures sur le dos, telles que je n'en ai vu nulle part d'aussi larges et d'aussi affreuses. Si on pouvait enseigner aux Coréens les rudiments du dressage et une méthode plus humaine de charger leurs selles dures, de même qu'une certaine connaissance pratique de l'art vétérinaire, le sort du pauvre petit poney de la capitale serait fort adouci. Le spectacle des genoux couronnés, des cous à vif, des dos saignants et des pieds déchirés que présentent ces pauvres animaux lorsqu'ils défilent d'un pas alerte dans les rues de Séoul, est révoltant. Les missionnaires américains se vantent tellement de leurs bonnes actions, qu'il paraît étrange de les voir négliger un mal aussi criant que celui-là. Il n'y a, je présume, aucun honneur à récolter, en allégeant les souffrances d'un simple et misérable poney coréen.

Un grand nombre des poneys de bât de la Corée viennent de Quelpart. Ils sont de très petite taille, à peine un peu plus grands que la race de Shetland et généralement plus petits que ceux du pays de Galles. Ce sont ordinairement des étalons, très portés à se battre entre eux et à se donner des coups de pied, et connus pour leur caractère farouche. Leur sauvagerie est aggravée par l'irritation quotidienne que leur cause le frottement du bât aux durs contours sur les blessures enflammées de leur dos. Ils accomplissent des marches plus longues et se contentent de moins de nourriture que tous leurs congénères presque sans exception ; ils sont vifs d'allure, très vigoureux, pleins de bonne volonté. Faciles à nourrir, ils font preuve d'une ténacité et d'une patience extraordinaires. Une grande partie de mon plaisir, pendant mes voyages en Corée, fut néanmoins gâté par l'abominable négligence avec laquelle les conducteurs indigènes traitaient les animaux confiés à leurs soins. L'état affreux des bêtes me mettait en fureur, et presque chaque jour je faisais des reproches à l'un ou à l'autre des conducteurs pour sa barbarie. Mes observations n'avaient pas le moindre effet ; je n'en pouvais plus, et, à la fin, j'abandonnai mes excursions pour éviter les horreurs d'un tel spectacle. Le Coréen est très endurci aux souffrances de ses animaux. Il les nourrira bien, il se dérangera volontiers, le soir, pour préparer leur nourriture ; mais il ne permettra pas que des blessures écorchées et qui suppurent empêchent les pauvres bêtes d'accomplir leur travail quotidien. Cela est encore compréhensible, mais, de sa propre initiative, il n'essayera même pas de garantir la blessure en mettant dessus un coussinet. Quelque enflammé que soit l'ulcère, il pose la charge dessus, pendant que le pauvre poney manifeste sa torture par des ruades, des morsures et des hennissements de douleur.

Comme preuve de cette abominable cruauté, je citerai cette anecdote. Je vis, une fois, en dehors de Won-san, un Coréen s'asseoir sur une pierre et se mettre tranquillement à faire pleuvoir une grêle de coups sur la tête d'un chien qu'il tenait en laisse, jusqu'à ce que le malheureux tombât inanimé. Il le frappa ensuite dans les côtes et le déposa sur la braise d'un feu. Nous étions éloignés de plusieurs centaines de mètres, lorsque ce fait attira mon attention ; je poursuivis l'ignoble individu à travers deux champs de riz, jusqu'à ce que les difficultés du terrain m'eussent contraint de m'arrêter. Je remarquai dans la suite que les conducteurs avaient grand soin de panser le dos des chevaux à nos différentes haltes, et d'empêcher que les bâts ne frottassent sur les blessures, incités à ces attentions, je n'en doute pas, par la leçon indirecte que je leur avais donnée, à l'occasion de l'incident du chien.

Le caractère des indigènes qui doivent accompagner l'expédition, est une affaire très importante pour le bien-être du voyageur. Le propriétaire de l'hôtel de la Gare, à Séoul, m'avait procuré un excellent domestique. Peu de temps après qu'il fut entré à mon service, un missionnaire américain, qui le recherchait depuis quelque temps, le suborna. Il me quitta la veille de ma deuxième excursion. À l'est de Suez, un se joue rarement un pareil tour entre Européens, avec les domestiqués indigènes ; c'est là une des quelques lois non écrites de l'Orient, et elle est observée partout. Je portai l'affaire à la connaissance du Dr Allen, le ministre américain, mais le missionnaire garda son domestique. Dans ces expéditions, des domestiques, des conducteurs et un porteur sont nécessaires ; il est sage d'avoir un conducteur pour chaque cheval. Les Coréens ont l'habitude de confier trois chevaux à deux hommes ; mais je préfère ma méthode. Les Européens ont besoin d'un domestique particulier, qui prendra soin des effets personnels de son maître et servira à table. Un interprète, connaissant le chinois et une langue européenne, l'allemand, le français ou l'anglais, est très précieux. Il est plus prudent dans tous les cas de ne pas prendre de convertis. Un porteur rend des services et soulage un peu les bêtes de somme ; il porte l'appareil photographique, les bidons à eau, et les petits *impedimenta* selon l'occasion. Un cuisinier n'est pas nécessaire — ce fut mon interprète qui s'acquitta volontairement de cette fonction. L'interprète, dans tout voyage à l'intérieur doit être monté ; il est également avantageux de permettre aux domestiques particuliers de monter les poneys portant les bagages. Les interprètes reçoivent de trente à quarante dollars par mois ; les domestiques particuliers, de huit à vingt dollars ; les porteurs, de huit à dix dollars. Le prix de location des chevaux, y compris les conducteurs, est d'un dollar par jour ; la moitié de la somme est payée d'avance le jour du départ. Les prix sont faits en monnaie coréenne. La nourriture de tout le personnel, à l'exception des chevaux et des conducteurs, est à la charge du voyageur. L'interprète se charge de faire les comptes. Il inscrira, si on le lui commande, le nom chinois et le nom coréen des villages, des cours d'eau, des lacs, des vallées, des plaines, des montagnes et des routes que l'on rencontre. C'est là une chose utile ; la carte de Corée est déplorablement ancienne, et en envoyant ces noms à la Société de Géographie, on peut se rendre utile. L'interprète paiera les porteurs, les conducteurs et les domestiques en pièces démonétisées, et se fera payer en dollars mexicains, réalisant ainsi un profit de soixante-quinze pour cent ; il est avide et songe constamment à ses intérêts. Il fera entendre qu'il a besoin d'un domestique. Pour cette observation, il faudra le fouetter. Il embrouillera ses comptes autant qu'il le pourra ; il perdra les reçus, s'il ne trouve pas d'autre moyen de carotter. Il est, en apparence, innocent comme un agneau, d'une honnêteté évidente, d'une sobriété et d'une vertu exemplaires — tant qu'il n'a pas l'occasion de se conduire autrement. Dans toutes les circonstances il faudra le surveiller.

MINISTRES ET HAUTS FONCTIONNAIRES CORÉENS

Le Coréen est loin d'être un aussi bon serviteur que le Chinois ; il n'a ni initiative, ni faculté de travail, et de plus, il combine l'intempérance, l'immoralité et la paresse à des degrés divers. Le maître finit ordinairement par être le domestique de son serviteur. Le remède à cet état de choses existe toutefois. Si vous mettez une précision suffisante dans votre argument, en ponctuant la démonstration d'un coup de pied, selon que la circonstance l'exige, vous pourrez arriver à transformer le plus négligent et le plus fainéant des valets en un domestique zélé, sinon intelligent.

Il n'est pas nécessaire d'emporter de grandes provisions, quand on voyage en Corée. On trouve en abondance, dans tous les villages, de l'eau potable, de la volaille, du poisson frais, des fruits, des allumettes, du tabac, des légumes et de la farine de riz écrasé. Les habitants vous déclareront peut-être qu'il n'y a rien dans le village, et qu'ils sont misérables. L'aspect du lieu montre ordinairement, d'une manière assez claire, quelles peuvent être ses ressources. Dans ces occasions-là, le meilleur moyen que j'aie trouvé, était d'appeler le plus âgé des hommes en vue, de lui offrir une cigarette, de causer avec lui tranquillement, ensuite de donner de l'argent à l'interprète et de les envoyer tous deux à la découverte. Une fois, cette méthode échoua ; c'était dans un trou de la côte ouest, infesté de puces et où l'auberge n'avait pas d'écurie. Je commençais à croire que vraiment il n'y avait pas de volaille, lorsque tout à coup, comme pour se moquer de plusieurs habitants qui nous exprimaient leurs regrets, deux poules s'envolèrent par-dessus un mur sur la route. Cet incident jeta le trouble parmi les villageois, qui se dispersèrent. Les conducteurs, les domestiques et l'interprète poursuivirent aussitôt les gens, et les frappèrent à coups de fouet ; il y eut peu de mal, mais cela produisit une forte émotion, et aussitôt on vint nous offrir des écuries, des volailles et des œufs, que nous payâmes sur-le-champ. En ce qui concerne l'indemnité aux habitants, il est bon de s'assurer que les conducteurs paient les frais d'écurie ; s'ils peuvent s'en dispenser, ils n'y manquent pas, et l'aubergiste se souvenant de cela, ferme ses portes au passage du prochain voyageur. Mais, d'une façon générale, en payant, on peut obtenir tout ce qu'on veut, — jusqu'à des fourneaux à charbon de bois et de la vaisselle, au besoin, lorsque les escarpements de la route ont causé du dégât dans le panier à porcelaines.

COMPAGNIE CORÉENNE. — COMPAGNIE D'INFANTERIE FORMANT LE CERCLE

Dans le cours monotone de la marche, il est agréable de camper en dehors des villages, pour la halte de midi, et auprès d'une rivière, si le temps permet qu'on se baigne. On peut préparer le repas en plein air sous les arbres. Cette halte, pour un déjeuner champêtre, vous change agréablement de l'auberge villageoise, sur laquelle se lamentent perpétuellement les missionnaires ; on doit toujours l'éviter, quand on le peut. J'ai eu plusieurs fois recours aux auberges coréennes par suite d'averses soudaines, qui m'empêchaient de sortir. Pour le campement du soir, je m'en suis dispensé généralement ; chaque soir, l'interprète cherchait la maison la plus propre d'aspect et marchandait avec le propriétaire la location de deux pièces pour le temps de mon séjour. Celui-ci ne refusait jamais, et je n'ai jamais eu à souffrir de grossièretés ou d'insultes en ces occasions. La famille aidait volontiers mes domestiques, et quand les conducteurs avaient emmené les chevaux et s'étaient retirés à l'écurie personne n'était dérangé. Le domestique particulier préparait le déjeuner dans la matinée. L'espace qui nous était accordé était toujours suffisant pour disposer mon lit de camp, mes bagages et le moustiquaire. Il s'ouvrait en général sur une cour, autour de laquelle est bâtie la maison. Il y avait beaucoup d'air, puisqu'un des côtés était ouvert ; le plancher était fait d'épaisses solives, élevées au-dessus du sol. Lorsqu'il faisait mauvais temps, c'était un endroit chaud et à couvert. En outre, ce système est très recommandable sous le rapport de la propreté ; le prix que je payais pour les deux pièces, un demi-dollar, était d'ordinaire naturellement le double de ce qui avait été convenu. Parfois, au cours du voyage, lorsqu'on ne pouvait se procurer un logement de ce genre, il fallait se contenter d'un pis aller, le campement en plein air ou le logement officiel au *yamen*. Ce dernier endroit était incommode, et nous acceptions toujours un logis particulier quelconque, plutôt que de nous risquer au *yamen* ou à l'auberge. Nous passâmes bien des nuits sous des vérandas, ayant une pièce par derrière en cas de nécessité. Nos lits étaient dressés le plus souvent possible au dehors, habitude justifiée par la silencieuse beauté de la nuit. Bien des fois je me déshabillai au bord de la rue, mon lit de camp dressé sous une véranda, pendant que, tout près de moi, un attroupement d'inoffensifs Coréens me regardaient en fumant. Je passais mes vêtements de nuit, me glissais dans mon lit, et fermais le moustiquaire, sur quoi la foule se dispersait tranquillement. Comme je ne pouvais éviter de faire cela en public, et qu'il était inutile de leur adresser des observations, il valait mieux accepter la situation que d'entrer en lutte avec les spectateurs curieux.

Il est toujours bon de se dispenser d'emporter tout ce qui n'est pas essentiel. Un lit de camp, bien isolé du sol et plus solide que ne le sont d'ordinaire les modèles américains, est indispensable ; un sac de voyage en toile du modèle Wolseley, avec une pochette à chaque bout, et matelassé de liège, l'est également.

UNE JONQUE SUR LE FLEUVE HAN

Il sert à porter tous les effets personnels. Des chemises de flanelle, des serviettes, des chaussettes, etc., un livre ou deux, de quoi écrire, une couverture caoutchoutée, un moustiquaire, de la poudre insecticide, composent ce nécessaire. La menthe fraîche est utile contre les puces, et il faut la répandre en petits tas près de l'endroit où l'on dort. C'est un remède précieux et ordinairement efficace, bien que, soit dit en passant, j'aie trouvé les puces et les punaises des maisons de New-York et de Philadelphie beaucoup plus rebelles à ce traitement que toutes celles que j'ai rencontrées dans mon séjour en Corée. Il est nécessaire d'avoir un appareil photographique, une selle coloniale, des verres de Zeiss, un fusil, une carabine de chasse, un revolver, un couteau de chasse et une grosse gourde en caoutchouc vulcanisé. Il est recommandé d'emporter une provision de sparklets. Ces objets, avec un rouleau de corde, des pelotes de ficelle, de la confiture, du cacao, du thé, du sucre, de l'alcool, de la viande et des fruits de conserve, des biscuits, des ustensiles de cuisine et de table en faïence émaillée et quelques accessoires de toilette composaient tout mon matériel. Il est sage d'emporter quelques bouteilles de vin et des friandises, dans le cas où vous auriez à offrir l'hospitalité à un fonctionnaire ou à quelque Européen en voyage. Ces choses sont utiles auprès des fonctionnaires. Le tabac du pays est léger, doux et facile à fumer. J'en portais toujours une petite provision sur moi. Les sacs en toile du modèle en usage sont préférables à n'importe quelle sorte de caisse. De cette façon, les coins et les bords coupants ne blessent pas les chevaux, et, comme charge, ils ne constituent pas des objets aussi durs, sur le dos des bêtes, que des malles de cuir, de fer-blanc ou de bois. Mon lit et mon sac se faisaient juste contrepoids sur l'un des poneys ; mes provisions et les bagages des domestiques composaient la charge d'un autre. Il y avait un poney de réserve. L'interprète et moi, nous allions à cheval ; les domestiques montaient les bêtes portant les bagages, le porteur allait à pied.

UN PAVILLON IMPÉRIAL À SÉOUL

À une occasion où je voyageais avec un Allemand de mes amis, notre suite fut très nombreuse. Nous avions chacun notre équipement et un personnel commun pour l'expédition. Ce n'est d'ailleurs pas le moyen de mener à bien une telle entreprise. De plus, cela revient assez cher et cause bien du tracas, la direction d'une telle caravane n'étant pas une petite affaire. Il y avait cependant quelque chose de fastueux et d'agréable dans cette chevauchée à travers la

Corée. Mais, je le répète, ce n'est pas la méthode à suivre en général.

    Je n'avais plus grand'chose à faire en Corée. Mon voyage à travers la péninsule m'avait mené de Fusan à Séoul, puis de Séoul à Won-san ; j'avais terminé l'examen des centres industriels et miniers de l'intérieur et de la côte ; j'avais contemplé les beautés des montagnes de Diamant avec leurs monastères bouddhiques. Au terme de ces courses j'étais fatigué et mal à l'aise ; de plus, le moment approchait d'entreprendre mon long voyage par terre de Séoul à Vladivostock, le centre de l'autorité russe sur le Pacifique. La chaleur à Séoul était accablante, lorsque M. Gubbins, le ministre anglais, me conseilla d'aller me reposer et reprendre des forces dans une île de la rivière Han, à quelques milles en amont. Avant la nuit, mes gens et moi nous voguions, avec la marée, sur l'estuaire de la rivière. La brise marine soufflait sur les eaux calmes et scintillantes, et la lassitude qui me déprimait se dissipait sous l'influence des vents d'orage et de l'air frais venant du port. Au sortir de l'atmosphère étouffante de la capitale, où les gens avaient cessé de m'intéresser et où les tracas causés par les préparatifs de mon voyage à Vladivostock avaient commencé à me porter sur les nerfs, la transition me ravissait. Quand la lune se dégagea des nuages noirs, pendant que nous remontions le courant rapide de la rivière, les contours abrupts des falaises, de l'autre côté de l'eau, me prouvèrent la réalité de la transformation. Pendant les premières heures de la nuit, je demeurai éveillé, jouant avec les bulles et l'écume de l'eau, dans un complet ravissement.

Je résolus de flâner pendant quelques jours dans les petites îles de la rivière, m'arrêtant pendant la chaleur et continuant ma route la nuit ou au crépuscule, à l'heure où on pouvait abattre des oiseaux de mer pour notre marmite et pêcher du poisson pour le déjeuner. Combien il était délicieux de plonger dans ce courant rapide et combien de fois me suis-je baigné à l'ombre, au bord des îles ! Tous les soucis s'en étaient allés en ces jours passés à folâtrer, et mon esprit, fatigué par la tension de deux mois de voyage et les rigueurs de deux expéditions, reprenait ses forces. Je passai ensuite plusieurs semaines agréables dans le monastère bouddhique de l'île de Kang-wha, perché sur un pic élevé et où je pouvais voir, de ma fenêtre, des milles et des milles d'un paysage admirable se dérouler sous mes yeux.

L'estuaire d'eau salée du Han est profond et sujet aux tempêtes ; des quantités de navires et de petits bateaux le fréquentent. La rivière elle-même ne commence qu'à vingt milles de l'embouchure, et l'étendue d'eau intermédiaire appartient plutôt à la mer. Au-dessus de Chemulpo, où la force du courant du Han ne se fait guère sentir, la vitesse du flot est de cinq nœuds à l'heure. Cette vitesse augmente dans les endroits où la rivière se rétrécit. À un certain point, où la rivière est tout à coup resserrée entre des falaises qui se font face de chaque côté, l'énorme volume d'eau qui se déverse, se transforme en une chute impétueuse et tourbillonnante, qui aboutit, à travers l'étranglement où le flot se tord et écume, à un nouvel espace large. Le point de rencontre de la mer et du courant est indiqué par une ligne d'eau clapoteuse, ni calme ni houleuse. L'eau fait toujours des bouillons et se brise, à cet endroit, d'une manière qui symbolise poétiquement les esprits de l'onde jamais en repos. On peut se rendre à Séoul par le Han. Lorsque le chemin de fer n'existait pas, on avait à choisir, pour se rendre à la capitale, entre une nuit passée à terre sur l'un des nombreux bancs de sable mouvants de la rivière, et les risques d'un long voyage par terre avec des poneys de bât et la perspective d'un bain de sable dans le Petit Sahara. Beaucoup préféraient la voie de terre à cette sorte de voyage « par terre et par eau », auquel se réduisait, en ce temps-là, le voyage par jonque ou par chaloupe à vapeur, de nombreux bancs de sable forçant à tout instant les gens à marcher dans l'eau. Aujourd'hui, c'est le cheval de fer qui commande la route.

CHAPITRE XXIII

KANG-WHA : HISTOIRE ABRÉGÉE DE L'ÎLE. — UNE RETRAITE MONACALE : LE REPOS IDÉAL. — VISITEURS NOCTURNES. — MESSES DE MINUIT. — RETOUR À LA CAPITALE. — LES PRÉPARATIFS D'UN GRAND VOYAGE. — UNE SCÈNE DE DÉSORDRE.

L'île de Kang-wha, vers laquelle je naviguais à petites journées, est située dans la partie nord-est du golfe, formé par l'angle droit que fait la côte avant de décrire cette courbe vers le nord qui aboutit à l'embouchure du Yalu. Au sud et au sud-ouest, Kang-wha est exposée à la pleine mer ; au nord, l'île est séparée de la terre ferme par l'estuaire du Han, et à l'est, par un étroit passage, à peine large de deux cents mètres et que doivent prendre les bateaux allant de Chemulpo à Séoul.

L'île renferme quatre chaînes de montagnes nettement séparées l'une de l'autre et qui offrent des pics d'une altitude de deux mille pieds. De larges et fertiles vallées, allant de l'est à l'ouest et bien cultivées, les séparent. Les villages et les fermes qui abritent la population agricole se cachent dans les replis des bords de la vallée, cherchant à se garantir des rigueurs de l'hiver. Des centaines d'acres de terrain entre ces vallées et la côte, ont été conquis sur la mer et défrichés pendant les deux derniers siècles ; des digues d'une grande longueur et d'une extrême résistance furent construites en peu de temps. Sans ces immenses terrassements, les terres cultivées et florissantes qui existent aujourd'hui ne seraient qu'une étendue limoneuse inondée à chaque grande marée. Les empiètements continuels de la mer menacèrent à une époque d'engloutir toutes les terres en contre-bas.

Kang-wha avec ses curieux monastères et ses hautes murailles crénelées, qui ne sont plus aujourd'hui qu'une pittoresque ruine, a joué un rôle important dans l'histoire ancienne de la Corée. Elle a repoussé des invasions et donné asile à la famille royale et au gouvernement en des jours de troubles ; la fierté de sa situation fait d'elle l'extrême avant-poste qui subit la première attaque et qui est le plus important à défendre. Deux fois au treizième siècle, la capitale fut transférée à Kang-wha, par suite de l'invasion étrangère. À l'exception de la terrible invasion japonaise en 1592 où commandait Hideyoshi, et de la guerre sino-japonaise de 1894-95, Kang-wha a subi le premier choc de presque toutes les expéditions étrangères qui ont troublé la paix du pays pendant les huit derniers siècles, notamment celles des Mongols au treizième siècle, des Mandchous au dix-septième, des Français en 1866 et des Américains en 1871. De plus, Kang-wha fut le théâtre de la rencontre entre Coréens et Japonais qui aboutit à la conclusion du premier traité entre les deux pays, en 1876. La signature de cet acte, le premier de la série qui a ouvert la Corée au monde, a été apposée à Kang-wha. Le prédécesseur de l'empereur actuel naquit a Kang-wha en 1831 ; il vécut, retiré, dans la capitale de l'île jusqu'à ce qu'il fût appelé à monter sur le trône. À l'occasion, on a jugé Kang-wha un lieu d'exil convenable pour les monarques détrônés, les rejetons embarrassants du trône et les ministres en disgrâce.

Sur deux points de l'étroit canal qui sépare, à l'est, l'île de la terre ferme, on trouve des bacs pour passer les voyageurs. Kang-song, où le courant fait un détour brusque entre les falaises basses, rappelle l'expédition américaine de 1871 ; près de l'entrée sud du détroit et tout près du bac sont les forts qui repoussèrent l'assaut des Américains. Les rapides et le tourbillon fameux de Son-dol-mok, qui sont la terreur de la côte, sont tout près. Il y a de nombreux forts élevés le long des côtes de l'île, rappelant les fortins qu'on voit en Angleterre. Ils n'ont pas tous été bâtis en même temps ; la plupart ne datent que de la fin du dix-septième siècle, dans les premières années de Suk-chong. Le. rempart de la côte orientale, quii s'élève au-dessus du détroit et de la rivière, fut construit en 1283. Ko-chong, de la dynastie de Koryo, fuyant devant l'invasion mongole de cette époque, transféra sa cour et la capitale de Song-do à Kang-wha. Kak-kot-chi, où est le second bac, est à quelques milles au delà de Kang-song. À l'endroit où le bac fait le service, la montagne de Mun-su s'élève de douze cents pieds au-dessus du niveau de la mer. D'une jonque, à quelque distance du rivage, on dirait qu'elle bloque le détroit, tellement les falaises de Kang-wha sont rapprochées de la terre ferme. Ce petit endroit fut le quartier général du corps expéditionnaire français en 1866.

La capitale de l'île, la ville de Kang-wha, est une citadelle crénelée, dont les murailles ont quinze *li* de circonférence, et sont percées de quatre portes surmontées d'un toit en pointe. C'est une ville de garnison, qui présente un bel assemblage d'espaces verdoyants et de vieilles murailles en ruines. La guerre sino-japonaise, qui fut si fatale à un grand nombre de vieilles institutions de la Corée, a diminué la gloire antique de Kang-wha. Depuis deux cent soixante ans, avant cette campagne, Kang-wha était, au même rang que Song-do, Kang-chyu, Syu-won et Chyon-chyon, l'une des *O-to* ou Cinq Citadelles, dont dépendait la sûreté de l'empire. Elle possédait une garnison de dix mille hommes de troupe ; on comptait près de mille fonctionnaires divers. Le changement qui intervint dans les destinées du royaume modifia la fortune de l'île, qui est aujourd'hui administrée par un fonctionnaire de peu d'importance. Elle est encore cependant le chef-lieu d'une vaste région, et le centre commercial et industriel d'environ trente mille habitants. L'agriculture est la principale industrie ; la population travaille également à l'extraction de la pierre et à la fabrication des nattes. Au bord de l'eau il y a des salines ; la pêche, la fabrication restreinte de la poterie, la fonderie, le tissage de la grosse toile auquel s'emploient les paysannes, complètent les occupations des habitants. L'élevage du cheval, qui faisait naguère la célébrité de Kang-wha, est aujourd'hui complètement abandonné.

RUSSES DE LA RÉGION DE L'AMOUR ET LEURS MONTURES

Il y a neuf monastères dépendant de l'île. Sept d'entre eux sont situés dans l'île ; le principal est le monastère fortifié de Cheung-deung, le Temple des Histoires, à trente *li* au sud de Kang-wha, autrefois poste avancé et sauvegarde du royaume, et célèbre par le revers qu'y éprouvèrent les troupes françaises en 1866. Mun-su-sa, situé en face sur la terre ferme, fait partie de cette petite colonie de retraites bouddhiques, de même que Po-mun-sa, situé dans l'île de Ma-eum-to et connu pour la sauvagerie de son paysage et pour un temple creusé dans le roc au flanc de la colline. Les moines de Cheung-deung-sa avaient rang de militaires jusqu'à ces derniers temps. Ils se transformaient en soldats dans les moments de détresse nationale ; ils recevaient du gouvernement de l'argent, de la nourriture et des armes, pour se trouver toujours dans les conditions requises. Le bouddhisme a beaucoup perdu de son influence sur les gens de l'île, bien qu'il existât avant 1266. Il y a, à Kang-wha, un établissement dépendant de la mission anglaise de Séoul, administré par le révérend Mark Napier Trollope, dont les notes sur l'île ont été consignées en un rapport lu par leur auteur devant la section locale de la Société Asiatique pendant mon séjour en Corée. Ces notes m'ont aidé à réunir les données intéressantes dont j'ai tiré ces quelques paragraphes.

Je suis resté cinq semaines au monastère de Kang-wha, occupé à mettre sur pied le présent volume. J'y allai dans l'intention d'y séjourner une semaine tout au plus, mais je goûtai dans le calme et la solitude de ce sanctuaire un tel bien-être moral, j'y trouvai un remède si efficace pour mes nerfs malades, qu'il me coûtait de l'abandonner. Après quelques jours passés dans la jonque qui, après maints retards, m'avait amené de Chemulpo et où l'on était entassé comme des harengs, il me semblait délicieux de m'étendre sur le rivage. Je débarquai, un jour, à l'aube et allai trouver à l'improviste le gardien de la mission anglaise, le Père Trollope ; puis, dans la journée, je me dirigeai, à travers la campagne, vers le monastère. Les moines ne se montrèrent aucunement troublés par mon intrusion. Bien qu'il y ait moins de visiteurs à ce monastère qu'à ceux des montagnes de Diamant, leur présence ne suscite aucun commentaire, et on leur permet d'agir à leur guise sans se préoccuper d'eux et avec cette bienveillante discrétion qui est, dans certains cas, le plus haut point de la courtoisie. On annonça mon arrivée au supérieur, et, après quelques explications, il me fit préparer un édifice très aéré comme logement. Le bâtiment était élevé au-dessus du sol et, comme il était placé juste en bas de la cour principale, on y jouissait d'une vue magnifique de tout le domaine. Je pouvais voir dans le lointain les terrains cultivés de l'île et le miroitement du soleil sur l'eau ; aux premiers plans et tout près de mon nouveau domicile, j'apercevais deux puits, un cours d'eau, et les pentes des montagnes, fraîches, parfumées, couvertes d'arbustes et de végétation. Les temples émergeaient d'un océan de feuillage, qu'agitait en murmurant la brise. À l'une des extrémités de la salle que j'occupais étaient placés les ustensiles de cuisine et de table, au milieu mon lit de camp, et en face du paysage une table à écrire improvisée avec mes livres et mes papiers. Il n'y avait aucun élément de trouble dans mon installation. Tous les matins, le supérieur venait me saluer et me présenter ses souhaits ; le soir, nous causions, lui et moi, au moyen de mon interprète, sur une quantité de sujets. Bouddha et le Christ, ce monde et l'autre monde, Paris, Londres, l'Amérique. Mes nouveaux amis étaient retenus, certains soirs, par leurs devoirs au monastère ; mais ils me prévenaient toujours de leur absence, et jamais ils ne venaient me déranger pendant mon travail ni me surprendre. Ils me prouvaient de mille manières les sentiments de considération et de courtoisie dont leur bienveillante hospitalité était empreinte. Le peu que je pouvais leur témoigner en retour me rendait honteux vis-à-vis d'eux. Souvent, à minuit, lorsque ma lampe brûlait encore, le supérieur venait me trouver et, avec des sourires et une aimable insistance, me forçait à me coucher, en couvrant mon manuscrit de sa main et en me désignant mon lit. Il n'y avait pas de rideau sur le devant de ma chambre, de sorte qu'on pouvait du dehors observer l'étranger. Les moines se livraient sans bruit à cet examen ; lorsque je me retournais vers la cour, ceux qui étaient là en train d'examiner peut-être la forme de mon lit de camp ou le contenu de ma valise, suspendue en l'air par une solide corde, s'éclipsaient comme des ombres. On me laissait, à mon gré, songer tranquillement à mon ouvrage, ou contempler la splendeur du paysage qui m'entourait.

UNE PORTE DE SÉOUL

Je ne rencontrai aucune difficulté pour la nourriture pendant mon séjour au monastère. On trouvait du riz, des œufs et de la volaille dans les villages situés en dehors des murailles du temple, et le marchand de beurre du monastère fournissait de la farine de riz ou des légumes. Je m'étais arrangé pour déjeuner le matin vers dix heures et pour dîner à six. Dans l'intervalle j'écrivais, et mon temps était toujours occupé. Avant le déjeuner, je faisais une promenade ou bien je préparais mes notes pour le travail de la journée ; après le dîner, je recevais mes visiteurs, complétant mes notes quand ils étaient partis. J'assistais ordinairement au service de minuit des moines et j'écoutais avec plaisir le son grave de la grande cloche du monastère, qu'accompagnaient les tintements aigus et moins mélodieux des clochettes. Ces sons étranges, vibrant dans l'air, répandaient sur les bois et sur les vallées une mélodie qui semblait emprunter ses accents à la musique des esprits. Lorsque, après la messe de minuit, l'écho s'éteignait, c'était un moment délicieux et suprême. Profondément las et rempli du plus absolu contentement, je m'étendais pour dormir sous la protection de mon moustiquaire, dans ma vaste salle voûtée.

Il vint beaucoup de monde à Chung-deung-sa pendant mon séjour ; les uns parce qu'ils avaient appris la présence d'un étranger, les autres par leur très sincère désir d'offrir un sacrifice à « Celui qui est béni entre tous ».

Deux dames coréennes de qualité vinrent, un matin, implorer l'intercession de Bouddha pour faire cesser leurs malheurs domestiques. Elles firent au monastère une offrande en monnaie coréenne, équivalant à dix shillings et s'entendirent avec le supérieur pour faire célébrer une messe de nuit dans le Temple des Grands Héros. Pendant l'après-

MARCHAND DE VOLAILLES

midi, les prêtres préparèrent le temple où la cérémonie devait avoir lieu. On emprunta à la cellule du supérieur des rideaux ornés de dessins en style coréen, pour décorer le temple ; on fit cuire de grandes quantités de riz. De hautes piles coniques de sucreries et de gâteaux de sacrifice furent disposées dans de grands plats de cuivre devant le maître-autel, où se tenaient les trois figures de Bouddha dans leur attitude ordinaire de méditation divine. Devant chacune des figures était placée une tablette sculptée et dorée, haute de douze pouces, vis-à-vis de laquelle la nourriture était posée, et des vases d'encens allumé alternaient de distance en distance avec les plats. Aux deux extrémités de l'autel brillaient des cierges, dans de hauts candélabres ; au centre, suspendue à une longue chaîne dorée, était une lampe, faite d'un vase de jade blanc, où brûlait une mèche. D'autres petits autels étaient décorés de la même façon. Les accessoires du temple se composaient d'un gros tambour, d'une cloche massive et fêlée, datant du treizième siècle et d'une paire de cymbales. Il y avait là cinq moines ; les deux femmes étaient assises, en silence, à la gauche du supérieur. Les quatre prêtres se placèrent à droite — l'un près de la cloche, un autre près du tambour, et les deux autres près des cymbales, qu'ils firent résonner tour à tour. De chaque côté du temple, dans le renfoncement à droite et à gauche du maître-autel, les murs étaient ornés d'images des Dix Juges. En dehors des lumières de l'autel, qui rendaient l'intérieur du temple encore plus sombre et plus fantomatique qu'à l'ordinaire, l'édifice était dans l'obscurité.

KIOSQUE COMMÉMORATIF ÉLEVÉ À LA PLACE OÙ FUT BRÛLÉ, PAR LES JAPONAIS,
LE CORPS DE L'IMPÉRATRICE DÉFUNTE

La cérémonie commença par l'invocation habituelle à Bouddha. Le supérieur frappa le sol avec une canne de bambou ; tous se prosternèrent, le visage courbé, le front touchant le plancher. Ils étendirent en avant les paumes de leurs mains dans une attitude de respect et d'humilité. En même temps ils entonnèrent un chant thibétain, accompagné par un gong de cuivre, que le supérieur frappait avec une baguette en corne. Toute l'assemblée, y compris les femmes, se prosterna de nouveau. Ces dernières restèrent, pendant la plus grande partie de la cérémonie, silencieusement et respectueusement accroupies dans leur coin. À la fin, le supérieur transporta les offrandes du maître-autel aux petits autels, où les prières recommencèrent. D'interminables invocations furent adressées aux images des Dix Juges, devant lesquelles se succédèrent les chants. L'un des prêtres exécuta une danse étonnante et grotesque, qui rappelait singulièrement la danse guerrière des Cafres ; il frappait le sol d'un pied, avec accompagnement d'un coup de cymbales, pendant qu'il levait l'autre en l'air. Un autre prêtre fit retentir la cloche fêlée, pendant qu'un troisième battait le tambour de coups lents et monotones.

La seule intention des prêtres semblait être, d'après ce que je pus comprendre de leur cérémonie, de rompre le silence solennel de la nuit par le plus étrange des charivaris. Par moments, au cours du dialogue peu musical entre les tambours, les cymbales et la grosse cloche, les moines psalmodiaient leurs chants funèbres, que ponctuait le marteau de bois du supérieur heurtant la cloche dé cuivre.

Le concert était assourdissant, et jamais je n'ai eu le malheur d'assister à une aussi effroyable cacophonie. À la fin des exercices sur les cymbales, que l'exécutant frappait l'une contre l'autre en arrondissant beaucoup les bras, et qu'ensuite il jetait en l'air, pour les ressaisir et les entre-choquer de nouveau, comme font les indigènes sud-africains avec leur lance et leur bouclier, l'officiant retourna vers le collègue qui devait le remplacer. Ayant rempli pour l'instant ses fonctions, il se tint à l'écart, riant et causant avec ses compagnons d'une voix qui couvrait les chants des autres prêtres. Ensuite, essoufflé par les efforts qu'il venait de faire, il se mit à s'éventer avec la plus parfaite indifférence. Enfin, il examina attentivement le bord de son vêtement pour y chercher des poux ; le succès ayant couronné sa recherche, il retourna s'asseoir par terre et joignit sa voix à celle des ; autres.

Après que les sacrifices et les prières devant le maître-autel et les autels de droite et de gauche furent terminés, dès tables couvertes de pommes, de dattes, de noix, de gâteaux et d'encens furent disposées, avec les autres plats de riz, de gâteaux, d'encens et de pain, devant un petit autel placé en avant du rideau. Le riz fut pilé dans un vase ; les moines riaient et causaient dans le temple pendant le cours du sacrifice. Les deux femmes s'approchèrent de l'autel et se prosternèrent trois fois ; ensuite elles touchèrent chaque plat avec le doigt, s'inclinèrent de nouveau et regagnèrent leur coin. Au même moment, trois prêtresse détachant du groupe qui se tenait près des portes de l'édifice, vinrent s'asseoir au centre du temple sur leur natte de prière, à sept ou huit pieds de l'autel. Pendant que l'un chantait des prières coréennes qu'il suivait sur un rouleau de papier, un autre faisait sonner la cloche sans interruption, et le troisième frappait le gong. Pendant toute cette partie du service, les autres causaient avec volubilité, jusqu'au moment où ils s'unirent tous en un cantique d'actions de grâce qu'ils interrompirent pour chanter, à voix basse, une litanie d'un assez grand effet.

Toute la nuit on répéta les cérémonies que je viens de décrire. Le bruit était tantôt plus fort, tantôt plus faible ; parfois il cessait, pendant que les prêtres, assoupis, chantaient d'une voix chevrotante le nombre de litanies prescrit. Les femmes qui étaient assises, les yeux grands ouverts, contemplaient la scène avec intérêt et paraissaient satisfaites. Les prêtres avaient l'air de s'ennuyer. Moi-même j'étais fatigué, hébété et abruti par tout ce vacarme. Pendant tout le cours de cette étrange cérémonie, je fus frappé par l'absence totale de cette ferveur dans la dévotion qui caractérisait à un si haut point les prêtres des principaux monastères des Montagnes de Diamant.

La cérémonie maintenant avait lieu hors du Temple des Grands Héros, dans la vaste cour qui s'étend devant. Quand on eut allumé un grand nombre de feux, le supérieur et trois prêtres, accompagnés des deux femmes, défilèrent en procession, pendant que retentissaient les gongs et les cloches. Les moines récitèrent des prières autour de tas de branches de pin qu'on avait apportées et auxquelles on avait mis le feu, à différents endroits. Les chants et les prières recommencèrent, accompagnés du fracas des instruments. Il fallut une abondante pluie pour que les officiants retournassent dans le temple. Je fus vraiment reconnaissant envers le ciel de cette averse. Le matin, mon interprète me dit que cette procession dans la cour faisait partie des cérémonies usitées pour demander la pluie. Si cela était vrai, la coïncidence était curieuse. Le lendemain, à l'heure de mon déjeuner, les moines se disposèrent à continuer la cérémonie. J'avais encore la tête tout ébranlée des bruits discordants de cloches, de gongs et de cymbales de la fête précédente, et, à la vue des préparatifs, mon appétit s'en alla. Il me fut impossible de déjeuner ; je sortis pour demander qu'on me laissât la paix. Ce bienfait me fut heureusement accordé ; il fut décidé qu'on ne recommencerait pas la cérémonie — en raison, je pense, de la pluie — qu'on mangerait les offrandes. C'est ce que firent les moines et les deux femmes pendant toute la journée. Ce fut donc pour moi un jour de calme parfait, et ainsi chacun se trouva satisfait et absolument heureux.

UN POSTE RUSSE SUR LA FRONTIÈRE CORÉENNE

Mes vacances ne passèrent que trop vite. Je me préparai très tristement à rentrer à Séoul. Quand j'y fus de retour, la nouvelle de mon prochain départ s'ébruita rapidement grâce à mes domestiques. Tous les jours, les marchands de curiosités affluèrent à l'hôtel de la Gare où j'habitais de nouveau, m'y trouvant très bien, grâce aux attentions aimables de M. et de Mme Emberley. Il y a assez peu de choses valant la peine d'être achetées à Séoul : d'originaux ustensiles de cuisine en cuivre, des ferrures avec des incrustations d'argent, des boîtes à tabac, des coupes de jade, des éventails, des écrans et des rouleaux. Mes acquisitions furent peu nombreuses ; ce qui m'attirait le plus, c'était les meubles du pays, les armoires massives, les cabinets ornés de plaques de cuivre et les petites tables à thé. L'empereur m'avait fait envoyer à l'hôtel un cadeau consistant en soie et en éventails, et, avec ce que j'achetai, ma collection de souvenirs coréens fut complète. Les marchands me fatiguaient de leur importunité ; ils se pressaient à l'intérieur de l'hôtel comme des moutons bêlants dans un parc, et ce que je trouvai de mieux pour me débarrasser du fléau de leurs sollicitations fut de leur administrer quelques solides coups de pied. Ils acceptèrent le traitement de très bonne grâce et se retirèrent dans la cour, où, par moments, dans la journée, j'entendais une voix plaintive suppliant Son Altesse de venir examiner les trésors de son esclave. Mais Son Altesse avait déjà fait son choix.

L'atmosphère, à Séoul, pendant ces chaudes journées, était atroce ; l'air était chargé de miasmes mal odorants, il faisait lourd pendant le jour et humide pendant la nuit. Par suite de la chaleur étouffante de la capitale, il était sage de partir immédiatement, et je hâtai mon exode, me sentant un peu de fièvre et de mal à la gorge. Je recommençai l'interminable besogne de me procurer des domestiques, des guides et des chevaux, et enfin je pus fixer le jour exact de mon départ. La perspective était attirante — un voyage de Séoul à Vladivostock, environ huit cents milles à parcourir à travers une région sauvage et déserte. Une grande partie de cette région était inexplorée. C'était là une occasion unique dans la vie, et, en m'embarquant pour cette expédition, j'étais très heureux. J'avais fait mes derniers adieux et mes dernières visites — (je n'oublierai jamais l'aimable hospitalité de Séoul). Le jour du départ était arrivé, les chevaux piaffaient dans la cour.

Mes effets, mes fusils, mon lit de camp, ma tente et mes provisions étaient empaquetés, cordés et chargés sur les chevaux ; j'avais réglé mon compte à l'hôtel, quand mon interprète vint tranquillement me dire que mes domestiques s'étaient mis en grève, demandant, pour chacun, dix dollars mexicains — une livre sterling — d'augmentation par mois. M. Emberley tint ferme contre cette exigence ; j'offris de transiger en offrant la moitié ; ils s'entêtèrent.

Il me parut qu'une crise était imminente. J'étais trop fatigué et de trop mauvaise humeur pour discuter et faire des reproches. J'élevai mon offre à huit dollars ; ils refusèrent et les domestiques furent renvoyés. Un tumulte s'éleva dans la cour : M. Emberley tenta de l'apaiser en persuadant aux hommes d'accepter ma dernière offre de huit dollars mexicains. Le domestique en premier, qui était le frère de mon interprète, refusa l'arrangement. Il fallait se montrer ferme. Je pense à présent que je fus peu sage en acceptant de changer d'une façon quelconque le prix convenu. Je tins bon pour la question des deux dollars ; je dis que je ne donnerais pas un dollar de plus. L'interprète s'approcha de moi pour me dire que si je n'emmenais pas son frère, il ne partirait pas non plus. Je le regardai pendant un instant et, comprenant à la fin qu'il s'agissait d'un complot, je le frappai. Il se mit à courir à travers la cour, en hurlant qu'il était mort, que je l'avais assassiné. Les conducteurs l'entourèrent avec sympathie en poussant des cris. M. Emberley les fit venir et leur expliqua la situation ; pendant ce temps je marchais de long en large dans la cour. Le chef conducteur vint vers moi, et me demanda une augmentation de trente dollars en monnaie coréenne ; sur les gages qu'il avait acceptés auparavant ; de plus, il voulait que les trois quarts de la somme convenue lui fussent versés d'avance, au lieu d'un quart, comme il avait été stipulé. Je refusai l'augmentation et je lui administrai une volée de coups de fouet.

Mon voyage était fini pour l'instant, et il se termina par une vengeance. Le chef conducteur, tempêtant et jurant, se démenait comme un fou furieux parmi les autres. Il vint ensuite vers moi, armé d'une grosse pierre ; je lui appliquai un coup de poing sur la tempe, et alors commença une scène de désordre. Mes bagages furent jetés à bas des chevaux, et des pierres volèrent dans l'air. Je frappai de tous côtés mes assaillants, et pendant quelques minutes, entouré par eux, ma situation fut très mauvaise. Les domestiques et les conducteurs, mon interprète et quelques-uns des assistants se mirent vigoureusement de la partie. À la fin, M. Emberley fit évacuer la cour, et je rentrai en possession de mes bagages ; mais j'avais une blessure légère à la tête, et la main fracturée en plusieurs endroits. Il était donc plus que jamais nécessaire d'ajourner mon voyage ; mes craintes au sujet de ma santé se réalisèrent. Vers le soir du même jour, des symptômes de maladie devinrent visibles ; la douleur de ma main et de mon bras avait augmenté ; la tête me faisait mal ; j'avais la gorge enflammée. On me conseilla de partir immédiatement pour le Japon ; le lendemain j'étais en route, me proposant d'aller à Yokohama et de là à Vladivostock, en prenant la ville forte russe comme point de départ de l'expédition. Mais, au moment où le navire me débarquait au Japon, j'étais empoigné par la fièvre entérique, Il ne pouvait plus être question de voyage ; et quand on me transporta d'un hôtel de Yokohama à la cabine d'un paquebot japonais qui devait me ramener en Angleterre, j'avais fait en moi-même mes adieux aux pays de ce monde, car le docteur m'avait dit que j'étais mourant.

CARTE DU THÉÂTRE DE LA GUERRE RUSSO-JAPONAISE